北京社区治理机制研究

谭日辉　著

中国社会科学出版社

图书在版编目(CIP)数据

北京社区治理机制研究／谭日辉著．—北京：中国社会科学出版社，2018.9

ISBN 978－7－5203－2815－9

Ⅰ.①北… Ⅱ.①谭… Ⅲ.①社区管理—研究—北京 Ⅳ.①D669.3

中国版本图书馆 CIP 数据核字（2018）第 161062 号

出 版 人　赵剑英
责任编辑　刘　艳
责任校对　陈　晨
责任印制　戴　宽

出　　版　中国社会科学出版社
社　　址　北京鼓楼西大街甲 158 号
邮　　编　100720
网　　址　http://www.csspw.cn
发 行 部　010－84083685
门 市 部　010－84029450
经　　销　新华书店及其他书店

印　　刷　北京明恒达印务有限公司
装　　订　廊坊市广阳区广增装订厂
版　　次　2018 年 9 月第 1 版
印　　次　2018 年 9 月第 1 次印刷

开　　本　710×1000　1/16
印　　张　19
插　　页　2
字　　数　278 千字
定　　价　86.00 元

目　　录

前　言

党的十九大描绘了未来发展的宏伟蓝图，也是人民生活的幸福蓝图。

党的“十九大报告”中高屋建瓴地指出，我国新时代社会主要矛盾已经转化为人民日益增长的美好生活需要和不平衡不充分的发展之间的矛盾。在新时代，要激发广大人民群众参与改革发展的热情，首先就必须满足广大人民群众日益增长的美好生活需求。

对广大社区来讲，贯彻落实党的十九大精神，关键要全面提升社区治理水平，促进社区治理体系和治理能力现代化，积极顺应人民对美好生活的向往，着力打造共建共治共享的治理格局。

要坚持共建共治共享，把社区治理体系建起来，发挥基层党组织领导核心作用、基层政府主导作用、基层群众性自治组织基础作用、社会力量协同作用，建立完善党委领导、政府主导、社区自治组织牵头、社会各方力量广泛参与的治理机制。要坚持推进“四化”治理，把社区治理能力提起来，聚焦社会化提升社区居民参与能力，聚焦法治化提升依法治理能力，聚焦智能化提升信息应用能力，聚焦专业化提升社区服务供给能力。要坚持问题导向，把社区治理突出短板补起来，坚持以人民为中心的发展思想，把服务居民、造福居民作为社区治理的出发点和落脚点，补齐社区人居环境、综合服务设施、物业服务管理等短板，更好满足群众需求。要坚持以政治建设为统领，把社区党组织强起来，强化政治功能，强化组织功能，强化保障功能，加强社区党组织带头人和社区工作者队伍建设，使党的工作有形覆盖、有效覆盖。

“社区治理”是指在特定的区域范围内由政府组织、社区服务组织、社区自治组织、驻区单位以及社区居民联合管理社区公共事务、推动社区持续发展的活动。不同于我国过去的政府组织或准政府组织对基层社会的统治或管理，它更注重政府机构的多元化、居民参与，以及管理结构。治理机制描绘的是平衡各行为主体之间利益诉求的一整套的行为“准则”，是一系列确定的行为主体在某一领域就他们的身份和意义以及他们互相之间在各自活动范围之内达成的框架的规则、规范和原则。

社区治理机制是指治理主体和治理主体之间的相互补充、相互作用的过程和方式，也就是说，社会公共责任的复合性。所谓公共责任的复合性，是指各社区主体既要对自己本身，也要对社区其余的相关利益主体负责，这些利益主体既包括社区居民，也包括驻区单位、社区社会组织以及社区内各类组织的成员。社区治理机制具有以下六个基本特征：第一，治理机制的属性是公共责任。第二，治理机制由多个治理主体组成。所有这些主体都参与治理，既不能被排除在治理进程以外，也不能剥夺享用治理的权利。第三，治理机制是多维的。是一种犬牙交错式的治理。第四，治理机制是一种互相合作的关系。只有相互合作、国家、市场和社会的三个现代治理机制才能起到有效的作用，相互借鉴。第五，社区成员是治理机制的最基本的单位。虽然治理机制必须有制度的规制，而且通过它来规范各行为主体，但要使治理可持续运行，必须提升社区居民参与的主动性。第六，治理机制的目标是就地及时地解决问题。

要使复合的公共责任落到实处，只是仰赖于现有的任何单个治理机制都是无法完成的。因此建立新的治理机制以实现公共服务责任共担和共存的社会秩序就迫在眉睫。在社区治理机制模式中，政府公共责任与社区公共责任的分工与合作是北京社区治理的特点。建立社区与政府公共责任和公共服务的无缝对接、共治机制。它不但最大可能地满足了社区居民的服务需要，还深化了政府的民本理念和服务理念，提升了政府的威望和公共服务的水准，是政府与社区的共赢。

多元主体是治理机制的核心。所以在社区治理的实践中，必须积极理顺社区党组织、社区居委会和社区服务站之间的相互关系，建立在社区党组织指挥下，社区居委会和社区服务站之间精确地对接、协调联动工作机制，规范完善社区党组织、社区居委会、社区服务站、社区社会组织的工作制度。

我国的“社区建设热”发端于20世纪90年代，1999年民政部在北京、上海等多个城市建立了“全国社区建设试验区”，积极地摸索新的社区治理体制机制。通过几年的探索和实践，逐步形成了独具特色的社区治理模式，如侧重行政主导的上海卢湾模式、侧重居民自治的沈阳模式、行政和自治组织并行发展的深圳盐田模式等，这些模式为新时期完善我国社区治理提供了宝贵的实践经验。

习近平总书记多次就社区工作作出重要指示：“社区虽小，但连着千家万户，做好社区工作十分重要”；“社区在全面推进依法治国中具有不可或缺的地位和作用”，“社会治理的重心必然落到城乡社区，社区服务和管理能力强了，社会治理的基础就实了”。

推进社区建设，是首都城市现代化建设一项重要的基层基础工作。近年来，在积极鼓励创新的国家宏观政策背景下，各级地方政府在基层社会实施了多种形式的社会创新项目，给基层社会治理注入了新的活力。当下，社区工作和基层治理能力有了较大提升，社区治理创新取得了显著成效，社区规范化、村庄社区化、管理科学化、服务均等化、城乡一体化的工作格局已基本形成。但也造成了基层组织及事务的“叠加”现象和“相对过剩”问题，也给基层治理带来了不良影响，直接导致了“小巷总理”不堪重负，诸如社区行政事务多、检查评比多、会议台账多、不合理证明多等突出问题，致使社区工作效率低下，严重影响为民服务的水平和基层组织自治功能的发挥。因此，当务之急需推进社区治理机制创新。

从北京市的实践情况来看，作为全国首批社区改革试验区之一，经过多年的探索实践，社区建设取得了积极的成效，涌现出不少社区治理模式创新的典型，如鲁谷模式、朝阳模式、东城模式等。但是，从整体上看，我市社区治理中行政色彩浓厚、社区自治能力不强、社会组织发展滞后等问题仍然比较严重。在这种情况下，创新社区治理机制，构建具有中国特色、首都特点的新型社区治理模式，对于建设具有健全的民主法治、基本平衡的社会保障、完善的公共服务体系、安全稳定的社会秩序、良好的居住环境、和谐的社区、邻里的和谐、文明、首善之区的首都，社会意义尤其重大。

本书从社区治理的基本概念入手，立足社区治理机制的四位一体的主体建设，在对目前国内外社区治理的典型经验与做法进行系统总结梳理的基础上，首先，着重剖析社区治理的四大主体：社区党组织、社区居委会、社区服务站和社区社会组织对当前北京市社区治理机制建设现状及其存在问题；其次，以昌平为个案，对昌平城镇社区建设情况进行了深入的个案研究；再次，针对当前居民普遍关心的环境问题，展开了社区环境治理机制研究；复次，针对当前北京基层社会如火如荼的社会治理创新的实践，对海淀、昌平、密云、朝阳、怀柔的社区治理机制的创新实践展开研究；最后，在全面分析的基础上，立足现状，着眼长远，研究提出了新时期创新北京市社区治理机制的相关对策与建议。

第一章　社区治理机制的基本概念及国际经验

第一节　社区治理机制的基本概念

一　社区的概念和内涵

“社区”（community）这一术语，最先由德国社会学家滕尼斯在1887年出版的《共同体与社会》一书中出现。此后，社区概念被广泛使用。在国内，费孝通先生最早将社区这一概念引入。在现代社会学中，社区并无统一概念。不过学界一致认为社区必须具备有一定的地域、有一定的群体、有一定的组织形式、共同的价值观念四个基本要素。据此，民政部对社区的定义是：“生活在城市中一定区域范围内的人们所构成的社会生活共同体，我国的城市社区是指经历过社区体制改革后做了区划界定的社区居民委员会。”

从国内外社区发展的实践来看，社区主要有以下三大功能：

一是社区服务和生活支持。服务和支持的对象主要是辖区内的各类弱势群体，诸如老年人、妇女、儿童、残障人士等。

二是社区文化和教育。利用社区内的各种硬件设施和软件设施，组织社区居民开展艺术、教育、科学、娱乐、健身等各种体育活动，以利于提升居民的文化素质。

三是社区安全。社区安全是辖区内所有居民的基本需要，要求所有人员配合支持。社区安全由特定的机构和特定的人员提供，具有专业性，具有保护居民、预防和打击犯罪的目的，同时向处于危险中的居民提供各种快速的帮助。

二　治理理论概述

词源学上的治理（governance），最早来源古拉丁文和古希腊语中的“掌舵”一词，本意是控制、指导、利用，一直以来它与“统治”这一术语（government）就在交替使用。20 世纪 90 年代以后，治理（governance）被赋予了新的内涵，它不再被限定在政治学领域，而是被普遍应用在经济学、社会学等领域，与统治（government）相距甚远。

西方社会关于治理的研究起源于 1989 年，第一次提出“治理危机”是世界银行针对当时的非洲问题提出来的，表示了一种新的寻求解决问题的思路，指出这种关系涉及多元主体，既包括国家，也包括非国家或绝对非政治的机构，尤其是国际货币机构以及跨国公司。此后，“治理”这一术语在联合国、世界银行、经合组织、学术团体及民间志愿组织的研究报告和出版物中频繁出现，几乎触及经济社会的各个领域，成为全球信息社会中政府与社会都尊重的新理念。

按照世界银行的界定，“治理是使用组织资本和政治权威办理社会问题与事务的一种实践活动”。联合国发展计划署则认为，“治理是建立在司法公正、平等、高效率体系的公共统治架构，连接着管理和被管理的全部进程，它规定必须建构可持续发展的体制，给人民以权利，使其成为整个过程的支配者”。实际上，对于治理的界定学术界尚未取得一致意见，目前被社会各界普遍接受的是全球治理委员会作出的界定，他们认为治理是各种公共的或私人的组织对其诸多共同事务的管理方式的总和。它具备四个特征：一是治理既不是一系列的规矩，也不是一系列的举动；二是治理是一个过程，其本意不是掌控，而是相互和谐；三是治理既指向公共部门，也指向私营部门；四是治理不是一个正式的制度，而是一个不断的互动。①

因为多元主体参与、多种机制运行是治理的根本特质，同时治理又被广泛应用在不同的领域，不同的研究者基于各自不同的学术立

---

①　全球治理委员会：《我们的全球伙伴关系》，牛津大学出版社 1995 年版，第 23 页。

场，借以分析不同的表象和问题，这就造成了治理概念的千变万化、莫衷一是。主要的含义包括以下几点：

一是从治理主体变化的角度来分析的“主体说”，如罗伯特·罗兹（Robert Rhodes）认为，治理涉及一个全新的社会统治、控制方式转型的进程。他根据转型中不同的治理主体和层次的差异，提出了六种治理模式：作为最小国家治理模式的治理；作为公司模式的治理；作为新公共管理的治理；作为善治的治理；作为新的社会控制系统的治理和作为自组织的治理。[①] 二是认为治理反映了一种社会关系的“关系说”。三是认为社会治理是一种社会管理方式的“方式说”。四是认为治理是一种综合的发展过程的“过程说”。五是认为治理是建构一种秩序的“制度说”等。[②]

三　社区治理的基本理念

20 世纪 80 年代以前，“治理”的概念在中国并不流行，基本上很少使用，因为在当时的语境下，“治理”或“综合治理”与“管理”“整治”是同一个概念。随着社会的变迁，特别是单位体制逐渐瓦解，东西方社会观念在交流、交融、交锋的宏观背景下，源于西方发达国家的“治理”理念逐渐被中国学者接纳并加以应用，当下已成为社会各界所乐于接受和使用的词汇。

“社区治理”是指在特定的区域范围内由政府组织、社区服务组织、社区自治组织、驻区单位以及社区居民联合管理社区公共事务、推动社区持续发展的活动。社区治理是西方治理理论在我国基层社会的运用，在治理的主体、过程、结构方面显著区别于我国过去的社会管理，具体表现在以下三个方面：

（1）治理主体不同，治理的明显特征由单一走向多元。过去，我国基层管理主体只是单一的政府组织。但在当前的社区治理中，治理

① ［英］罗伯特·罗兹：《新的治理》，参见俞可平主编《治理与善治》，社会科学文献出版社 2000 年版。

② 王佃利：《城市治理中的利益主体行为机制》，中国人民大学出版社 2009 年版，第 26—27 页。

主体除政府以外，还包括社区居民、驻区单位、社区内自治组织、社会服务组织等。因此，社区事务的管理是在多个主体的参与和决策下，社区和基层政府的关系从原来的控制向合作治理转型，目标是实现社区善治，最终达到帕累托最优的社会公共利益。

（2）治理过程不同，社区治理强调居民参与。我国的基层社会管理模式是从单位制到街道制，行政色彩强烈。基层政府与社区内部各组织之间、组织与成员之间都是命令与服从的行政隶属关系。城市政府、街道办事处和居委会严格按照行政命令方式。而社区治理则强调居民参与，各主体之间，不再是依附关系，而是一种平等、互惠、合作共赢的关系，社区发展，具体实施的规划、社区建设任务和社区事务都体现在社区居民的共同意愿上，是社区居民共同意愿的真实体现。

（3）治理结构不同，治理结构改变了过去纵向的科层制管理结构，变为平行的网络状互动结构。原来的单位制管理结构是典型的自上而下的层级管理关系，街居制管理结构也是类似的管理层级关系，而在社区治理结构中，这种纵向关系虽然存在，但横向关系被大大加强，基层政府、社区自治组织、社区内的服务组织以及社区内的驻区单位被一个共同目标联系在一起，社区建设由政府唱独角戏的时代已经一去不复返了。特别是社区社会组织的发展壮大，为社区治理注入了新鲜血液，成为推动社区走向善治的力量源泉。

四　社区治理机制的概念和内涵

“治理反应的便是这样一种理念，其实并不是政府彻底把持一切正当的权力，除了政府之外，社会上尚有一些其余的社会部门掌管社会秩序，参与经济和社会调度。”①

治理指的是任何社会体系都应担当而当局却没有管起来的那些机能，它特意用于描绘那些政府管理职能涉及不到的部分。治理是有效

① ［瑞士］皮埃尔·德·塞纳克伦斯：《治理与国际危机》，《国际社会科学》1998 年第 3 期。

政府管理的基础，是有效管理的补充。①

在现实中，为了解决实际问题，只能通过政府与社会的互动来实现治理的目标。但在社会的高等级制度中，治理起着重要的补充作用，一般来说，首先是国家和社会的治理，它是政府与社会组织之间合作关系的衍生品，涉及政府制度体系，也涉及非政府性的机制，换言之，这种治理特别适用于社区共同体领域，因为这个领域缺乏某种中央权威，并普遍存在着一定程度的秩序和制度性安排。

国家、市场、社区是人类历史进程中已然存在的一种社会安排，这一安排体现了公共服务社区化，即当局激励社区和扶持社区组织创建社区的公共服务事业，市场组织也将注意力转向社区，对社区进行投资，建立起政府组织、市场组织和社会组织“三轮”驱动的社区大众化产品的供应布局。把社区大众化的空间作为一种公共产物来对待，它的产生和管理都是当局本身不能胜任的。在大众化的社区空间里，人们的种种公共需要具备多样性、不确定性的特质，政府部门根本应付不过来。这就客观上要求政府与社会在社区建立合作关系，以寻求完成公共服务供给的社区化。

综上所述，社区治理必须构建一个机制，“这个机制是一个不同社会集团的成员就共同关心的问题制定大家普遍认可的可供选择的一个特殊的机制”，不管治理机制在哪个层面上运作，它大致都能发挥三个功能。其一，治理机制在维护其成员安全方面发挥着重要的作用，至少能在避免组织内部之间的矛盾方面，提供规制和流程，以抵御外来威胁的机制。其二，治理机制在经济功能方面的作用也非常显著，它的目标是谋求体系内部的物质利益最大化，并关照到体制内的弱势群体的生存需要，而且使物质不外流的一种模式。其三，治理体制发挥着重要的政治功能，社区单位、社区组织与社区居民的参与决策过程，有助于对社区共同体的认同。

治理机制的一般性含义是：多元参与主体在他们设定的政治、经

① ［美］詹姆斯·N. 罗西瑙：《没有政府的治理》，江西人民出版社2001年版，第5页。

济和文化行动中设定的框架内，根据共同制定的规则进行运转的一个过程。社会治理的根本机制框架，描绘的是各行为主体相互妥协需要遵循的重要“游戏规则”。治理体系的另一个内容是对组织的管理，即“为管理制度创造的物质单位”，在现代社会中，政党、政府和社会组织都是这样的组织。

由此而言，治理机制的表现方式是治理的主体和治理机制之间相互映衬、相得益彰，社区主体之间公共责任的复合性通过社区治理机制体现出来。所谓社区主体公共责任的复合性，就是指各社区各主体既要对自己负责，也要对其他相关利益主体负责，这些利益主体分别是辖区单位、社区服务组织、社区内各类组织的成员以及社区居民等。我们所说的相得益彰，是指对于每个社区主体来讲，“唯有承当起对其他有关利益主体的职责，才能从根本上确保本人利益的兑现，因为其余利益相关者的援手才是真实的自我护卫”①。在这种公共的复合责任里，组织内部由上至下的纵向职责非常关键，但各社区主体之间的“横向责任”更为重要②。当然，无论是组织内部的纵向责任，还是组织之间的横向责任，其本质内容都是要实现社区的共同责任目标。“唯有把所有这些责任整合到一块儿，作为指导和规范社区成员行为的模板，建构所有治理主体复合公共责任的新认识”③，也许才会达成社区的治理机制。

治理机制连接着治理的根本精神，其目标是追求多元治理主体之间的互助合作关系，这是一种建立在互相合作基础上的全新的治理方式。正如俞可平所提及的，就社会转型期的治理方向来说，就是要经过政府、市场组织、社会组织以及公民对社会公共事务的多元合作管理，建构一种政府与社会的全新的社会关系④。在社区建构这种全新的社会关系的实质就是促进治理机制的实现。

① 杨雪冬：《改革路径、风险状态与和谐社会治理》，《马克思主义与现实》2007年第1期。

② 同上。

③ 同上。

④ 俞可平：《治理与善治》，社会科学文献出版社2000年版。

（一）治理机制的基本特征

社区治理机制的特点主要体现在合作治理、社会协调、民主协商、民主参与等的结构、机制和功能上，这些是治理机制的核心。通过建立共建、共治、共享的社会自治复合主体，真正实现社区依法自我教育、自我管理、自我服务、自我监督、自我约束的治理机制。在这种治理机制下，政府的各项政策导向和政策意图等必须适合社区发展的实际情况，针对社区的所有法律法规以及社区制定的发展目标也必须充分考虑不同利益主体的感受，参与的不同利益主体在评价机制的作用下表现出多样性和专业性，从而组成“主体复合多元，功能互补融合，目标统一多样，结构布局合理，服务多样专业”的城市社区建设新框架。治理机制的主要特征主要体现在以下六个方面：

一是治理机制的属性是公共责任。二是治理机制的主体是多元主体。政府组织、市场组织、社会组织以及居民个人等在内的全部组织和个人都是治理的主体，任何主体都不能被排除在治理过程之外，也不能被剥夺享用治理成果的相关权利。三是治理机制是一种多向度的治理，是一种犬牙交错的治理。四是治理机制体现的是一种互助协作的关系。在治理过程中，国家组织、市场组织和社会组织三轮驱动，共同发挥治理机制的功用。五是治理机制的最基本的单位是社区成员。尽管治理机制的良性运行需要制度去呵护，并且需要制度来规范各行为主体的行为，然而要使治理可持续运行，社区成员参与的主动性和积极性就是根本。六是治理机制的目的是适时解决问题。

（二）社区治理机制

要使复合公共责任落到实处，仅仅依赖目前的任何单个治理机制都没法实现公共服务责任共担和共存的秩序。因此，新的治理机制的建立就是水到渠成的事情。治理机制的内核贯穿了治理的基本精神。站在社区发展的立场，在单位的社会性功能被逐渐剥离出来以后，社会的发展空间就逐渐增强，各利益主体之间横向联系的各项责任机制的建立就成了重中之重。我们党执政的终极性的社会性目标，就是以社区为单位，以满足人民群众最现实的需求为理念永不动摇，这就使得社区成为党开展执政建设工作中的一个不可或缺的重要场所。而我国党与社会的关系一直是国家关系中非常重要的问题。在社区中，党与社会的关系首先是一体的，是不可分割的，也就是所谓的党社部分，实践过程中，党社部分的矛盾凸显，于是慢慢地党社分开，如今党和社会的关系是一种融合态。我们需要建立"三位一体、会站共建、全部联动"的工作机制。在社区治理机制模式中，政府、市场与社会组织对公共责任的共担与互相支持是构建政府与社区在公共责任和公共服务方面的良好对接与共治机制。它不仅要最大限度地满足社区居民的各种服务需求，而且还大大加强了政府以民为本，服务社会的理念，提高了政府在民众中的威望和公共服务的水准，是政府与社区的双赢。居民共治本质上就是社区居民自治，就是社区居民通过一定的途径和方式对社区的自我管理、自我教育、自我服务和自我监督。居民共治是社区建设和成长的基本元素之一，它根源于社区居民自身的介入和社区自治组织力量的整合。它的力量来源于社区居民的个人责任感和对社区发展的公共责任，建立在相互合作与相互协商的对社区资源共享和大众参与的互相帮助的自治体系之内。

多元主体是治理机制的核心，社会组织作为社区治理平等的参与主体之一，是社区多元共治的标志。构建起社区多元主体的治理机制，首先要理顺社区党组织、社区居委会和社区服务站三者之间的关系，建立起以社区党组织为核心、社区居委会和社区服务站为两翼的联系紧密、协调联动的工作机制。其次是健全社区党组织、社区居委会、社区服务站工作制度，规范社区服务站建设。社区服务站所在的位置应交通方便、住户相对比较集中、服务范围相对合适，大的社区可设立两站或多个服务站，用制度规定各社区服务站之间的工作关系，社区服务站应实现与所在街道各科室、区属各部门、服务大厅和服务中心工作上的有机对接，将密切关系到社区的切身利益和各种服务回归社区。最终使社区服务达到一口受理、首问负责、组织协调、投诉处理的规范的模板。

在现行体制的要求下，社区党组织在反映居民利益诉求、争取社区经费投入、取得驻区社会组织多方面的支持、动员社区内各类社会组织和居民积极参与社区自治等方面已经形成了切实可行的工作机制；街道党工委在社区发展中发挥了更高层次的协调功能，通过政府有关部门、驻区单位、“两新”组织等，构建区域协商机制，积极创建一个多协同、相互支持的系统环境。

在社区建立的“三位一体”治理机制，是指“社区党组织、居委会、服务站”所构成的复合型社区管理样式，再加上社区社会组织的服务机制。从社区各主体的发展来看，无论是社区居民还是社区自治组织的发展，都为社区治理提出了新的更高的标准。社区居民参与素质的逐步提高是社区治理走向“社区善治”的前提，也是社区发展和成长的根本动力。因为社区自治要达到一个日臻完美的自治境界，最终要以提高人的素质为根本，以社区人民的成长为支撑。因为如果没有成长起来的现代化的社区公民，那么居民自治就是一句空话，社区内部也根本不会形成真正意义上的“公民共同体”。

综上所述，社区治理的本质是拥有多个主体、关键是多元主体的公共责任、目标是社区共治、机制是相互合作、途径是共同参与。

基于此，本书重点探讨社区党组织、社区居委会、社区公共服务站和社区社会组织之间在社区治理层面如何构建一种合作共治的运作机制的关系。

第二节　国外社区治理的典型模式及比较分析

社区建设在西方国家已有一百多年的发展历程，尤其是在欧美等发达资本主义国家，社区建设已日趋完备，社区工作是城市治理工作中重要的组成部分。由于不同国家在世情、国情等方面存在着极大的不同，在社区治理形式方面也千差万别，但依据政府与社区关系的不同，概括起来，社区自治型、政府主导型和混合型三种模式比较流行。详见图 1－1。

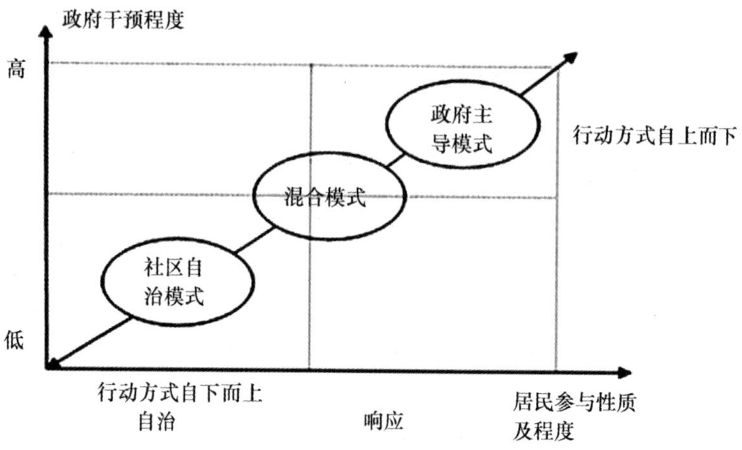

图1-1 根据政府与社会结合的紧密程度不同分为三种模式

一 社区自治型模式

所谓社区自治型模式，是指由社区主导、居民主动参与、自下而上实行的社区治理模式。在这种模式中，政府的原则是间接干预，通过制定相应的法律法规来规范社区中的各利益主体之间的协调关系，为社区居民参与社区公共事务活动提供规范。社区层面的各级组织及社区居民根据独立自主的原则，办理社区具体的事情，为社区居民参与活动提供规范。社区层面的各级组织及社区居民根据独立自主的原则，办理社区具体的事情。

美国是这种模式的典型代表，主要特点有：（1）政府、社区委员会、社区服务组织各负其责。加强社区管理是政府的责任，相关的法律法规也明确规定。政府的主要任务是制定社区发展的战略和运转的法律法规，在财物上给予支援，监督和考查社区服务组织的运转等。社区里的日常事情由社区委员会（又称社区董事会）来进行自治管理，主要任务是，汇整社区的社情民意，向政府机关反应，并提出有关倡议，动员和组织居民参与社区的管理。成熟的社区服务组织是社区服务和社区发展项目的具体执行者。（2）社区居民参加社区定期举行的会议，由社区听证会举行的重大决策、社区专业委员会成员的选举和参加志愿服务，如积极参与自我管理。（3）政府间接支持社区企业。主要通过鼓励建立社区小微企业发展局、小微企业投资发公司以及社区微型贷款公司等，提供创业、融资、培训等多方面的服务来支持社区企业发展，以推进社区经济发展、解决社区居民就业。（4）相关法律法规比较健全。联邦政府自20世纪60年代起，就陆续颁布了几部专门针对城市社区建设和发展的法律法规，分别是《社区再投资法》《住宅和社区发展法》《国家和社区服务合作条例》等，各州、市政府和立法机构在此基础上也制定了一脉相承的地方性法律法规。

二　政府主导型模式

政府主导型模式是政府主导、居民呼应介入、从上至下推行的社区治理形式。在这种模式下，政府和社区的活动非常密切，政府干预的社区也非常直接和详细，机构和社区的各种形式设置，社区治理行政色彩很强。

在政府主导型治理模式中，新加坡非常具有代表性，它的突出特色表现在：（1）对社区建设和发展工作负责指导和管理的部门是国家住宅发展局，其职能主要包括：规划和建设社区内的硬件设施；对社区领袖和社区委员会的领导人进行培训；对社区活动发起倡议，提倡特定的社会价值观；对社区建设和活动给予经费扶持。（2）社区管理有一套完善的组织体系。社区组织的最高层次是居民咨询委员会，其他社区中心管理委员会和居委会，都是由政府组织进行自上而下的管理，各主体分工明确，责任清晰，把社区管理得有条不紊。（3）政府指导下居民自治。政府对可由社区自主管理的社会事务不予干涉，仅仅提供业务指导和经费支持，同时通过培育和扶持社区服务组织，培养社区居民的参与意识，尤其大力培养“志愿者”精神，由国家义务工作中心推进，激励社区居民及社会团体的广泛参与，让志愿者活动成为社区服务的重要补充，这既减轻了政府的压力，又节省了社区管理的运行成本。

三 混合型模式

混合型模式介于社区自治性模式和政府主导型模式之间，在这种治理模式中，政府与居民在社区管理中均处在主导地位，运行模式是由上到下和由下到上两种实施方法的有机结合。政府对社区发展主要是指导性的，其主要职责是对社区建设和发展进行规划、指导，并在社区建设和发展的经费上给予扶持，行政色彩与民间自治相得益彰、相互映衬。日本是这种模式的典型代表。其主要特征是：

（1）政府对城市社区运用引导、支持和监督等间接手段进行管理。在政府行政管理序列中，社区工作由自治省掌管，在各地方政府设置“社区建设委员会”和“自治活动科”等相对口的办事部门。在社区这一层级，它们建立了“町会联合会”和“町会”这两个具有一定行政色彩的自治部门，类似于我国的街道办事处和社区居民委员会，对社区的各项工作负总责。

（2）城市社区管理趋于民主化、自治化。居民积极参加社区部分领域的管理。日本建立了区域中心来管理社区居民生活事务，以充分满足东京大城市发展的各种需要。区域中心的主要工作内容是：负责收集区域内居民对地域管理的看法；给予民间活动和非政府公共福利团体的支持和帮助；居民根据自己的需要申请服务，区域中心的工作人员核实之后予以解决，在该地区范围内，区域中心主任在一定程度上代表市长向居民当场解决，政府按期对地域中心工作人员举行两年一次的稽核。住宅协议引导区域内的草根组织与区域内的居民共同参与公共事务管理，主要是本地居民在社区内的志愿服务，居住区是原居民区适当扩大或缩小的形式。住宅区和区域中心协议就像一个车的两个轮子，其主要职责是对区政府的中长期规划的讨论，并针对具体问题，把居民的意见反馈给区政府；对地域内的一些普遍性问题，如硬件建设、老年人问题、街道改造等，进行协商并提出解决的动议。住区协议会制度的最大长处是辖区内的居民能直接参与相关事务的管理，避免“多数人暴政”的产生；这样，政府的计划更符合该地区的实际情况，因为住宅小区协议将是一个正规的组织，将能够为城市的长期建设提出建设性的建议。

上述三种治理模式，可用表 1 – 1 进一步加以说明。

表 1 – 1　**国外三种典型社区治理模式比较**

类型	社区自治型	政府主导型	混合型
代表国家	美国	新加坡	日本
产生条件	法制和民主传统浓厚，市场经济完善，经济社会发展水平较高	经济社会发展中行政力量比较强大	政府主导明显，民主化进程正在逐渐提升
政府角色	政府与社区相对分开，间接参与	政社不分，对社区的干预直接和具体	政府与社区相结合，政府对社区的干预介于上述两者之间
社区治理主体	政府、社区委员会、社区服务组织各负其责	政府有专门的社区管理机构，社区组织由政府由上至下进行管理，社区在相关政府机构的指导下自治	“地域中心”与“住区协议会”相互制衡
运转机制	社区主导、居民积极参与、从下至上实行	政府主导、居民响应配合、从上至下推行	政府—居民双轮驱动、从上至下和从下至上两种方式并行

第三节　国外社区治理经验的几点启示

一是三种治理模式的产生都有其独特的政治经济以及文化背景，都在社区治理的实践中形成了具有其民族特点的政府与社区的互动模式，形成了不同的运行机制，三种社区治理模式分别代表不同的民主模式和制度模式，表现了各自的发展水准。当然，应引起我们注意的是，即使是行政色彩浓厚的新加坡，在社区治理过程中也强调“公众参与”。因为民主和自治是人类社会发展的趋势，从这点来看，社区自治模式应该是另外两种模式的发展方向。但是，采用社区治理中哪一种模式，是由各国具体国情所决定的。

二是社区中不同主体之间的关系被彻底理顺。社区治理的终极目标是通过多主体参与社区公共事务，明确分工，在多主体明确的基础上相互依靠，充分利用社区资源，满足居民的需求，促进社区成长。

各社区治理的主体唯有连续互动、和谐互助，才能有效增进社区建设。不管是哪种模式，政府、社区组织、居民等社区治理主体都有明确的职责分工，并以法律法规的形式明确下来。这对于理顺北京市目前街道、居委会、业委会、物业公司等社区建设主体的关系具有重要的借鉴意义。

三是大力扶持与引导社区服务组织发展。从美国和其他国家的经验，社区公共服务的发展趋势是供应商和生产者的分离，具体的社区服务和治理依靠各种供给专业服务的社区服务组织的操作和实施。北京市社区服务组织还在初级阶段，在社区建设方面，社区服务组织有必要学习外国的经验，创造良好的政策和法律环境，优化生存和发展的空间，以替代社区行政组织的直接服务功能，同时也有利于动员社区居民的参与意识。

四是扩大居民的民主参与。虽然程度有所不同，但是不管是哪种模式，政府都在努力通过各种途径增强居民对社区的归属感和认同感，尤其是各种社区草根组织已经成为社区居民参与社区事务的重要方式。

五是社区建设要有完善的立法保障系统。国外所有社区事务的管理和运行均是有法可依，社区建设与发展井井有条。当前北京市城市社区治理的各项法律法规正在制定和完善之中，我们必须抓紧时间，以时不我待的精神尽快制定和健全有关社区管理的各项规章制度，使社区治理逐渐进入有法可依、有法必依的时代。

第二章　社区治理的发展历程及主要模式比较

第一节　我国社区治理的发展历程

随着我国社会转型的不断推进，社区治理也经历了一个非常复杂的社会变迁。先是计划经济体制下的“单位制”的兴盛，后随着计划经济向市场经济体制的转型，社区治理开始向社区制发展。这后一个阶段，又可以划分为启蒙期和探索期。

一　“单位制”的兴盛期

中华人民共和国成立之初，我国实行的是依靠计划控制手段配置经济资源、权力高度集中的计划经济体制，从1950年起，这种高度集中的规划体系开始从简单的经济领域扩展到社会生活的各个领域，单位社会化，社区处于国家的边缘，以“单位”为基本调控单位和资源分配单位的组织形式建立，发挥着超越社区的诸多功能。单位与个人之间属于支配与被支配、依赖与被依赖的关系。这种依靠“单位”的计划经济的管理体系，对体制内的“单位”成员实行全方位的管理，这种单位制的社区管理模式是我国计划经济时期的特殊产物。对于游离于单位体制以外的社会成员，则通过设立街道办事处和居民委员会进行归口管理，这种管理事实上也是一种按地域分布划分的单位制管理。这种单位制的社区治理形式从中华人民共和国成立初期开始起步，在20世纪的60—70年代进入全盛时期。

从某种意义上讲，这种“单位制管理模式”和“街居制管理模式”，本质上都是国家行政权力以“单位”和“街道—居委会”为中介履行的基层治理模式，“单位”“街道办事处”实质上都是国家对社会资源进行分配管理、对居民生活进行直接管理的“基层行政性组织”，是特定历史阶段、特定经济条件下的产物。这种管理模式在中华人民共和国成立初期对整合社会资源、维护社会稳定起到了重要作用，但同时也不可避免地造成了一些负面影响：一是政府职能的越位、缺位现象突出；二是社会组织发展严重不足；三是居民对社区建设缺乏积极性和主动性。

二 “社区制”的启蒙期

20世纪70年代末，随着计划经济逐渐向市场经济的过渡，体制内的很多“单位”在市场经济的冲击下，逐渐转变成为自主经营、自负盈亏的市场主体，由单位负责的大量社会职能被分离出来，“街—居”在社区管理中承担了越来越重要的角色，并由此推动了社区服务意识的产生和推广，“社区制”进入启蒙期。

1985年，国家民政部门开始积极地推进社区服务工作，并在1986年正式提出，要在城市展开社区服务的设想，第一次把社区的观念引入实际生活。此后的十多年中，社区服务意识在全国不断得到推广和深化。1993年8月，党中央和国务院14个部委联合公布了《关于加快发展社区服务业的意见》，社区服务从此被提上议事日程，并随后评选出了大量的社区服务模范城区，推进了全国社区服务的不断发展。在此期间，街道办事处和社区居委会的社区工作也逐渐从20世纪90年代初期的“以抚慰社区弱势群体为主”，逐步扩展到社区环境、卫生、安全等方方面面。随着社区在协调矛盾、化解纠纷、应对意外事件、深化人口管理、维持社会稳定等方面的服务内容逐渐增多，导致行政主导下的“街居管理模式”逐渐不堪重负，陷入管理效率极其低下的窘境。这就迫切需要探索一种适应我国社区发展需求的新的治理模式。由于在这一时期，对社区治理模式的实践性探索并没有真正展开，但社区服务的深入开展仍为社区治理模式的探索奠定了坚实的基础，因此，我们把这一阶段称为“社区制”的启蒙期。

三　“社区制”的探索期

到 20 世纪 90 年代末期，中国的社区建设得到了空前发展，“社区建设热”席卷大江南北，特别是民政部在 1999 年开始在全国范围内启动社区建设示范区试点工作，中共中央办公厅、国务院办公厅在 2000 年转发《民政部关于在全国推进城市社区建设的意见》（中办发〔2000〕23 号）之后，北京、深圳、上海、广州、沈阳等各大城市都在借鉴西方经验的基础上，探索不断解决社区管理问题的办法，陆续涌现出许多各具特色的社区治理模式，如北京鲁谷模式、上海卢湾模式、深圳盐田模式、沈阳模式、大连模式、青岛模式、江汉模式、福田模式等，这些模式为新时期健全完善我国社区治理提供了鲜活的成功范本。

第二节　国内典型社区治理模式比较

正如前述，目前我国形成了很多极具特色的社区治理模式，现将其中比较具有代表性的主要有侧重行政主导的上海卢湾模式、侧重居民自治的沈阳模式、行政和自治组织并行发展的深圳盐田模式介绍如下。

一　上海卢湾模式

上海是在早期探索社区建设管理体制改革的大城市之一，特别是在 1996 年，上海市为了适应社会转型的要求，将社区建设和改革的重点逐步从社区具体服务供给上升到体制改革层面。通过长期的调查研究后，提出“两级政府、三级管理、四级网络”的社区建设管理模式，并以卢湾区为试点，逐步构建起了“以政府为主导，以社区为支点，以居民参与为中心”的一体化管理体制。

卢湾模式的主要特点是：主要依靠行政力量，通过街居联动发展社区各项事业。其主要经验是：

1. 街道党工委、办事处和区城市管理委员会共同组建社区建设的指挥机构，对街道所辖范围内的社区建设和发展行使指挥、协调、监督等职能。

2. 调整撤并街道内部机构，设置了市政管理委员会、社区发展委员会、社区治安综合治理委员会、社区财政经济委员会四个工作委员会，形成了街道推进社区建设的行政管理架构，分别掌管社区管理、精神文明建设、社区服务、社区治安和街道经济等事项。

3. 社区企业、社会组织、社区居民和社区自治组织、社区建设支持系统，一起参与社区建设，并行使监督职责。社区居民同时成立社区居民全体大会，开展直接选举活动，扩大基层民主。

上海卢湾模式能够有效利用政府部门的主导优势，统筹各方力量，形成合力。但由于行政干预相对过多，也导致了以下问题：

1. 居民对政府的依赖性强，居民参与社区活动和建设的积极性和主动性不高。

2. 社区社会组织发展缓慢，很难对政府“缺位”“越位”问题形成有效填补。

3. 由于居委会没有对政府下派任务的拒绝权，居委会主任也被作为事业单位编制通过政府公开招聘的方式由非本社区的人担任，在实际运用中，街道办事处之前派给社区的任务还是由居委会继续承担，“上面千条线、下面一线穿”的现象没有得到改变，社区行政负担依然很重。

4. 政府包揽社区建设与管理的各方面，相对于其他模式，政府管理成本相对偏高。

二　沈阳模式

作为老重工业基地，伴随着经济体制、政治体制改革的深化，沈阳市的社会格局发生了深刻变化，尤其是国有大中型企业的改革，不仅使得大量旧单位制度下的各类社会服务转入社区，也使得一批关、停、并、转的富余职工进入社区，社区的组成结构、工作性质和服务内容发生了重大变化。在这种背景下，沈阳市从 1999 年开始尝试新的社区治理模式——以基层政权建设为着手点，大力推进城市社区组织建设，积极构建社区决策、实施、监督与互动的三种机制，构成了分离的讨论、相互制约的运行机制。

这种模式的突出特点是：以社区自治组织为主导来实施社区建设。其主要经验是：

1. 根据“小于街道大于居委会”的社区定位，重新设置了社区空间的界。

2. 创造性地成立社区成员代表大会、社区协商议事委员会和社区委员会三个机构，分别对应社区决策层、社区议事层、社区执行层，并将其规定为社区自治的主体机构，社区最高权力机构为社区成员代表大会，社区委员会取代居民委员会，对社区成员代表大会负责，社区议事协商委员会，向社区委员会提出建议并进行监督。

3. 通过建章建制，推行社区工作归口指导、“费随事转”、社区人民联络员、人大代表加强与社区联系四项制度，明确界定社区自治组织与政府机关、街道办事处、驻社区单位、社区服务单位间的关系等十大关系，社区自治组织内部事务决策、财务管理向居民开放，日常工作自主性，社区工作者的权力分配，保证协助管理社区事务的权力，如监督权等。

沈阳模式的主要优点是：充分利用社区资源优势，发挥社区自治力量的作用，以达到提高社区公共服务水平的目的。居民对社区有较高的认可感和归属感，社区凝聚力强。而由于真正高度自治的社区治理模式对居民素质、社会环境和政府职能转变要求都很高，并且，这种模式下，街道的行政管理负担很重，在实施运行过程中，由于自治的体制环境等方面的不成熟，容易出现偏离现象，甚至出现“穿新鞋，走老路”的局面。

三　深圳盐田模式

从 1999 年起，深圳盐田就经过持续不断的改革创新，将居委会的“议行合一”的旧体制逐步过渡到“议行分设”的社区组织架构，让承担大量行政事务的居委会逐渐解放出来，居民自治组织的本来面貌开始显现出来。2005 年 5 月，深圳盐田区利用 17 个社区居民委员会全部由选民直接提名产生的有利时机，实施“议行分设的社区管理系统”，标志着深圳市盐田区实现社区行政职能的完全分离，成为一个真正的社区自治组织。由于盐田区是在广东甚至在全国都是第一次实践，被新闻媒体描述为“盐田样本”。

盐田社区体制改革经历了“三次创新”：第一次是在 1999 年，盐田区充分利用居委会换届选举的有利时机，将居委会从农村城市化之后的集体经济组织中剥离出来，独立运行，开始了居委会社区化、城市化的进程。

第二次是在 2002 年，根据“议行分设”理念，盐田区最先进行社区管理体制改革，社区居委会作为一个对社区公共事务进行议事、决策、监督的基层组织，由居民选举产生，下设社区工作站和社区服务站两个相对独立的组织，一起执行社区居委会的相关决议，将社区居委会的角色和责任进行了细化和规范，形成了“一会（合）两站”的社区治理模式，实践中，社区居委会与社区工作站是两块牌子一套人马，居委会仍然不能从行政事务中抽身。

第三次是在 2005 年，在“一会（合）两站”治理模式的基础上，盐田区将社区工作站分离出来，社区工作站的工作人员由基层政府聘用，人事关系隶属于街道办事处，主要承接政府交办的相关事务。把当前已经进入社区的各项工作分类归入社区组织、服务、卫生、环境、治安、文化和计生 7 项内容，从而将政府行政性事务从社区居委会中独立出来。

深圳盐田模式的主要优点是：

1. 增强了基层政权的执政能力和行政本领，巩固了党在社区的执政基础。

2. 居委会的自治能力得到了扩展和升华。

3. 拓宽了公民参与政府决策和社区生活的渠道。

4. 行政成本和管理成本大大降低。

5. 改进了社区居民的服务机制，提升了社区居民对社区管理的满意度水平。

6. 改善了居民与政府的合作关系。然而，盐田模式建设的成功经验也表明，这种模式需要居委会本身具有一定的财力维持自治需求，否则，缺乏政府支撑的社区居委会将可能会步入资金有限、权力有限、人才贫乏等困境，社区自治工作很难开展。这种模式的缺点可以通过政府补贴等措施来解决，从目前来看，这种混合型的治理模式取得了很好的成效。

四 三种模式的对比分析

上面提及的三种社区治理模式是在我国社区发展和社区建设中表现出来的典型代表，既有共性，又有个性，但还不能与现代意义上的社区治理理念相提并论，依然存在不少问题和不足。

不同的治理模式在改革中有不同的特点：上海卢湾模式是加强街道办事处的权力、地位和功能，并通过街道居委会联动发展社区各项事业，行政力量在社区建设与管理中居绝对主导地位；沈阳模式通过社区建立“议行分离、相互制约”的机制，变革社区基层自治组织体制，深化基层民主自治的职能；盐田模式是按照“议行分设”的原则，分离社区行政执行职能，形成社区工作站和社区居委会两个相互独立的机构，分别承担行政执行和自治职能。

而由于各模式建设的历史背景和政治环境类似，这三种模式在社区治理制度设计和动力机制方面又有着很强的趋同性。制度设计方面，这些城市尽管在细节方面有所差异，但也大都是大同小异，宗旨都是有利于社区建设，有利于社区基层民主政治发展，并且在社区定位、组织架构、职能划分、运转机制等方面都作出了明确的制度规定。即使是行政色彩突出的上海模式，居委会层面设置了居民代表大会，开展了社区居委会的直接选举活动，并建构了“三会一公约”制度，即社区矛盾协调会、听证会、评议会和居民公约，这些途径毫无例外都扩大了基层民主，推动了居民自治，促进了社区发展。动力机制方面，理论上有两种力量在推动，一是内在的力量，即社区本身的力量，社区居民、社区自治组织和社区服务组织等为完成共同利益的需要进行的共同参与，这是社区建设的根本动力；二是外部的力量，主要是政府的外部推动，政府利用自己的资源优势，参与社区建设，共同促进社区的发展。但在推进社区建设的实际过程中，政府主导制度变迁。社区治理改革的推进以及新模式的建立，是政府主导推进的原因也是政府主导的结果。由于政府部门拥有许多资源，城市社区建设必须在政府的指导和支持下才能顺利发展，社区治理也只能主要依靠政府的外部力量才能顺利促进。

此外，三种社区治理模式也都还存在着一些共性的不足。一是政府在社区治理中的越位、错位、缺位现象依然在一定范围内存在，政府与市场组织、社区服务组织、居民自治组织之间的关系还有待进一步理顺；二是长期单位制社区治理模式的影响依然存在，居民对社区的认同感和归属感不强，社区建设的参与度亟须提高；三是社区组织发展仍比较滞后，不能满足社区服务多样化需求。

第三节　北京社区治理机制的发展历程及其创新路径

一　北京社区治理机制的发展历程

改革开放前，北京市主要实施单位组织为主体，街道办事处，居委会，以协助城市基层管理系统的二元结构。随着改革不断深入，原有的以“单位制”为主的社会管理体制逐渐被打破，政府和企事业单位分离出来的大量社会职能以及一些新增加的功能，所有这些功能最终都落到了社区，社区需要进行运转，社区不堪重负，直接导致了社区建设和基层管理体制改革被提上日程。纵观北京市社区治理发展历程，大体可以分为两个阶段：

1. 起步和发展阶段。1986 年，民政部提出了开展“社区服务”的要求，北京的社区服务主要立足于为社区里的特殊人群服务。1989 年北京市制定了社区服务的第二个三年规划，逐步建立起市、区、县、街（居）四级管理协调组织。1991 年，民政部建议在城市展开“社区建设”工作思路，其根本含义是指在政府提倡和指导下，使用社区资源，加强社区功效。北京的社区工作也从原来的更简单的“服务”，推进到全面推进社区建设阶段。从 1991 年起，北京市对社区工作连续进行了四个五年规划。1998 年、1999 年，分别在北京市举行第一次、第二次城市管理工作会议，围绕政府职能转变和街道、社区居委会改革，提出建立和完善“两级政府、三级管理”的城市管理新体制。

2. 全面推进阶段。2000 年，中共中央办公厅、国务院办公厅转发《民政部关于在全国推进城市社区建设的意见》（中办发〔2000〕23 号），2001 年，北京市开始实施《北京市“十五”期间社区建设规划》，北京市由此进入全面推进社区建设及社区管理体制改革的新阶段。“十五”期间，市委市政府以社区建设和城市管理改革为会议主题，先后召开了三届城市管理会议（分别是第三、四、五届），讨论街道和居委会的管理体制和运行机制的改革创新问题，在此基础上，制定出台了一系列接地气的政策和措施。第三次城市管理工作会议后，北京市范围内完成了家委会的转制工作和社区规划的重新勘定工作。共设置社区 2514 个，社区大小一般在 1000—3000 户。街道和社区管理体制改革进一步深入，街道办事处、居委会的工作关系被逐渐理顺，初步形成了以社区党委为核心、社区多元主体参与的社区自治组织体系。尤其是第五次城市管理工作会议以来，重点理顺了社区与基层政府之间的关系，加快了公共服务向社区覆盖的步伐，为政府职能到位、市场作用入位、社区功能归位取得新的突破奠定了扎实的基础。

一是依照政企分开和“条专块统”的要求，推进政府权力下放，强化街道办事处的综合管理和服务职能，达成了街道办事处工作重点向城市管理的转变。

二是逐步完善社区组织体系，完善社区自治制度，进一步提高标准化水平，实现了社区党建核心在社区的全覆盖，社区自治组织建设水平逐渐提高。北京市范围内建立了社区居委会、居民代表会议、社区协商议事会和听证会等规章制度。社区居委会的自治权利得到了进一步规范，各区县在所有社区居委会下面都成立了六个下属委员会，调整补充了居委会干部队伍。社区自治组织已成为社区建设一支不可缺少的力量。社区党委、社区居委会、社区社会组织、物业管理公司、业主委员会和辖区单位之间的关系在逐渐理顺，明确了将物业管理委员会纳入社区管理体系。

三是社区运行机制创新取得新突破。街道办事处与社区居委会的工作分工被理顺，社区居委会依法履职、依法协助的事项由最初的一百余项减少了很多，社区居民参与机制进一步完善，新出台了《北京市居民委员会选举办法》，基层民主选举制度得到了进一步规范。充分发挥社区居民会议的作用，建立了以评议会、听证会、协调会等为主要形式的社区民主协商制度；建立健全了社情民意表达机制，进一步畅通了民意反馈渠道；在社区建设社区服务平台，为辖区居民提供优质高效的便利服务；动员社区对政府职能部门和街道办事处工作事项的监督；积极支持、鼓励社区常住外来人口参与到社区管理中。

总之，北京社区建设始于20世纪80年代中期的社区服务，经过近30年的发展，开始了一个新的时代，从政府管理的社区到单一的多元的社区治理转型，在社区治理模式的转型中，具有北京特色、北京风格的社区治理机制逐渐成形。

社区党组织核心地位的增强，社区社会组织的发展壮大与主动参与；社区居委会自治能力的提升与发展；社区服务站的规范建设与应用；社区居民的参与为北京社区治理机制模式奠定了“四位一体”的主体模式基础，其价值基础也相应发生了变化，人们对社区的认同与热爱，对社区公共事务的关心，对社区道德的遵守，对社区互助服务的参与，都在一定程度上有所提高，社区工作人员的服务意识和服务提供更加贴近社区百姓，社会组织和市场组织为社区提供的服务更为广泛，一个治理机制的新格局正在形成。

北京市社区治理体制机制的设立，起源于2007年中共北京市委社会工作委员会（简称“北京市社工委”）、北京市社会建设工作办公室（简称“市社会建设办”）的成立，完善于2008年“北京市社会建设实施纲要”的制定与颁布。

北京市社工委、市社会建设办是市委的派出机构和市政府的工作部门，采取联合办公的形式。其主要任务是按照市政府的要求，努力建设一个宏观管理平台，对社会资本建设总体规划的研究和开发，促进研究和实施监督检查的任务分解的社会建设。大力增强基层基础工作，强化城市社区建设。努力扩大各类载体，积极培育和支持各种社会组织。大力推进社区“两新”组织内党的建设、推动社会工作者队伍和社会志愿者队伍的建设。大力健全完善社会建设的薄弱环节，将社会建设推进到了一个有序建设、重点突破、全面推动的新阶段。

北京市社工委、市社会建设办的基本职能概括起来有以下六项：

第一，制定规划。根据中央和市政府的要求，制定本市社会建设的发展规划，并提出相关的对策和建议。

第二，协调工作。依照全市社会建设规划，统筹兼顾、宏观上指导各项工作。

第三，负责社区党建和“两新”组织党建工作。

第四，掌管社区建设总体规划、综合研究、宏观指导、统筹兼顾。

第五，负责社会组织建设、管理服务的协调工作。

第六，负责社工队伍和志愿者队伍建设的综合协调等工作。

据北京市社工委宋贵伦书记介绍，北京市社工委、市社会建设办的工作宗旨是“以人为本，关心民生，构建和谐，服务社会”。近期工作思路：一是要搭建协调平台，通过共同努力，在北京市社区建设领导小组成员的共同努力下，通过建立社区党建和“两新”组织的党建协调机制，通过联合会议的社区建设、社会组织等机制，加强协调、沟通、监督检查，确保城市的社会建设工作。

二是共建共享。运用新机构的联结作用，在党和政府的宏观战略的指导下，积极地培养不同类型的社区社会组织，发挥其应有的作用。逐步建立能够覆盖全社会的社会工作网络，逐步完善基层民主制度，如居民自治，通过建立专业的社会工作者，特别是庞大的社会志愿者队伍，带动广大市民积极参与社会建设，营造共建共享的生动活泼的场域。

三是搞好服务。建立北京市社会建设办，目的是进一步疏通市委市政府为社会办实事的渠道。社会建设工作要牢牢树立服务第一的思维。全心全意为党和政府大局服务，为社会服务，为百姓服务，为社会组织和社会工作者服务。坚持在服务中搞好社会建设和管理，在加强社会建设和管理的过程中搞好服务。

从北京市社工委的六项职能中，我们可以看到在这种复合的责任中，政府对社会、对社区的管理首先是一种治理，它的最重要的功能是在于协调与共建，即从体制上完成对社区居民的公共服务责任。北京市委社会工委的成立，为社区治理机制提供了根本性的体制保障。使政府组织的公共责任落实有了直接的制度和组织的保证。

为了使这种体制保证得以明确的实施，北京在2008年社区治理机制中，明确提出了建立全市统一的“社区服务站”，2009年9月，中共北京市委办公厅和北京市人民政府办公厅联合颁布了《北京市社区管理办法》（试行）和《北京市社区工作者管理办法》（试行），力求在治理体制上有所突破，在增进社区规范基础上有创新，建议通过规范社区服务站和社区工作者管理推进社区管理体制改革。《社区管理办法》明确指出，要以实现好、维护好、发展好人民群众在社区中的共同利益，作为起点和落脚点，改进社区管理体制和运转机制，完善社区公共服务体制，完美社区大众服务设施，加强社区民主自治功能，增进社区和谐稳定，致力为创建繁荣、文明、和谐、宜居的首善之区奠定根基。《社区工作者办法》明确提出，要建设一支政治素质过硬、业务能力高超、服务水平强大的专业化、职业化的社区工作者队伍，以顺应新时期社区建设的要求，不断加强社区建设，提高管理和服务水平。

两个《办法》进一步规范了社区工作。依据《中国共产党章程》，对社区党组织的职责、任务做了进一步明确；依据《中华人民共和国居民委员会组织法》等法规，对社区居委会职责、任务进行了进一步规范；为了不断满足广大人民群众对日益增长的公共服务的需要，依据关于改变政府职能、扩展公共服务的要求，对社区服务站的功能也做了进一步明确。这其中，关键点是将社区居委会与社区服务站的职责明确分开。社区居委会是一个民主自治的组织，承担起民主自治的职能；社区服务站是政府公共服务拓展到社区的工作平台，承接政府公共服务的职能。两个《办法》的出台，既建立了各类组织的公共责任体制，也规范了各责任主体的“水平责任”，这无疑进一步加强了治理机制模式的体制框架。逐步形成了党委统一领导，组织部门牵头，对社会工作委员会的具体职责，与分类管理、分级负责的社区治理机制密切配合相关部门。

二　社区治理机制创新路径

要落实复合的公共责任，单依靠任何单一的现有治理机制是不可能的，所以我们必须建立一种新的治理机制，以实现公共服务责任共担和秩序共存。治理机制贯穿了治理的基本机制。从社区发展的角度来看，在单位的社会性功能外移为社会留出可能的成长空间后，加强水平责任的各项机制建设是关键。

社区治理机制强调平等主体的共同参与。治理要求的是多元主体之间的同等参与，尽管在一定时期内，北京社区治理的结构是以政府组织为核心，但政府组织在参与社区治理的过程中必须以平等主体的身份参与。它不仅要与其他主体承担相同的责任，以实现“各司其职，各负其责”的目标，而且要作为参与的平等方接受监督和评议。而各种非政府组织在社会上，也是政府治理机制的主体，应该参与各种公共空间在社区公共事务中的参与。在国家与社会的关系上，它们是平等的，强调的是政府和社会共同来解决社区发展中的矛盾。由此而言，社区治理机制的机制创新有以下几个方面：

（一）党社共治

中国共产党执政的社会目标，始终以社区为单位，以满足人们的美好生活需要为目标，这就必然要求社会成为党的工作的一个重要方面。而我国党与社会的关系一直是国家关系中非常重要的问题。在社区，党与社会的关系最初是合二为一的即党社不分，随着社会的变迁，党与社会的关系逐渐分开，时至今日，党与社会的关系是一种融合态，是一种党社共治的工作形态。最具代表性的党社复合共治是东城区南池子社区创建的“三位一体、会站共建、五部联动”的工作机制。

南池子社区地理位置比较特殊，是典型的皇城，东靠南河沿大街，西邻故宫、中山公园，南到劳动人民文化宫东门、缎库胡同、磁器库胡同以北，北起东华门大街，总面积0.43平方公里，1513户，3686人，平房154户。社区活动中心面积约500平方米，涵盖社区教育、工会、文化、青年及妇女工作活动等基地；老干部“四就近”服务站、老年学校、党员电教站、图书室以及社区警务室、居民事务服务站、老年人日间照料室等服务设施，以服务社区居民、驻区单位的不同需要，提升居民的生活品质。

在街道和社区党委领导下，社区选举产生了居民代表会议、居民代表常务会和社区居委会。社区自治结构形成了以社区党委为领导层，社区居民代表大会为决策层，社区居民代表常务会为议事、监督层，社区居委会为执行层的“四层联动”机制。社区居委会承担着三个方面的服务，一是来自政府部门的，二是来自居民、单位的，三是对社区工作者的管理。不管是社区党委，还是居委会，都有很多的服务工作。所以在社区建立社区服务站，作为专门承接政府职能部门公共服务的平台，帮助政府实现具体的为民服务事项。社区服务站的主要任务是：帮助街道业务部门下沉到社区的社会管理和公共服务，为居民提供方便的服务，聆听居民意见，反映居民的利益要求。由于大量的社区公共服务工作，社区党委、居委会和服务站之间需要互相配合，在平常的管理和服务中，构成了社区党委、居委会和服务站的“三位一体，会站共建”的社区治理机制。

在工作人员的配备上，社区治理本质上是复合共治的。尤其是书记主任一肩挑。社区设党委设书记1人，专职副书记1人，社区居委会主任1人，副主任2人，委员7人。其中，书记兼主任，主持工作的副主任兼社区服务站站长，社区服务站由3名专职人员和3名协管员和1名助理构成。另外，为提高信息技术水平，街道招聘了14名大学生作为社区文秘，分派到每个社区。人员结构从责任分工是纵向组织和相互义务层次的共同责任。社区党委具体承担社区党建、精神文明等工作。居委会设立六大委员会，它们是社区共建和协调发展委员会、社区治安和民事调解委员会、社区服务和社会福利委员会、社区环境和物业管理委员会、社区医疗和计划生育委员会、社区文化教育科普和体育委员会，主要负责六大块工作。社区服务站主要承担10项工作任务。

从以上的分析可以看出，所谓“三位一体”即社区党委、居委会、服务站负责人交叉任职，人员有分工、有协作，共同完成和谐社区建设工作，“会站共建”即社区党委、居委会与服务站功能合并，相互补充。“五部联动”是党建联谊和自主参与的设施建设、公共安全和环境性能，体育科学的民意调查，建立协调、计划生育、健康和福利服务，信息和物流金融五个联合工作部，把社区工作悉数整合、分类打包，由居委会中持证的社区专职工作者和服务站专职工作者到各工作部任职主管，采用部门主管负责制。服务站助理也包括在五个联合工作部门，每一个部门负责一个部门的工作，工作的方式也都是交叉的。这样就将社区居委会与服务站的功能有机结合起来了，同时使社区工作者腾出更多的时间思考问题，分片包户，组织活动，开展服务。

社区服务站通过为社区居民承办、代理、转办等形式，衔接政府社会保障、安全、环境、医疗、卫生等方面的社区事项，与街道“一站式”服务大厅对接，提高了办理社区事务的水平。

综上所述，在社区层面上，无论是政府还是社区工作都集中在公共服务水平之间的自治组织分工与合作，与政府之间的分工明确，政府之间存在明显的差异，更多的是资源的整合，因此，随着社区发展对社区资源整合程度的需要日益增多，使党逐渐成为社区资源整合的一个核心主体，党在社区发展中的核心地位逐渐得到加强。这样就有效整合了社区中党社共治的核心推动力量，形成合力。基层党建和社区建设的有机结合是中国政治建设和政治发展的重要特色。在社区公共空间中，进一步推进党的领导，实现了城市社会空间重构，实现了党在社区中的中心地位，巩固了执政党的基础，使社区公共空间的领导能力增强。

（二）政社共治

在社区治理机制模式中，政府与社区在公共责任上既分工又合作是北京社区治理的特色，西城区德胜街道办事处公共服务大厅的运转模式在政社共治上具有很强的典型性。

德胜街道公共服务大厅，为辖区单位和居民的综合服务窗口，主要负责该地区的居民、政府事务处理事务和公共法律服务等功能，服务总量达79项之多。统一服务形式的实现方法主要包括综合受理、联网受理、在线受理、前后台有效对接、个性化服务等。各项公共服务的运行主要以“区—街—居综合管理信息系统”网络环境为基础，服务大厅窗口的受理，整个代理、内部的实时传输、统计分析、数据归档、绩效考核等工作流程，实现了全面的电子化，并提供服务，在网上指南、远程处理、视频服务、网上投诉、政策法规等服务。至2015年年底，街道办事处先后投入700多万元，用于大厅的软硬件建设，共接待来人来电咨询14万余人次，办理各种服务事项超过15万件，赢得了社区居民和科技园区企业的广泛认可。大厅处理地区民众各类诉求25637件，做到件件有回应，事事有着落，优惠或免费为地区居民群众代理各类诉讼12件，解决了小区天然气开通、社区路椅设置、网吧经营扰民等10余项地区群众反映强烈的问题。

德外街道摸索出了政府与社区共同治理的机制，实现了街道公共服务大厅和社区工作站的有机衔接，实现了面向驻区单位和社区居民承接地区政务事项的处理，居民事务管理、公益法律服务等职责。社区服务站建设和公共服务大厅建设工作融合，社区服务站服务项目包括在大厅内的公共服务项目，过程规范，统一部署，统一实施，专业指导，继续增加街道—家庭网络验收项目，形成街道—邻里互动，使社区服务站工作和街道公共服务大厅，街道社区服务中心的有机衔接。社会管理的形成和公共服务的联动机制，公共服务的形成成为社会的有效衔接机制。

一是以项目为核心实现对接。按照职能和职责，根据一体化的20个具体部门设置的主要系统，将街道功能设置为“七部二室一厅”，分别是：党群工作部、组织人事部、城市管理工作部、公共安全工作部、社会保障工作部、社区事务工作部、统筹发展工作部“七部”，纪检监察工作办公室、街道办公室“二室”，一厅是指“公共服务大厅”。“七部两室”是“一厅”有力的后台支撑。

在运行机制上，实施日常工作、专项工作的分工合作，重点工作、应急事件的统筹联动工作机制；在工作模式上，采取有效组织形式和手段，强化综合管理职能。

在政务流程的梳理过程中，首先由各科室将本部门业务中面向居民群众的所有业务剥离出来，逐项对照相关政策法规和办理依据理顺办事程序，明确了承办部门、办事程序、受理条件、办理时限、所需材料等办事要求，最后经过区属归口职能局的认可，做到公开透明、统一标准、依法办事，实现信息化、立体化、人性化的服务。

经过政务流程再造，办事处将各科室直接面对居民及社区服务站的79项服务事项从原有工作程序中剥离开来，以亲民便民利民为原则，简化了办事程序，规范了办理流程，减少办事环节40余个。公共服务大厅建立了20个对外服务窗口，通过与部门背景的内部信息平台形成一个联动的局面，实现“一窗式办理，多窗口服务”，全部事项即办即结，代理事全部代办，为辖区居民和驻区单位提供了极大的便利。

二是用信息化管理实现联动。通过互联网建立整个服务大厅，并通过区政府网站向该地区居民开放所有事宜。将这些事务按“党群事务、城市管理、残疾帮扶、民愿受理”等不同类别分为八大类，依项具体阐述操作程序并附有关表格供居民下载使用，使居民不出家门就能实现政务信息咨询、表格填写等前期需办理的事项，突破了时间地域的限制，达到24小时随时受理业务，较好地解决了部分“人户分离”群众在面对急需办理事务时的实际困难，减少了本人到场办理的次数。这样，原来居民需要跑社区服务站、街道、区里各委办局的事，现在直接到大厅就能办理。对于不熟悉互联网的居民群众，也可以在社区服务站的帮助下在社区完成这一步骤，方便快捷。

街道办事处要充分利用信息时代的网络普及和便捷的条件，打通社区服务站和地区办事处办公系统的业务联系，建立起区—街道—居委会三级的立体服务系统。实现事项审批的全程网络流转，将咨询、开证明、材料送呈、审核、批准和领取办理结果等若干个环节予以简化，实现居民一次来访便可办完全局事情，极大地提升了办事效率和数据的使用效率，为群众办事提供了实实在在的便利。同时，也能将社区服务站的有关信息及时反馈给各级领导，为各级领导的决策提供依据。

三是打破资源壁垒，实现支撑连接。街道以现实工作为基点，开发了专门的办公软件，在内部以电子邮件、通告通知、论坛等形式进行即时的信息交换，构建起了和谐的工作环境，完成了窗口办理、全程代理、内部转换及数据分析、材料存档、绩效考评等工作流程的全面电子化。公共服务大厅与各部门建立密切的工作关系，实现联动，及时管理相关业务，提高工作效率，简化工作流程。

本着“干部围着部室转、部室围着大厅转、大厅围着群众和单位转”的服务理念，启动一个新的工作机制，有效整合行政资源，在人民群众的指导下，通过规范、标准的办事流程，以街道网络服务管理软件为支撑，使服务大厅与各个部室保持了有机连接，让居民办事不再需要跑遍全部相关部室。大厅一直在努力提升自己的公共服务水平，自正式投入运营以来，共接待各类来电来函约 65143 人次，办理各种服务 52170 件，群众满意度达到 100% 。①

同时大厅承担了辖区电子信息收集的重要功能，通过与科室内部数据库的联动以及收集日常居民办理事项所提交的各类信息来建立地区居民的电子信息库。与各科室和社区服务站实现了无缝衔接，有效地促进了政务信息化，提高了工作效率。

四是加强培训实现服务的全面对接。街道每年都举行与社区工作者业务有关的培训，对有关的业务程序、操作模板、技术准则进行培训，使居委会在第一时间能落实属于自己职权范围内的事情，从而更好地为居民提供服务保障。

通过对全程办事代理的不断完善，办事效率得到了极大的提高，把原来需要居民在居委会、办事处和职能局间奔波的步骤全部简化，有 40 余项业务做到来人即办、一次完成，其他代办业务也可在 7 个工作日内办理完毕，改变了以前流程不规范的办理时间、依据等众说

① 北京市民政局社区服务处：《社区治理与社区服务论文集》（二）。

纷纭的情况，得到了群众的好评。

这种政府与社区公共责任的有机衔接，不但最大限度地满足了社区居民的服务需要，还深化了政府以民为本、服务社区的思想，提升了政府在人民心中的威望，是政府与社区的共赢，有效地提升了社区治理水平。

（三）居民共治

所谓居民共治，是指社区居民通过一定的手段和形式实现对社区事务的自我教育、自我管理、自我服务和自我监督，其本质是社区居民自治。居民共治是社区发展的需要，是社区建设的核心部分，它的根基在于社区居民的参与和自治组织力量的整合。它的目标的实现依赖于社区居民个人的责任和居民间的公共责任，它是建立在社区资源共享与公共参与相互协商和合作的基础上的合作互助系统，也就是社区发展所倡导的自治体系。社区居民自治体系的完善为社区治理机制奠定了根基。居民共治最具典型意义的是东城区北新桥街道的社区自治体系。

北新桥街道的社区都建构了居民代表大会、居民常务委员会、居民委员会、分片主任、巷长、楼长、院长、志愿者、家庭的居民自治组织网络系统，居民可以向自治组织体系反映看法，也可以直接在相关会议上提出自己的见解。社区重大问题的决定、管理严格按民主标准办事，重大事项提交居民常务会议或居民代表会议审议。计划生育、低保救助、住房保障、社区公益金、社区福利等相关事项都定时向居民公开。社区主任每年至少向社区居民代表述职两次，报告自己在组织居民开展社区民主自治的工作情况，居民对社区主任给出称职或不称职的定性评价，制作评议表对社区主任的工作实绩进行打分测评，取得量化评价，确保评议取得实际效果。

社区内部普遍建立了“小巷总理搭台，居民自唱大戏”的自治形式，通过建立社区自治组织公约来规范人们的行为，积极引导大家自我教育和自我管理。藏经馆社区民主议事会是由民主公推的群众威信高、热心社区公益事业，有一定的参政议政能力、擅长调解邻里矛盾的15 人组成。民主议事会在居委会的指导下，负责社区居委会的纠纷调解、社区事务的讨论和协商并交由居委会裁定。藏经馆社区是平房区，院内2户居民自安水表，不愿与院内水费共同计算，引起居民不满，有的居民拒交水费。居住本院的民主议事员主动组织院内居民召开座谈会。通过大家你一言我一语地摆事实、讲道理，议论出了解决问题的办法，化解了矛盾，所欠水费也全部交齐，小院和谐的气氛更浓了。到2015年10月，16个社区共有各种民间组织256个。这些组织分为6类。一是秉承政府要求成立的各种组织：如社区计生协会、老龄协会、残疾人协会等；二是自我管理类：如社区养犬自律会等；三是服务类：包括自助型和互助型；四是教育类：指各种学习、教育、培训组织；五是监督类：指居民自律组织；六是其他类型等。目前，北新桥街道民安社区养犬自律协会、海运仓开心艺术团、藏经馆社区议事会、九道湾老年协会、北官厅残疾人协会等一批民间组织已经在东城区甚至北京市叫响品牌。几年来，这200多个民间组织串起了北新桥地区数以万计的居民群众，成为社区自治建设的重要力量。

（四）多元共治

多元主体是治理机制的核心，社会组织作为社区治理主体参与社区的治理，是社区多元治理的标志。在我国的社区发展的20年中，一直存在着一个掣肘性的问题，即只重视政党和政府的力量，忽略了第三部门——社区社会组织的力量，使治理的主体缺失。近一段时间以来，北京市社区建设不断取得新的进展，社区社会组织的培育和发展也取得了很大的进步，它们参与社区建设，成为社区发展和社区治理的一支重要力量，成为社区治理不可或缺的重要主体。

2008年9月，《北京市社会建设实施纲要》中指出："我们要高度重视和充分发挥社会组织在提供公共服务、反映居民利益，扩大公民参与，增强社会活力，促进社会发展的积极作用，坚决支持培训和支持依法管理，完善相关政策，采取有效措施，改善管理和监督机制的社会组织，营造良好的社会氛围，积极开展社会组织在发展存在的困境，推动社会组织健康发展。"北京市对社会组织的扶植和培育促进了社区的发展。东城区景山街道办事处依据志愿参与、互帮互助、互惠互利、依章管理的规则，按照居民的共同需求、共同爱好、共同利益，逐渐建立了51个社区社会组织，其中自治管理类的17个、服务类的14个、兴趣类的20个。这些组织都制定了相应的规章制度，深入规范了社区民主决议、民主管理、民主监督的流程。与此同时，他们注意运用老干部、老知识分子、民间艺人的功用，组建以社区历史、文化、艺术、和谐社区发展等为主题的研究会，具有科研、企事业单位、学校等的优势，定期召开专题报告会和座谈会，建立学习型组织和学习型社区，让更多的人了解社区的历史和现状，热爱我们的社区，关心社区的发展，对社区有强烈的归属感，充分发挥了社区居民作为社区建设和管理的主体作用。此外，他们将努力对社会的安全稳定、法律信仰、社区文化、扶贫工作进行社区社会组织、实施项目管理与物业费的关系。充分利用社区公益事业专项补贴资金和社区公共服务设施，为社区社会组织活动的开展提供各种有利条件。2015年6月，他们聘请了5位退休的社区老主任成立了社区“仁和堂”民间调解委员会，申请了公益金为每人每月补助50元，帮助社区居委会接待居民的民事和解，还按期进入居民家中向居民传达有关法律法规，“仁和堂”成立5个月时，就前后调解各种民事纠纷26起，被调解的居民都比较满意，在一定程度获得了社区居民的认同。

景山街道的社区社会组织起源于两个方面，一是因需而建，二是因势利导。90%的社区社会组织是从人民群众的基本需求和共同利益出发，自发组织、自主活动、自我服务、自给自足，丰富居民的业余生活，营造和谐友好的社会氛围；10%的社区社会组织在街道、工委和社区党委、居委会的大力培育和积极扶持下，主动顺应社区成长的时代要求，积极地配合政府行政管理体制改革，改变行政管理中已有的错位与越位现象，有效解决了社区中存在的很多棘手问题，在和谐社区创建中发挥了非常重要的作用。

依据黄化门居民的需要，以社区体育健身为切入点，将“体育生活化”理念融入居民的日常生活，成为基本生活意外的必需品。为此，建立了首个具有独立法人地位的“北京市东城区黄化门社区居民健身协会”，到2015年年底，该组织拥有15个文化体育团队，它们都是以社区为基础的，以小巷、庭院、家庭为重点，以社会体育指导员为骨干，采用滚雪球式的发展，形成了“人人有组织、组织有活动、活动有特色”的社区社会组织框架，极大满足了社区群众在体育文化方面的需求。

钟鼓楼社区是一个典型的老平房区，街道狭窄、人口密集，居民生活水平普遍偏低，邻里纠纷成为社区的突出问题。社区居民中有少数老厂长、老党员、老居委会主任，德高望重，热心公益，有组织地为社区居民解决纠纷和调解。街道党工委和社区党委积极地培养，探求一条符合群众需要、符合群众利益、群众更乐于接受的调解方式，建立了“家和万事兴”群众调解之家。到2015年年底，调解之家“金字塔”式二级调解网络已经建立起来，成员从最初的8人发展到21人，成为社区民事调解的主要力量。

为了推进社区社会组织的成长，景山街道办事处采取了人才培育机制、物质保障机制、交流展示机制、智力支持机制和资金运行机制，大力扶植社区社会组织的壮大，培育了知名的“巧娘工作室”等社区社会组织，为东城区的社区多元共治提供了条件。

北京市治理机制模式的发展，是北京市社区建设的经验总结，为我国的社区发展提供了可借鉴的模式，代表了未来我国社区建设的发展方向。

第四节　北京社区治理模式创新中涌现的典型

目前北京的城市管理模式基本和全国其他大城市一样，实行“两级政府、三级管理、四级延伸”的模式。“两级政府”，即市、区两级政府组织；“三级管理”，除了市、区两级政府管理外，再加上街道派出的区政府管理机构；“四级延伸”，即在市、区、街道这三级行政管理之外，增加了社区居委会。自1990年起，尤其是2000年《民政部关于在全国推动城市社区建设的意见》颁发以来，北京作为全国第一批“全国社区建设实验区”之一，通过几年的探索实践，涌现出不少社区管理模式创新的典型，如鲁谷模式等，在全国产生了良好的示范效应。

一　三类典型模式

从目前各区县的做法来看，比较有代表性的有以下三种：

（一）加强基层政府的社会管理和公共服务职能

朝阳区八里庄街道通过设置社区政务工作站，提高街道职能部门的行政本领，东城区和平里街道设置社区服务管理中心创新政府提供公共服务的方式，推动社区服务社会化。

1. 朝阳区八里庄街道：设立社区政务工作站

八里庄街道作为朝阳区社区管理体制改革的试点街道之一，在深化社区管理体制改革方面进行了大胆的尝试，最大的亮点就是以红庙社区为试点，建立社区政务工作站。一方面，由政务工作站界定的政府承担的工作分配给社区的工作，执行董事责任制，从根本上保证了政府陷入社区的行政重心。另一方面，减轻社区居委会行政性工作的负担，加强了基层民主自治。具体做法有：

（1）配备必要的物资设备。办事处投入资金，结合社区原有条件，建成60平方米的办公场所，配备电脑等相应的办公设备。

（2）人员配置和组织安排。政务站实行站长负责制，工作人员由街道办事处聘用，下辖三个工作组，主要协调政府部门派驻社区的各类协管员、社区民警以及社区保安等，和其余有关人员一起完成街道办事处延伸至社区的各种各样的行政性事务工作。

（3）相关制度。一是明确社区政府工作岗位的职责是向政府部门报告社会公众意见，完成政府职能部门下达的行政工作，协助社区党组织、社区单位和居委会开展相关工作。二是制定《社区事务工作站管理办法》，对社区政府工作岗位的日常管理工作作出明确规定。三是明确社区内各类协管员工作职责，建立工作人员弹性工作时间制度。四是与居委会建立联席会议制度，加大工作协调配合的力度。将社区事务代办列入社区工作站日常工作之中，制定居民接待制度。

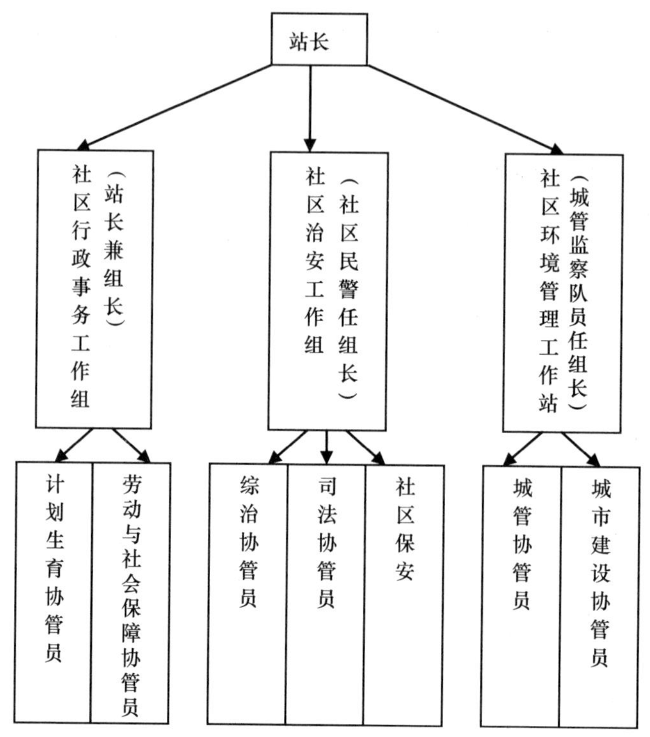

图2－1　红庙社区政务工作站组织体系

通过建立社区政府工作站，在社区层面上，形成了“一个核心、两个工作体系”的新的社区工作模式（一个核心是指社区党委，两个工作体系是指居民自我治理制度的形成和社区居委会社区行政事务的高效的工作体系的形成），社区党委、街道办事处以及社区居委会三者的绩效都得到了普遍增强。社区党委通过主持联系会议和社区议事协商会议强化了领导核心地位。街道办事处工作重心下沉到社区，行政本领得到强化。社区居委会从各类繁杂的行政性工作中抽离出来，把更多精力集中在落实社区自治。居民社区参与增多，社区归属感增强。

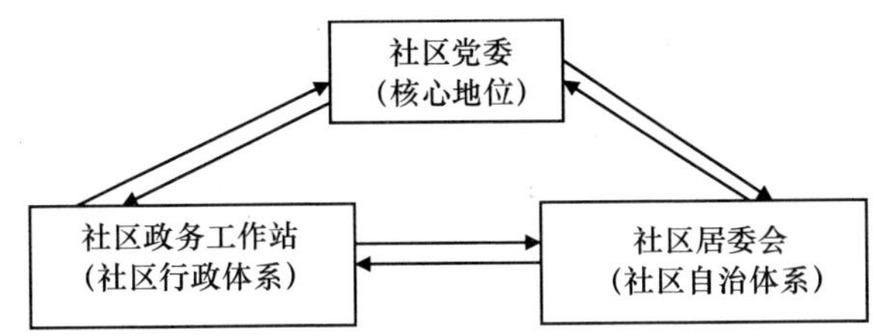

图 2-2　红庙社区组织关系（"一个核心，两个工作体系"）

2. 东城区和平里街道：创建社区服务管理中心

2002 年 7 月，和平里街道办事处把社区服务中心、社区体育中心、社会保障中心、环卫处、绿地办、养老院等机构进行了分离，建立了和平里街道社区服务管理中心（以下简称"管理中心"），以独立法人身份承接从政府剥离下来的有关事务。办事处负责制定社区建设与社区服务发展战略，规定"管理中心"的工作任务和目的，对其执行宏观管理和引导、监督；以"项目经费"的运作模式，创建与"管理中心"的委托代理关系，给予资金方面的扶持。这样就初步形成了街道办事处与管理中心之间全新的委托—代理关系，中心受到办事处委托，在街道区域内供给社会服务，达到了社区服务社会化的目的。具体做法有：

（1）"管理中心"的性质和功能。"管理中心"的特质是社会服务组织，具有独立法人资格。主要职责是承接从街道办事处分离出来的公益性、福利性、服务性的社会服务事件。

（2）组织架构。最高决策机构是理事会。理事会下辖监事会和会办公室。"管理中心"执行主任负责制，下辖"一室、一厅、二部、五中心"，具体为：一室是指办公室，一厅是指社区事务服务大厅，二部是指财务部和项目开发部，五中心涵盖社区服务中心、文体服务中心、卫生保健中心、环境美化中心、社会保障中心。

（3）运作模式。中心与办事处之间，主要是委托—代理的运作模式。办事处将社区公共服务内容，分为不同的项目，制定目标、标准、实施要求等。通过签订委托责任书的方式委托授权，由"管理中心"承办。并将原"事业费""人头费"改为"项目经费"拨给

“管理中心”。政府分配的临时工作，采取“费随事转”的运作模式。“管理中心”内部选择“项目经费”契约式管理的模式，采取公开招、投标方式选取承包对象，并与其签订目标责任书，以契约形式促进承包项目的落实。

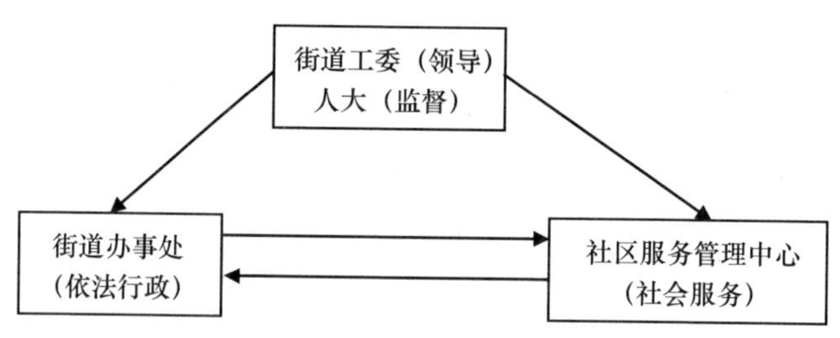

图 2－3　东城区和平里街道管理模式

社区服务管理中心的创设，在街道层面建立起了一种新式的街道管理方式，即街道工委领导、人大监督、办事处依法行政、社区服务中心具体经办社会服务。由此在街道层面把党务、行政以及社会服务工作进行有效分离，建立起三个相互独立又相互关联的工作平台。同时，也探索出一种政府通过组织创新而实现社会服务供给，建立起新型服务型政府的新模式。

（二）突出社区自治

突出社区自治的典型代表是西城区，自治模式是“两会一站”和“议行分设”。

西城区早在 2001 年就启动了以创新社区居民自治组织体系为突破口，大力推进社区管理体制改革的行动。主要做法有：

1. 着眼于明确职能、理顺关系，建构社区组织新架构

西城区的社区组织体系架构可以概括为：在社区党组织领导下的社区居民自治体制。其中，社区居民自治体制由三个部分构成，即社区居民代表大会、社区居委会、社区工作站，简称“两会一站、选聘结合”模式。社区党组织是社区建设的领导核心。社区成员代表大会是社区依法民主自治的最高权力机构，按期举行会议，

讨论并决定社区建设中的重大事情，依法选举并监督社区居委会的工作。社区居委会是依法选举产生的群众性组织。每个居委会下设6个专业委员会和若干居民小组。社区居委会以议事为主，行政事务由社区工作站执行，腾出更多的精力去实践居民自治权、协管权和监督权上。社区工作站在社区居委会的领导下和街道相关部门的指导下，承办居委会商议决定的各种具体工作事项及其需要帮助政府完成的一些事情。社区工作站站长及专职工作者全部由社区居委会聘任。

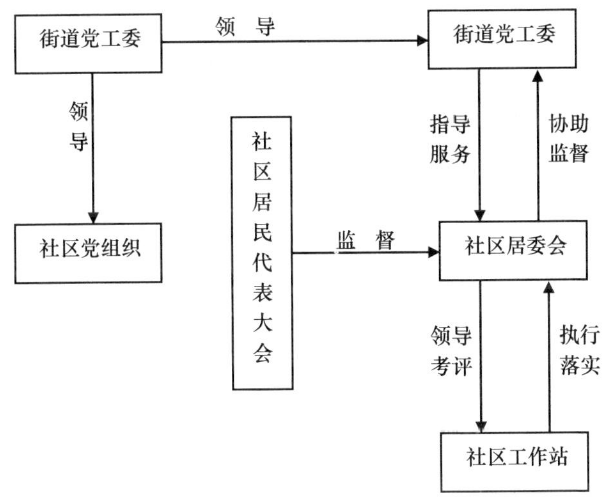

图2-4　西城区党组织领导下的社区居民自治体制

2. 着眼于扩大参与，重点建立“四个机制”

建立居民自治机制，提高社区民主自治能力，倡导委员会主任和社区党组织成员交互任职。居委会成员都是本社区居民，除主任及副主任外，其他委员都“不坐班”，执行任期工作补贴制。社区居委会的工作内容是居民最关心的问题，制定并实行“居民议事会”“居民听证会”“主任接待日”等制度，理顺居民参与方式，健全群众利益诉求机制，真正实现由“政府的腿”向“百姓的头”转化。

构建选聘参与机制，提高社区民主自治活力。在新制度下的居委会成员兼职的准入方式，使更多的热心公益的各界人士参与社区建设，居委会更是“有代表性”，立法精神可以更好地体现居民的“自主性”。对社区工作站工作人员进行公开选聘，实行“优者上、庸者下”“能进能出”的进出机制和灵活的选人用人制度，增大了选人的空间。

创设资源整合机制，构造社区民主自治的合力。在社区工作站层面将被分配到政府部门的社区工作人员和工作进行有效的整合，改变“缺乏协调，没有领导”的情况，加强城市管理和公共服务的特殊功能块系统。社区居委会定期组织社区居民对政府专业管理机构和街道办事处的各项工作进行评议和监督，加大了“下评上”“民评官”的力度，激起了更多辖区单位与社区居民的参与激情。此外，该地区的各类档案近2000个非政府组织，这些组织在保障权利、协助、服务和体育活动中发挥了积极的作用。志愿者队伍不断壮大，达到11人，占总人口的14%以上，气氛更为浓厚。

建立政府保障机制，强化社区民主自治推动力。实行“一个制度、四项工程”，为居民自治营造良好的外部环境。一个制度是指社区工作准入制度；四项工程：即民间组织发展促进工程、社区人才培养工程、居委会办公条件改善工程、配套推进城市管理体制改革工程，明晰政府职能部门、街道办事处与社区各项工作的关系。

新的体制机制使得居委会从烦琐的事务性工作中得以脱身，通过调研收集社区的各种问题，经过汇整提炼，形成议案，提交居民代表大会讨论，需要政府解决的上报街道及政府职能部门，可以由社区解决的由工作站具体落实。这一过程中，部分社区经过召开议事会、实地调查等方式办理了公共安全、调解邻里纠纷、社区环境卫生等问题内容；部分社区自创了涵盖文化教育、居家生活、医疗保健等内容的各具特色的服务体系。新的体制机制大大地激发了社区成立各类民间组织的积极性和主动性，逐渐形成了由政府、社会、市场以及居民共同参与的格局，推进了社区服务的社会化进程。

（三）转变政府职能与加强社区自治齐头并进

这种模式的典型代表是石景山区鲁谷社区，其模式是三套体系共同管理社区。

鲁谷社区于2003年7月18日成立，是北京市在街道层面进行城市管理体制改革的试点单位之一。2003年7月，石景山区在区划调整的时候正式成立鲁谷街道办事处，成为第一个设立在街道层级的社区自治组织体系。2006年，鲁谷社区获得第三届“中国地方政府创新优胜奖”“全国首批建设和谐社区自主创新单位”荣誉称号。鲁谷社区体制创新的主要做法：

1. 在社区构建党的领导、行政管理和社区自治相结合的三套组织体系。社区党工委作为区委的派出机构，对辖区内地区性、社会性、群众性工作负全责；社区行政事务管理中心是区政府的派出机构，对辖区内社会事务执行管理、协调、引导、监督和服务；社区自治工作体系由社区代表会议、社区委员会和各社区居委会组成。社区自治组织实行“议行分设”，社区代表会议是整个社区事务的决策机构，每年举行一次，社区居民委员会是其议事协调的常设机构。

2. 改变政府职能，厘清政府、市场和社会的关系，社会不应承担各种行政审批和执法职能。

3. 积极培养和扶持社区社会组织，充分利用它们在政府管理和服务社会中的辅助作用，逐渐构建一种“在党领导和政府指导下的社会多元化合作治埋”机制，实现从过去政府办社会到社会建社区的转变。除了巩固和充分发挥传统老年人、残疾人、协会和其他居民自发组织的民间社会的作用，重点培育地区公共艺术团和志愿者协会与自治组织的人民热爱他们的家园。

通过体制创新，取得以下几方面的成效：一是构建了“小政府、大社会”的管理体制。从根本上削减了政府在街道管理层面的机构，改正以往政府行政职能在街道层面上的个别错位问题，提升了行政效率。二是强化了社区自治功能。取消“街道”二字，改名“社区”，其目的是扭转计划经济体制下政府办社会的传统观念，突出社区的概念，通过一个社区代表制度民主工作机制的建立，畅通了群众利益诉求渠道；政府部门和机关报告制度的实施，“检验”为人民群众评议政府官员，依法实施有效监督；大力培育扶持社区自治组织，充分运

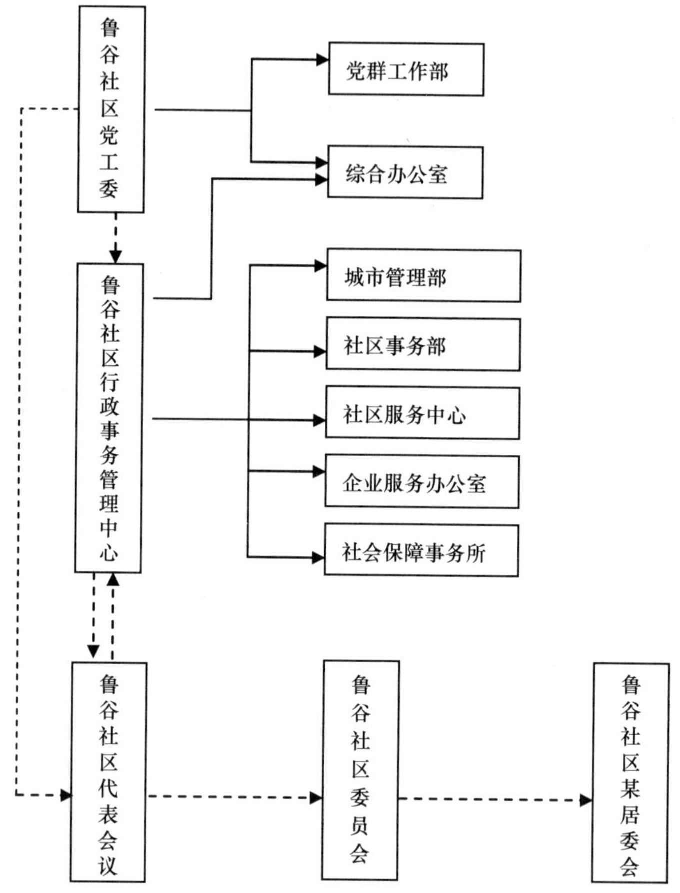

图2－5 鲁谷社区治理体制结构及运行

用社会的自我管理与服务功能。三是理顺政府、社会和市场之间的关系。在社区建设中初步达到了政府职能部门专业管理归位、社区自治组织协助管理到位、社会服务组织项目管理入位的目标。

二 几种模式的特色与比较

以上几种模式，是我市社区建设中涌现出的典型，既有一些共同点，但又各具特色。改革的缘起都是在经济体制转轨过程中，原有的单位体制和街居体制相继失灵，面对新情况新问题，在北京市先后召开五次城市管理工作会议的背景下开展的实践创新活动。从改革的思路上看，各个模式都在着力探索政府依法行政与社区依法自治相结合的运行机制，但又因地制宜，选取的改革侧重点有所不同，体现出不同的特点。

朝阳区八里庄和东城区和平里把改革的落脚点放在加强街道职能上，不同的是八里庄由于辖区较大，通过政务工作站把街道工作重心下移到社区，使得街道职能部门的行政能力和居委会的自治能力都得到加强。而和平里街道是通过组织分化，从原有街道组织中分化出社区服务管理中心，探索出政府提供社会服务的新模式。

西城区选择了创新社区自治组织体系为突破口，推进居民自治机制的建立和完善，构建社区党组织领导下“两会一站、选聘结合”的社区自治体系。

鲁谷社区是充分利用了八宝山街道行政区划变动的契机，抓住转变政府职能和推进社区民主自治两个关键环节，经过在街道层面建构有效的政府行政管理机制、社区民主自治机制、市场配置机制，推进了政府、市场和社会的良性互动，促进城市基层管理由“街道体制”向“社区体制”转变。

总的来看，几个典型模式都不同程度带有政府主导和推动的色彩，但是相对而言，朝阳区八里庄和东城区和平里街道的改革更偏重行政主导，改革重点放在转变政府职能方面，主要是强化街道办事处的地位、作用以及工作方式；西城区的改革模式则偏向社区自治，重点放在构建社区组织新框架，为社区自治搭建平台；鲁谷社区的改革模式力争实现政府依法行政与社区依法自治的有机结合。几种模式都在不同方面和不同程度体现了创新性，其中朝阳区、西城区、东城区都是在原有的街道体制下进行的创新实践，而鲁谷社区直接取消“街道”二字，在全国第一次提出并实践建立大社区的理念，改革力度更大。

但是，不论哪种模式，都还在实践探索中，也出现了不少问题和矛盾。例如，朝阳区八里庄和东城区和平里街道的改革虽然在一定程度加强基层政府的社会管理和公共服务职能，减轻了居委会的行政性负担，然而社区民主自治方面的进展显得相对缓慢，居民参与的热情也没有明显提升。西城区通过建立新型社区组织体系促进了社区民主自治，但是居委会下设社区工作站来承担社区公共服务与行政管理双重职责使得居委会的行政性负担并没有从根本上得到改观。鲁谷社区的模式最富于创新精神，但是主要适应于辖区较小的街道的管理体制改革，而且由于改革力度较大，涉及层面多，短期内也难以推广。而且从实际工作来看，不管是哪种模式，围绕居委会改革与建设所实行的一系列举措，没有从根本上改变居委会是政府的“腿”的现状，居委会的行政化倾向依然严重。

三 社区服务平台的设置情况

近年来，由于社区管理服务的任务日益加重，而居委会成员数量有限，各区县纷纷在社区设置了社区服务平台，如东城区的社区居民事务办理站，西城区和石景山区的社区工作站，朝阳区的社区居民事务代办站，海淀区和丰台区的社区服务站，以增强社区工作力量。从做法上看，比较典型的是东城区的社区居民事务办理站和西城区的社区工作站。

（一）东城区：社区事务办理站

东城区规定，社区居民事务办理站，是在社区党委的领导下，在街道相关职能处室的指导下，在社区居委会的管辖下处理居民事务的工作机构。其主要责任是接受、承接、代理、转移社区居民事务，包括社区协助社区进行政府的公共服务、社区服务组织、便民服务、居民的权益等。社区居民事务办理站按照“设岗不设人，换人不换岗”的原则统一配备工作人员。站长由居委会常务副主任兼职；副站长、社区事务助理由街道统一聘用，社区居委会掌管日常事务，街道制定考核办法并负责实施。东城做法的特色是：社区居委会实行八小时坐班；社区居民事务办理站是社区承接政府社会管理与公共服务的平台，是为居民提供服务的窗口，是听取居民意见、反映利益诉求的渠道，它与社区居委会六个委员会分工合作，共同构成居委会工作体系的有机整体。目前，除了西城区，和其他的区基本上是相同的。

（二）西城区：社区工作站

西城区明文指出，社区工作站是社区居委会的执行机构，在街道办事处的指导下，在社区党委和居委会的领导下，开展有关社会工作。社区工作站的主要任务是：执行社区居委会建议的工作计划，按期向社区居委会汇报工作，听取意见和建议；帮助政府实现确定的工作目标、任务，执行工作计划和完成具体事务性工作；充分利用社会资源，在社会上做实事，积极做好社会各界的群众、社会福利、社会社区管理和服务工作；接受街道、居委会和社区居民的监督检查。社区工作站由站长和专职社会工作者组成，站长原则上由社区居委会常务副主任兼任。社区工作岗位设置相关工作岗位，任职年限内实行岗位工资制，专业社工实行岗位公开、岗位竞争上岗。街道办事处对社区工作站的经费和场所负责。西城与东城做法的不同之处在于：西城社区居委会成员主要以兼职为主，不执行坐班制；社区居委会与社区工作站是领导与被领导的关系，居委会按期听取社区工作站的工作汇报，对社区工作站的工作进行指导、监督、考评，对专职社会工作者进行评价和聘用。总体上看，上述两种社区服务平台设置情况既有共同点也有所差异。

相同点：从社区居委会与社区服务平台的关系看，不管是东城的社区事务办理站还是西城的社区工作站，均是社区居委会下设的工作机构。社区服务平台在社区党组织和社区居委会的双重领导下进行工作，接受街道办事处和政府相关科室的指导，接受社区居民的监督检查；负责人（站长）一般由居委会主任或副主任兼职。社区服务平台的工作事项主要有：协助处理社区公共事务、开展公益服务、开展便民服务、反映居民利益诉求等职能；均执行一居一站；工作经费和人员经费均由财政统一负责。

不同点：是工作方式和人员配备上有所不同。西城居委会成员以兼职为主，不坐班，将原来居委会承担的部分职责交给社区工作站承担执行，而东城实行全部专职，社区居委会六个委员会与社区综合服务平台共同形成居委会工作体系的完整架构。工作人员的分配和补偿是不同的，如东城区社区事务的一般工作人员被称为街道社区事务助理，统一的招聘和评估委员会负责日常事务管理，报酬参考社区服务性组织人员的标准处理。西城社区工作站的工作人员由专职社区工作者构成，统一称为“社工”，由街道帮助社区居委会招聘，执行聘期岗位工资制度。

北京市社区服务平台选择的这种治理模式的长处在于：居委会下设的社区工作站有点像居委会、村委会下设置的专业委员会，使社区的工作力量得到了充实和提高。随着社会工作力量的扩大，不仅能完成政府交办的工作，而且还组织居民进行社区公共事务和公益事业，在一定程度上解决了社区管理服务的任务与人少的矛盾。而且这种做法与我国宪法、地方政府组织法、居委会（村委会）组织法的相关规定相吻合，基层政府在执行中相对容易实施。

但是，在实际操作中，这种模式也暴露出不少缺点，最突出的是居委会行政化倾向的问题并没有本质上的改变。设置工作站之后，居委会的人手虽然增加，但是，由于居委会承担的功能还是太多（在实际工作中承担了自治、行政和服务三种功能），关于居委会执行民主自治方面又没有新的制度出台，结果是居委会凭借工作站这个平台把更多的精力放在充当政府的“腿”上，而不是把主要精力放在开展社区自治活动方面，这并不利于居委会回归自治本位。此外，如何有效引导社区居委会对社会工作岗位的管理也存在诸多问题，突出表现是一些地方社会工作岗位的工作人员由街道聘请和支付，对街道负责。

第三章　社区党组织与社区治理

社区治理机制涉及多元主体的参与、互动，社区党组织、社区居委会、社区服务站、社区社会组织是社区治理机制创新中的重要主体。因此，本书认为，要研究北京社区治理机制，就必须对这些利益主体在社区治理中的情况进行细致的分析，以发现社区治理机制创新的问题，为社区治理机制创新提供精准的分析。

第一节　社区党组织成员整体情况

一　社区党组织成员人数情况

列入调查的2519个社区中，由选举产生的社区党组织成员（“社区党组织成员”是指经选举产生的社区党组织书记、副书记和委员）合计10470人，平均每一个社区党组织成员4.2人。其中密云县社区

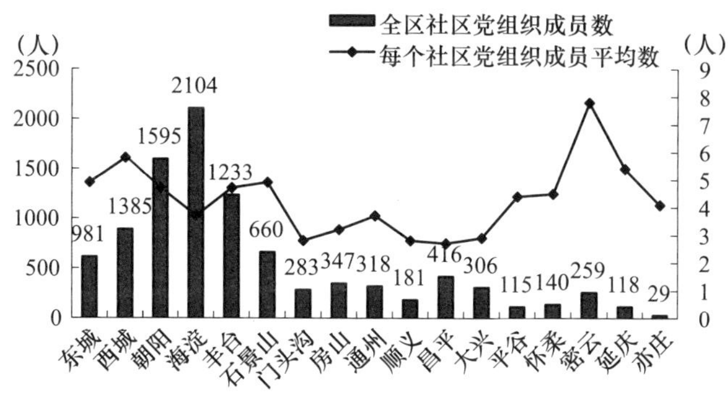

图3-1　北京市各区社区党组织成员人数

党组织成员平均数最高，为7.8人，昌平区最低为2.7人（见图3－1）。

二　社区党组织成员性别情况

全市参加调查的10470名社区党组织成员中，女性为7028人，占社区党组织成员总数的67.1%；男性为3442人，占32.9%。

三　社区党组织成员户籍情况

北京市参加调查的10470名社区党组织成员中，具有本市城镇户口的为10340人，占社区党组织总数的98.8%；不具有本市城镇户口的为130人，占1.2%。不具有本市城镇户口的社区党组织成员主要分布在海淀、通州和亦庄开发区，其中亦庄开发区这一项的比例达到45%。

四　社区党组织成员居住情况

北京市参加调查的10470名社区党组织成员中，在工作所在社区居住的为6638人，占社区党组织成员总数的63.4%；不在工作所在社区居住的为3832人，占36.6%。朝阳、怀柔、顺义、通州等区县社区党组织成员中，不在工作所在社区居住的比例均在50%以上，朝阳区最高，达到75.9%（见图3－2）。

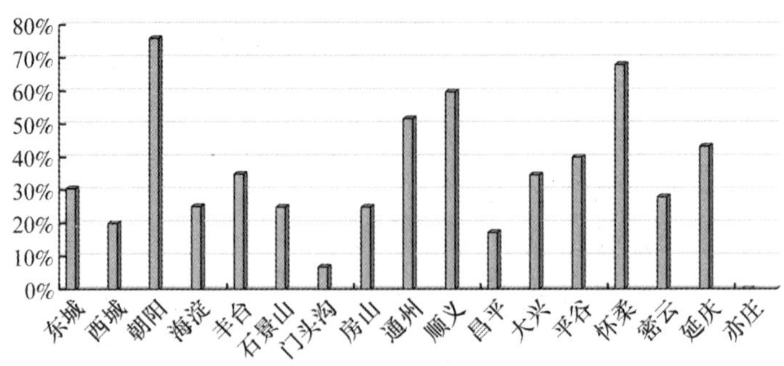

图3－2　北京市社区党组织成员不在工作所在社区居住比例

五　社区党组织成员之前的职业情况

北京市参加调查的社区党组织成员中，从事社区工作前为离退休人员的为5759人，占社区党组织成员总数的55.0%；下岗人员为1241人，占11.8%；待业人员为648人，占6.2%；复员退伍军人为177人，占1.7%；应届毕业学生为44人，占0.4%；在职人员为1766人，占16.9%；其他人员（农转非人员、内退人员、随军家属等）为835人，8.0%（见图3-3）。

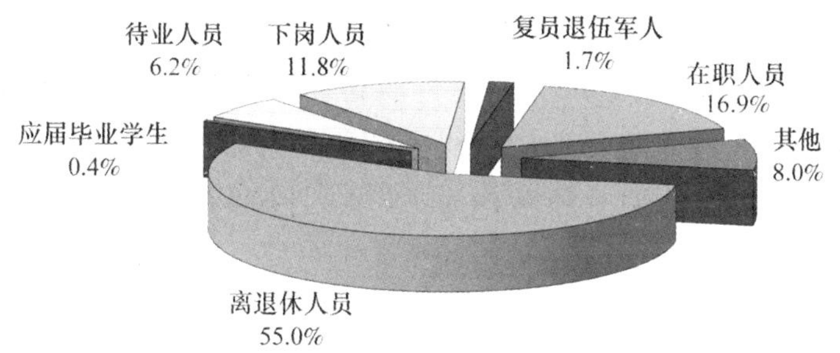

图3-3　北京市社区党组织成员从事社区工作前职业情况

六　社区党组织成员工作性质情况

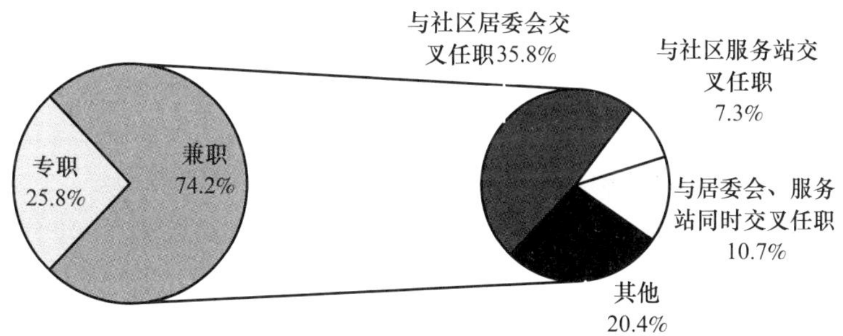

图3-4　北京市社区党组织成员工作性质情况

被调查的10470名社区党组织成员中，专门从事党务工作的社区党组织成员（以下简称“社区专职党组织成员”）有 2702 人，占社区党组织成员总数的 25. 8%；在党的工作中兼职的为 7768 人，占 74. 2%。兼职从事党务工作的社区党组织成员中，与社区居委会交叉任职的为 3744 人，与社区服务站交叉任职的为 760 人，与社区居委会、社区服务站同时交叉任职的为 1123 人，其他人员（包括社区居民和社会在职人员等情况）为 2141 人（见图 3 -4）。

第二节　社区专职党组织成员基本情况

一　社区专职党组织成员年龄结构情况

全市参加调查的 2702 名社区专职党组织成员中，年龄在 30 岁以下的为 44 人，占社区专职党组织成员总数的 1. 6%；31—40 岁的为 237 人，占 8. 8%；41—50 岁的为 627 人，占 23. 2%；51—60 岁的为 1311 人，占 48. 5%；61 岁以上的为 483 人，占 17. 9%（见图3 -5）。

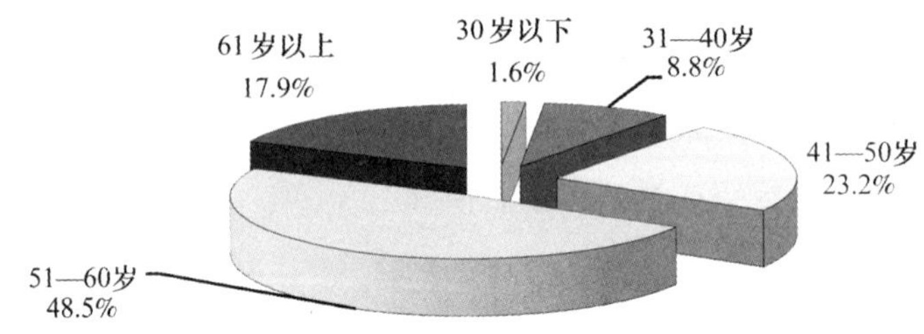

图 3 -5　北京市社区专职党组织成员年龄结构

二　社区专职党组织成员文化程度与职业能力情况

北京市参加调查的 2702 名社区专职党组织成员中，具有高中（中专）及以下文化程度的为 1407 人，占社区专职党组织成员总数的 52. 1%；具有大专学历的为 962 人，占 35. 6%；具有本科学历的为 327 人，占 12. 1%；具有研究生及以上学历的为 6 人，占 0. 2%（见图 3 -6）。

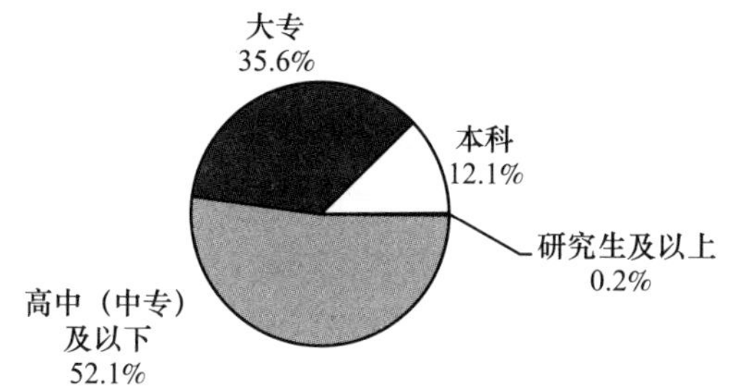

图 3-6　北京市社区专职党组织成员文化程度比例

北京市参加社区专职党员调查组织，40 岁以下，大专以上学历为 228 人，占社区专职党组织总数的 8.4%；取得北京市社区专职工作者执业资历文凭（有效期内）（以下简称“持证”）的人数有 391 人，占 14.5%；年龄在 40 岁以下，大专以上学历，取得北京社区专职工作者职业资历文凭（有效期内）的人数为 134 人，占 5%（见表 3-1）。

表 3-1　北京市社区专职党组织成员文化程度与职业能力情况表　（人）

区县	高中（中专）及以下	大专	本科	研究生及以上	40 岁以下，大专学历以上	持证	40 岁以下，大专学历以上，且持证
东城	181	98	30	1	6	41	7
西城	194	114	41	0	10	104	10
朝阳	131	236	97	2	113	14	48
海淀	350	140	54	1	6	15	5
丰台	200	185	59	2	47	133	38
石景山	21	14	5	0	3	4	4
门头沟	88	15	4	0	1	6	1
房山	22	17	4	0	4	3	1
通州	45	9	2	0	0	1	0
顺义	4	6	0	0	1	7	4

续表

区县	高中（中专）及以下	大专	本科	研究生及以上	40岁以下，大专学历以上	持证	40岁以下，大专学历以上，且持证
昌平	96	70	13	0	17	10	4
大兴	70	47	17	0	20	53	12
平谷	3	0	0	0	0	0	0
怀柔	0	0	0	0	0	0	0
密云	1	1	0	0	0	0	0
延庆	0	0	0	0	0	0	0
亦庄	1	0	1	0	0	0	0
全市	1407	952	327	6	228	391	134

三　社区专职党组织成员之前的职业情况

北京市参加调查的社区专职党组织成员中，从事社区工作前为离退休人员的为1629人，占社区专职党组织成员总数的60.3%；下岗人员为277人，占10.2%；待业人员为164人，占6.1%；复员退伍军人为52人，占1.9%；应届毕业学生为2人，占0.1%；在职人员为413人，占15.3%；其他人员（农转非人员、内退人员、随军家属等）165人，6.1%（见图3－7）。

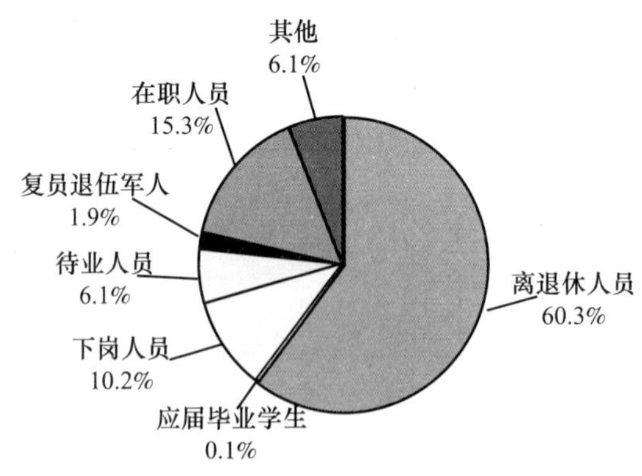

图3－7　北京市社区专职党组织成员从事社区工作前职业情况

四　社区专职党组织成员待遇情况

北京市参加调查的社区专职党组织成员的平均工资待遇为书记1356.5元/月，副书记1233.2元/月，专职党务工作者1069.3元/月。各区县中（其中平谷、密云每个区县只有两个社区专职党组织成员，且在“村转居”的过程中，工资待遇仍沿用村委会的工资待遇，不具有代表性，因此不列入平均统计范围；怀柔、延庆没有社区专职党组织成员），朝阳区的平均工资水平最高，社区党组织书记1788.5元/月，副书记1598.5元/月，专职党务工作者1469元/月。社区党组织书记和副书记平均工资待遇最低的是昌平区，书记1100元/月，副书记1000元/月（见图3-8）。

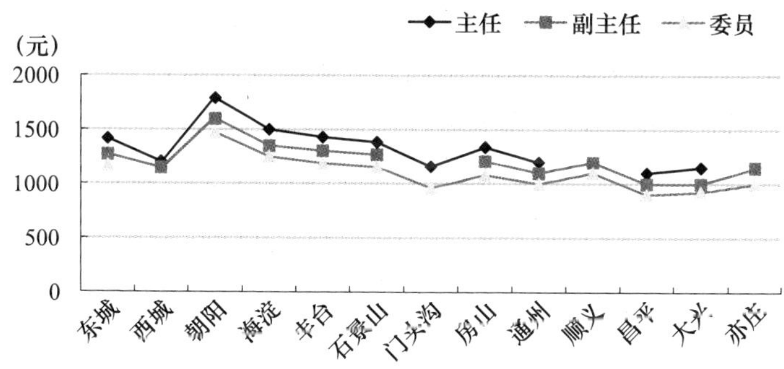

图3-8　北京市社区专职党组织成员平均工资待遇

第三节　基本结论

综上所述，我们可以得到以下几点基本结论。

1. 社区专职党组织成员年龄结构有待进一步优化。统计数据显示，在社区专职党组织成员中，年龄在50岁以上的占总数的2/3，年龄在40岁以下的只占10%左右，尚未实现老、中、青的合理搭配。

2. 社区专职党组织成员的知识化水平有所提高。北京市参加调查的社区专职党组织成员中，具有大专及以上学历的人数接近总人数的一半。40岁以下且具有大专及以上学历的社区专职党组织成员的比例超过80%。

3. 社区专职党组织成员的职业化程度较低。数据显示，获得北京市社区专职工作者执业资格证（有效期内）的人员比例不到15%。其中40岁以下、大专学历以上的人数更少，只有134人，仅占社区专职党组织成员人数的二十分之一。

4. 社区专职党组织成员中以离退休人员居多。数据表明，60%以上的社区专职党组织成员为离退休人员。下岗待业人员和在职人员各占六分之一。

5. 社区党组织成员中女性比例较高。全市参加调查的社区党组织成员中，女性成员占三分之二，个别区县的比例接近80%。

6. 社区党组织成员中流动党员较少。统计数据显示，北京市组织关系在社区的党员有337594人，其中流动党员人数为21443人，占6.4%。而社区党组织成员中的流动党员比例不到1%。

7. 专职从事党务工作的社区党组织成员较少。目前北京市参加调查的2519个社区中，社区专职党组织成员仅有2702人，平均每个社区只有1.1人。顺义、平谷、密云等区县的社区专职党组织成员总人数均不超过10人，怀柔、延庆没有社区专职党组织成员。

8. 各区县社区党组织成员工资待遇不均衡。城八区社区党组织成员工资待遇水平整体上较高，远郊区县社区党组织成员的平均工资水平均低于北京市平均水平。

第四节　社区党员和党组织状况

在这一部分中，我们不仅考虑了社区党员和党组织的情况，还包括辖区内的单位党员、党组织。

一　社区党员情况

北京市组织关系在社区的党员共有259596名，其中组织关系在社区的离退休党员数是206321名，占79.48%，是主要部分，流动党员数是14027名，驻社区单位党员最多，为379019名，是组织关系在社区的党员的1.46倍。

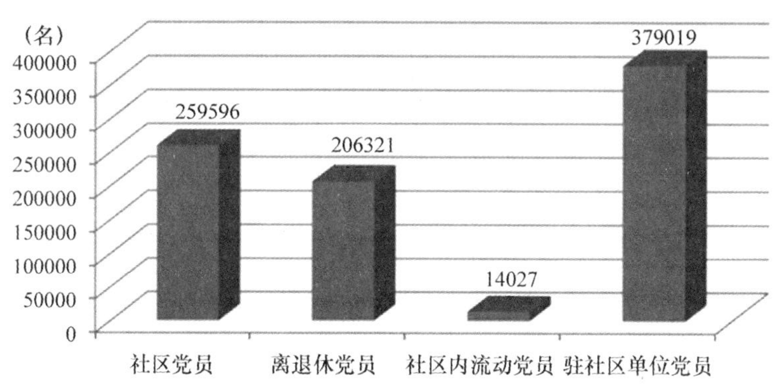

图3-9　社区党员状况分析

二　社区党组织情况

在社区中存在的党组织方面，驻社区单位党组织最多，有7221个，其次为社区党支部，有1808个，在社区党组织中占60.57%，社区党总支类型比较少，有387个，没有成立党组织的社区比较少，有

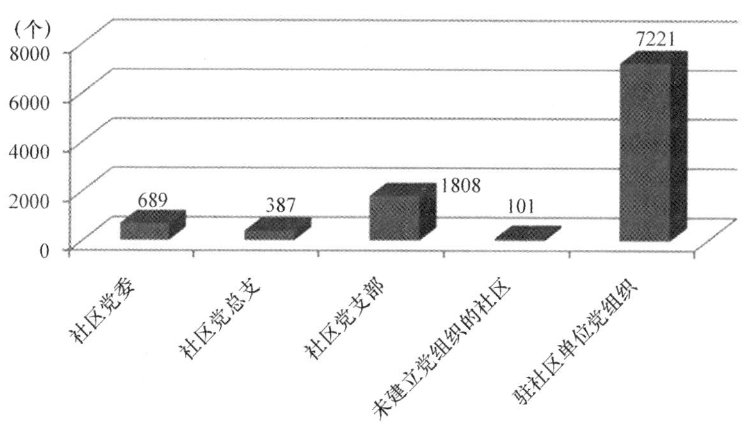

图3-10　社区党组织情况

101 个，仅仅占社区党组织的 3.38%。

三　社区党组织的人员配备

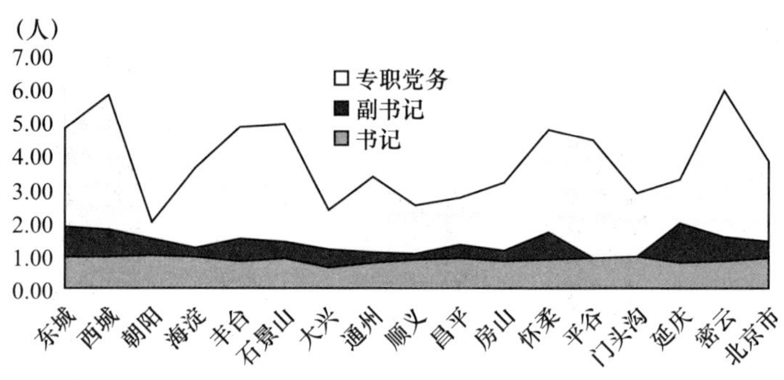

图 3－11　北京市党组织人员配置情况

北京市平均每个社区居委会党组织成员有 3.79 人，党组织书记是 0.89 人，有些居委会没有党组织书记或者没有成立党组织，党组织副书记为 0.50 人，也就是北京市大概只有一半的居委会党组织有副书记，社区居委会专职党务人员有 2.40 人。党组织成员最高的是密云县，有 5.91 人，最低的是朝阳区，为 1.98 人；只有朝阳区每个居委会党组织都有书记，延庆县的居委会党组织副书记最多，为居委会主任的 1.18 倍，平谷区、门头沟区居委会党组织没有副书记，密云县的居委会专职党务人员最多，为 4.39 人，朝阳区的最少，仅为0.48 人。

四　党组织成员的个人特征分析

在北京市，社区党组织成员共有 9214 名，其中男性有 3123 名，占 33.89%；性别比是 51.05，大于 100 的有 2 个区县，最高的是延庆县，是 187.80，其次为通州区，为 128.16（见图 3－12）。

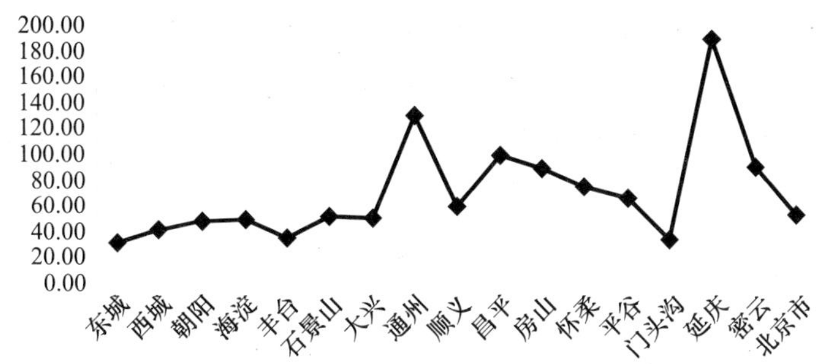

图 3－12 北京市社区党组织成员数及性别

（一）党组织成员的户籍及居住状况

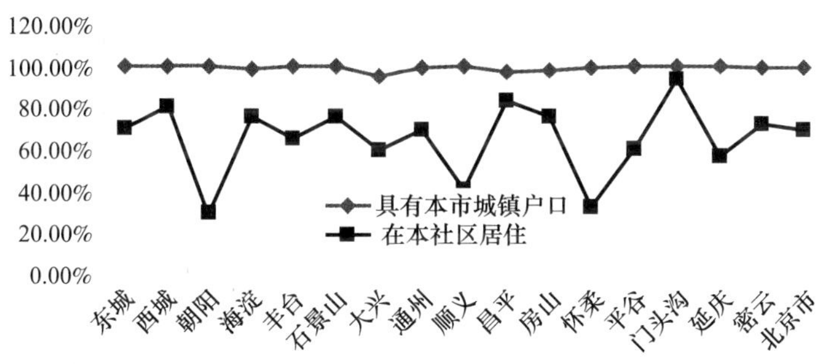

图 3 13 党组织成员的户籍及居住状况

在社区党组织成员中，具有北京市城镇户口的占 98.85%，朝阳区、平谷区、门头沟区、延庆县都是 100%，最低的是大兴区，还高达 92.20%。居住状况各区县分布不均匀，北京市在本社区居住的为 69.38%，最高的是门头沟区，高达 93.29%，最低的是朝阳区，仅为 29.31%，两者差距非常大。

（二）党组织成员的原来的职业状况

党组织成员中，以离退休人员为主，占 57.79%，其次为下岗人员，为 13.52%，最少的是应届毕业生，仅仅占 0.30%（见图 3－14）。离退休人员，东城区最高，高达 74.51%，最低的是延庆县，为 10.17%，两者相差 6 倍；下岗人员中，最高的是朝阳区，为

31.77%，最低的是密云县，仅仅为3.47%；待业人员中，最高的是门头沟区，为27.21%，最低的是朝阳区，为0.86%；复员退伍军人最高的是怀柔区，为2.86%，最低的是延庆县，竟然为0；使用应届毕业学生方面，北京市仅为0.30%，石景山区、大兴区、通州区、顺义区、昌平区、房山区都是0，最高的是延庆县，为13.56%；由原其他在职工作岗位直接转入，北京市为12.12%，最高的是延庆县，为59.32%，最低的是门头沟区，为1.41%。

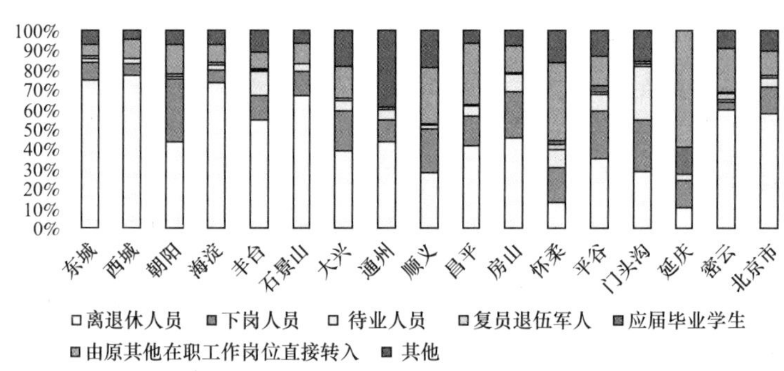

图3－14　党组织成员的原来职业状况

五　结论

1. 北京市大部分社区都成立了社区党组织，其中以党总支最多，党员以社区党员为主；

2. 驻社区党员和党组织数量比社区党员和党组织数量多很多；

3. 北京市党组织成员以女性和退休人员为主，基本上都有北京市城镇户口，大部分都居住在本社区。

第五节　社区党组织在社区公共服务中的作用

目前，北京市工业化和城市化的快速发展，经济转型和社会转型促进了社区的发展和变化，形态、规模、社区资源和社区居民构成多元化的差异不断扩大。社会建设工作面临着许多新的情况和特点，社区党组织，直接面对群众，处在社会建设工作的第一线，其作用更加显著，面临的挑战也更大。

一 社区党组织成员的作用

党组织既是同级政府组织的领导者，又是基层群众自治的领导者，基层党组织对于协调行政主体和自治主体的关系、整合行政管理和自治管理资源具有突出优势。目前，北京市基本实现了党建工作在社区的全覆盖，社区党组织普遍建立，作为基层的领导核心和先进文化的导向，社区党组织和党员在促进社区发展、服务居民、凝聚团结、促进和谐等方面，其能力、作用和有效性都大大增强。

（一）领导核心的体现

社区党组织是党在社会基层组织中的战斗堡垒，是党的全部工作和战斗力的基础。社区党组织以建设和谐社区为目标，更好地服务群众，凝聚民心，充分发挥核心的主导作用。

党组织在社区中的主导作用不仅具有法律上的合法性，而且具有社会的合法性。北京市《关于进一步加强和改进社会领域党建工作的意见》鲜明提出了“社会领域党建”这一新概念，社区党建是主要内容之一。执政党本身的主观要求并通过法律法规予以明确规定，从而取得了法律合法性。城市社区发展、和谐的客观要求，社区其他治理主体的认可和授权，因而获取了社会合法性。因此社区党组织在社区发展过程中会有最高的权威性，可以考虑到社区多元治理的协调，并共同构建和谐社区，充分体现党的核心领导。

（二）推动发展的动力

发展是我党和国家的第一项重要任务。北京作为首善之区，在推进社会主义现代化建设的历程中，必须毫不动摇地坚持聚精会神搞建设，一心一意谋发展的根本指针。如果不发展，就无法实现国富民强、社会和谐，社会主义制度的优越性和党的先进性就都成了无源之水、无本之木。全面落实科学发展观，抓好发展这个党执政兴国的第一要务，在经济新常态下，推进社会事业全面进步，是各级党组织和全体共产党员永恒的奋斗目标。

在推进全面建成小康社会的历史新时期，社区党组织及其成员必须解放思想、实事求是、与时俱进、开拓创新，充分发挥党的先进性，为推进社会主义现代化建设提供可靠保证。

（三）凝聚人心的力量

建构社会主义和谐社会，建设首善之区，把全市人民团结起来，把社会各界的力量拧成一股绳，为全面建成小康社会而共同奋斗，对社区党组织提出了新的更高要求。

我们党是执政党，我们党的先进性决定了我们党具有比其他社会组织更强的社会整合力。党组织是连接各界的桥梁、纽带，在推进社会建设的新阶段，必须将新社会阶层、新社会组织有机地联系起来，把它们汇聚成推进科学发展的正能量。当前，新的社会阶层，新的社会组织源源不断地产生，这些都是社会主义和谐社会建设的重要社会力量。党组织必须高度重视这些社会力量，积极地协调各方面的关系，积极地解决社会矛盾，将全体社会成员的主动性、积极性与创造性都调动起来，推进经济社会又好又快发展。基层党组织也是凝聚人心的重要一环。社区党组织要积极优化组织设置，扩展组织覆盖范围，改进活动方式，把社区党组织建设成为人民群众可信任的知心人、全面贯彻落实党的各项方针政策的坚强战斗集体。

二　社区党组织成员存在的问题及成因

在社区党组织起着重要作用的同时，也存在一些问题，不能适应社会经济形势的发展：

北京市社区党组织成员的专职化程度较低。在社区专职党员组织中，北京市社区专职工作人员取得文凭（有效期）的比例不超过15%。其中40岁以下、大专学历以上的人数更少，只有134人，仅占社区专职党组织成员人数的二十分之一（见表3－1）。

这主要是因为社区党组织成员结构的不合理、文化程度的参差不齐和专职党务工作者的欠缺。其中，人员结构的不合理，既存在年龄结构的不平衡，尚未实现老、中、青的合理搭配；又有性别结构的女性偏高；文化程度也参差不齐。另外，调查中10470个社区党组织成员中，仅有2702位是专职的社区党组织工作者，大概只占四分之一，专职党务工作者欠缺。

第一，认识滞后。很多社区党组织成员缺乏社区管理经验和开拓创新的意识，在较多方面不适应新形势的要求。整天陷于小事、杂事之中，没能充分发挥党组织的核心地位、凝聚力以及协调各方面工作的作用。还有很多党组织成员工作方法简单，创新手段措施不多，活动多沿用过去的“学雷锋”式活动，现代化意义不足，思想观念和工作能力与日新月异的时代发展存在较大的差距。

认识滞后有很多原因，其中离退休党员和流动、下岗等特殊党员占比过多是重要原因之一。现在社区专职党组织成员中离退休人员超过60%，下岗待业人员和在职人员各占六分之一。这些人往往囿于年代和经历的限制，对新事物和新思想接触不多，从而认识滞后，思想教育内容及手段滞后。

第二，服务经费不足。社区资金缺乏，党组织经费不足，制约了社区党组织全面完成目标和任务。社区现有资金主要是下拨的创建经费、原来留存的一些费用、辖区单位和共建单位的赞助、个别以项目投入为主的政府投资等，经费来源渠道狭窄。

在市场经济条件下，近年来，社区党组织建设的作用不断加强，使得很多单位把任务拓展到社区，社区党组织对上级部门下派的任务，不晓得如何辨别，但又不能回绝，只有一味地努力应对，导致社区党组织在财政和物质资源上的难度越来越大。人们思维习惯上总是寄希望于政府的财力、物力下拨，但社区接受不到相应的财力、物力的支持，自筹资金几乎不太可能，困难很大。

目前社区的可用资金非常有限。甚至社区党组织成员工资待遇都不能得到一定程度上的保障，在北京收入这么高的地区，专职党组织成员月平均工资没有超过2000元的，各区县的水平也不均衡，这也在一定程度上影响了他们的工作积极性。

第三，服务模式僵化。北京市一些社区党组织服务体系不够完善，服务模式僵化。虽然每个社区为人们提供了各种各样的服务，但不足以发挥党组织的作用，社区服务团队不完善，专业化服务水平不高，社区服务还停留在浅层次，服务对象主要面向弱势群体，服务内容主要是社会救助和社会福利，信息化等高档次的服务还远远不能满足要求，联合建设和谐社区展开全方位的服务上还有待加强。

党组织设置与社区发展的新情况不相适应。没有理顺党组织与公共服务平台的关系，党员服务与社区服务、社区需求的脱节。社区党组织的构成人员中，仍有很大一部分是和社区居委会交叉的工作人员，对党组织的服务模式认识不到位，往往和社区居委会、社区公共服务站等社区组织的职责和关系混淆，权责不明、政社不分、“你中有我，我中有你”，不仅混乱费力，而且和社区的需求脱节，很多需求服务找不到明确的责任承担者。

第四，服务项目分散。目前，社区党组织服务职能不健全，工作内容不明确，责权不统一，与承担的工作任务不相适应，工作内容杂乱，缺乏凝聚力，服务项目分散，是带有普遍性的问题。

社区党组织服务项目主要是针对社会问题与社区需求而设置的，但是这些服务项目分散在各个社区服务中心内，并没有形成统一标准，由于社区党组织服务本身概念的不清，各社区经济、文化发展的不平衡，以及实际工作理解的偏差，造成各社区党组织服务的发展方向各不相同；各社区党组织的服务内容也各不相同，各有侧重，对于有些特色服务项目只适合特定的街镇举办。加之目前还缺少统筹的社区公共服务平台，服务项目相当分散。

三　社区党组织成员队伍建设的若干建议

（一）创新理念，正确认识、把握社区党组织与社区建设和社区公共服务的关系

第一，树立新理念，树立党管发展、党管服务和党管人才的理念。通过发挥好领导核心的作用，在社区的发展、服务和人才培养方面下功夫。同时，不断加强自身建设，提升党组织成员的整体素质和水平，以便更好地为社区提供服务。健全社区党组织是增强社区党组织工作的前提与基本。社区党组织应完善机构设置，形成健全的工作网络，真正做到把社区党组织工作抓细、抓实，切实抓出成效，把社

区广大党员团结在社区党组织周围，充分发挥社区广大党员在推进构建和谐社区与和谐社会进程中的主力军作用。

第二，确立新目标，明确党在社区公共服务平台建设中的阶段性目标。应把重点放在社区治理、社区服务中心开展工作，应根据党的组织改革和发展的实际需要，以社区为载体，以居民为主体的，实事求是地确定社区党组织工作目标。北京市社区党组织当前的目标是，创建社区党建工作示范点、巩固和发展社区党建工作成果；结合建设“枢纽型”社会组织党建工作体系、展开社会组织党建试点，大力实现党组织和党的工作全覆盖；通过在“两新”组织中成立党组织和在商务楼宇建立社会工作服务站、党组织等方式，逐渐扩大新经济组织的党建工作涵盖面。

第三，发挥新功能，在社区公共平台中发挥党组织成员的协调功能。社区党组织与社区其他各种各样的社会组织相比，拥有政治、思想、组织、作风等多方面的优点，是党的路线、宗旨、战略等在社区全面实践的保障力量，代表着社区居民的根本利益，主导着社区建设和管理。这些优势为社区各类组织和人民群众广泛认同，成为搞好协调工作的基础和前提。社区党组织化解矛盾和问题的过程，就是综合运用自身种种优势和有利条件、解决问题的过程。要充分认识和运用社区党组织本身的优势，提升协调工作的信心，是处理相关工作的必要前提。社区党组织需从办理具体事务中解脱出来，主要以党建协调会等组织形式、“党心连民心”等活动形式，整合“单位党员”资源，强化“社区党员”意识，以良好的党群关系带动社区管理的和谐运转。

第四，创立新模式，不断改进一切不适应社区公共服务要求的工作方法和活动方式，增强以创新的精神加强自身建设的理念。新时期的社区工作是一项开创性工作。根据社区社会工作的现状，进一步探讨社区协调工作的组织体系、工作机制和具体途径，并对今后的工作进行探讨。在领导方法、活动方式上，要不断创新、富有变化，切实发挥社区党组织在社区建设中的作用。只有彻底转变观念、改进领导方法，才能有效地发挥党组织的领导核心作用。提高社区党组织的执政能力和水平，在领导方式上要从纵向的行政管理向协调、指导、服务的方式转变，以服务社区、服务群众为首要目标，寓管理于服务之中。在活动形式上，由过去的“以条为主”向现在的“条块结合”的目标转变。

（二）明确定位，了解党组织成员在社区公共服务中发挥作用的内涵，强化协调、凝聚、动员、组织群众的职能

社区党组织应着眼于解决当前群众最现实、最关心、最直接的问题，特别是与有关部门合作，切实开展面向特殊困难群体的专项社会救助和社会福利服务。

坚持服务群众，社区党组织还应努力营造和谐、文明、安全的社区环境。充分发挥社区文化设施的作用，完善价值观念和行为方式的引导和规划、人际关系的改善等。继续增加多彩生活的各种活动，通过这种健康文明的生活方式，促进社区内建立和谐的邻里关系，同时通过知识的科普为社区营造一个高格调的文化氛围，满足居民日益增长的精神文化需求。努力使社区处于安全稳定的状态，并为社区居民的安全提供保障，通过安全、文明社区建设，使居民能够安居乐业。

在组织形式上，借助于社区群众自治组织数量多等优势，使社区党组织的协调作用和总体作用得以实施。这些社区自治组织包括了社区居民委员会、业主委员会、议事协商委员会、红十字会等，通过此类组织直接与社区成员联络，是社区党组织重要的支持力量。尤其是在职党员和新经济组织党员中，有很多是有丰富知识和才能的人才，社区党组织可利用自己的组织人才优势，更准确地把握社区建设和社区党组织的重点、难点和群众利益，有针对性地开展服务群众工作。

（三）强化培训，有规划、有重点、有目标地培训社区党组织成员，提高其自身能力和参与社区公共服务的素质与水平

在对社区党员加大教育的同时，还要增强对广大党员的监督和管理力度，从而调动社区党员在和谐社区建设中的积极性和主动性，进而体现党员的先锋模范作用，为促进和谐社区与和谐社会建设作出新的贡献。社区党组织要切实承担起教育、监督和管理社会上广大党员

的责任，积极主动地做好党的重要会议精神、《党章》及现阶段党的路线方针政策的学习、宣传、贯彻落实等项工作，促进广大党员自觉地履行党员义务、遵守党的章程和党的纪律，自觉抵制社会不正之风与各种消极腐朽思想的侵袭，树立共产主义伟大理想、坚定中国特色社会主义信念，永远保持共产党员的先进性，团结和积极带领社区广大群众干事创业，圆满完成各项工作任务，为推进北京市改革开放和社会主义现代化建设服务。

在党员教育管理中，要跟上时代步伐，不断采取新的方法，充分调动各方面党员发挥作用：一是执政党成员应建立“协管”机制，单位和社区组织应建立制度，规定党员管理，使他们能够接受“双重管理”，参与生活的双重组织，有效发挥党员的先锋作用；二是退休党员建立一个管理机制，动员他们的组织融入社会，关心和帮助他们的思想、生活、政治，鼓励他们参加正规的培训和学习，提高思想觉悟，充分发挥“余热”。

（四）理顺关系，理顺社区党组织成员的工作定位，理顺党组织与社区公共服务、社区需求的关系

明确社区党组织、社区居委会和社区服务站等的各类职责并理顺这几者之间的关系，需要根据法律规定，消除“政社不分”“你中有我，我中有你”等影响，从而通盘对社区管理和服务水平进行推动，并加强基层民主政治建设。借助于社会组织内党建工作体系建设，对枢纽型社会组织党建进行工作试点，从而将党组织的工作覆盖到社区工作各个方面。应当明确社区党组织的领导核心地位和社区居民委员会、居民代表会议和工作委员会的主体地位、通过社区公共服务平台建设、构建社区治理格局，从而通过联合社区资源，强化社会的管理和公共服务。

党组织在社区中主导作用的充分发挥，有助于社区党建的长效机制的建立和完善。社区建设整体协调工作应由社区党组织领导社区组织负责。通过党的组织体系，整合党组织的社区成员的力量，组织开展社区居民、社区成员和其他社区成员参与社区建设，开展党员志愿者服务。

（五）建立和完善社区党组织的运行机制，统筹协调延伸纵向工作体系，拓展横向工作联系

统筹协调延伸纵向工作体系，将“一居一支部（总支、党委）”与“一居一服务站”的格局相对接，拓展横向工作联系，加强与社区服务性组织的横向联系，建立资源共享、优势互补、共驻共建的工作机制。

一是对社区党组织参与机制、协调机制加以完善，促进区、街道和社区各级党组织充分发挥作用，共同治理、协调共进。由街道党工委，对单位组织的党组织的社区组织成员、社区党组织工作的协调和沟通，社区党委的成立，在一定程度上提高社区党组织的能力。

二是要提高工作党员参与社区党建活动的激励机制，探索如何加强社区党组织和党员在相互沟通和联系的领域内相互沟通。通过社区在职党员登记站、联络站、信息组等机构的设立，建立起一套相对完整的联系工作制度机制和工作方式。建立相应的激励机制，组织动员党员和志愿者为社区服务。

三是提高社区党组织的考核评价机制，一个地区的领导责任体系的建立，组织开展社区党组织活动，街道、社区党组织，尤其是“一把手”的责任，将其定为考察政绩的内容，为干部的选拔任用和评比表彰提供标准。落实社区内的驻区单位参与党组织的责任制，积极参与单位内党组织共建活动。建立社区党组织工作责任制，通过基层党组织的工作目标责任制这一载体，对社区党组织的目标内容进行评估。

四是建立完善的监督机制，通过强化监督主体来保证社区党组织和社区建设与管理的健康运行。依靠广大党员进行自下而上、民主评议的方法，大力发展基层民主，切实搞好群众监督。为保障党内监督的监督机制的健全，需要建立社区监督员制度。要加强党员领导干部的思想修养，提高干部的整体素质，使领导干部做到自我监督。要强化社区党组织自身制约机制和监督机制，切实加强领导班子成员之间的相互监督，搞好党内监督。

第四章　社区居委会与社区治理

第一节　社区居委会的定位：回顾与展望

一　社区居委会定位的简要回顾

1987 年，社区建设与社区服务工作在国内开展，民政部首次将“社区服务”的理念提出，并建议建立社区服务体系并完善，之后在国内进入全面发展时期。1989 年年底通过的《中华人民共和国城市居民委员会组织法》中的第 3 条第 3 款和第 4 条分别规定：居委会是“办理本居住地区居民的公共事务和公益事业”的机构，其“应当开展便民利民的社区服务活动，可以兴办有关的服务事业”。这一规定明确了“社区服务”的主要职责。1993 年，民政部等部委发布《关于加快社区服务业发展的意见》，提出了社区服务的街道和居委会，包括附近的社区服务站，被称为“社区服务”的居民委员会工作的主要内容。2000 年，《民政部关于在全国推进城市社区建设的意见》对“社区”和“社区服务”进行了明确，《意见》指出，“在大中城市，要重点抓好城区、街道办事处的社区服务中心和社区居委会社区服务站的建设与管理”。在这个《意见》中，社区服务同样依托街道和居委会，不同的是在居委会前缀上了“社区”两字。

2006 年 5 月，《国务院关于加强和改进社区服务工作的意见》明确了“社区公共服务”的概念，并把“社区公共服务”从“社区服务”体系中独立出来，与其他社区服务相区分。2006 年 10 月 11 日，中国共产党第十六届六中全会通过的《中共中央关于构建社会主义和谐社会若干重大问题的决定》指出，要“完善社区公共服务，开展社区群众性自助与互助服务，发展社区服务业”，这表明“社区公共服务”作为一个重要的政策概念已经得到了国家最高层面的认可。这在客观上要求我们，必须高度重视“社区公共服务”问题，必须重新认识社区居委会与社区公共服务的关系，必须重新定位社区公共服务平台中社区居委会的地位与作用。

二　社区居委会的未来定位

北京市关于建设城市社区公共服务平台的思路主要体现在2008年9月颁布的三个重要文件中，分别为《北京市加强社会建设实施纲要》《北京市社区管理办法（试行）》和《北京市社区工作者管理办法（试行）》。在这些文件中，北京市对社区居委会在城市社区公共服务平台中的位置进行了新的定位，提出要将社区居委会与社区服务站的职能明确分开。按照上述文件，按照居民委员会组织法的规定，社区居委会承担民主自治的职能，作为政府在社区基层的工作平台，社区服务站在相关部门指导下承担公共服务职能。

《北京市加强社会建设实施纲要》（简称《实施纲要》）在谈到“努力构建北京社会建设新格局的基本框架”时，明确提出要“构建社区管理体系，进一步规范和完善社区治理模式，加强党的领导、社区管理、社区自治和社区服务，不断夯实社会建设基础”。在这里，对“社区服务”“社区管理”“社区自治”和“党的领导”进行了区分，但它们都是“社区治理”的重要内容。在谈到“不断完善社会服务网络”时，《实施纲要》提出要“加强社区服务网络建设，把政务服务、公益服务和便民服务有机结合起来，实现公共服务进社区”，很自然地把“社区公共服务”提了出来。在谈到“充分发挥社区的基础作用”时，《实施纲要》提出要“加强社区党组织、社区居委会、社区服务站建设”，开始把这三类组织并列在一起，“社区服务站”从“社区居委会”中独立出来，这是十分重要的一个“选择”。《实施纲要》中说明“社区服务站是政府在社区层面设立的公共服务平台”，社区服务站与其他组织的关系是“在街道办事处的领导和政府职能部门的业务指导下开展工作，接受社区党组织的领导和社区居委会的监督”，这就等于明确了“社区服务站”的独立身份，它不再是社区居委会的一个内设机构，而是一个独立的社区组织。社区服务站通过聘用专业人员来提高工作水平，为社区居民提供优质服务。这些表述，比较清晰地为我们勾画出了社区居委会（主要承担社区自治功能）与社区服务站（主要承担社区服务功能）的界限，也清楚地描绘了它们之间的联系。

与以前相比，北京市通过城市社区公共服务平台建设，一是明确了代理代办政府在社区的公共服务是社区服务站的首要职能，这就较好地解决了长期以来政府给社区居委会派任务的问题，还了社区居委会的自治之身。二是明确把“开展便民利民服务”的职能交给社区服务站，使得居委会得以恢复“基层群众性自治组织”的原貌。三是服务站帮助居委会从事社区内各类事务，通过法律上的规定，社区居委会监督服务站，并进一步将两者紧密相连，同时又将两者的关系加以区分。北京市通过建立城市社区公共服务平台，理顺社区党组织、社区居委会、社区服务站的关系，有望达到党的领导、社区管理、社区自治和社区服务“四个加强”的目标。

第二节　社区居委会成员整体情况

一　社区居委会成员人数情况

目前北京市2519个社区中，经选举产生的社区居委会成员为15536人，每个社区居委会平均6.2人，其中顺义区社区居委会成员平均数最高，为8人，通州区最低为5人（见图4－1）。

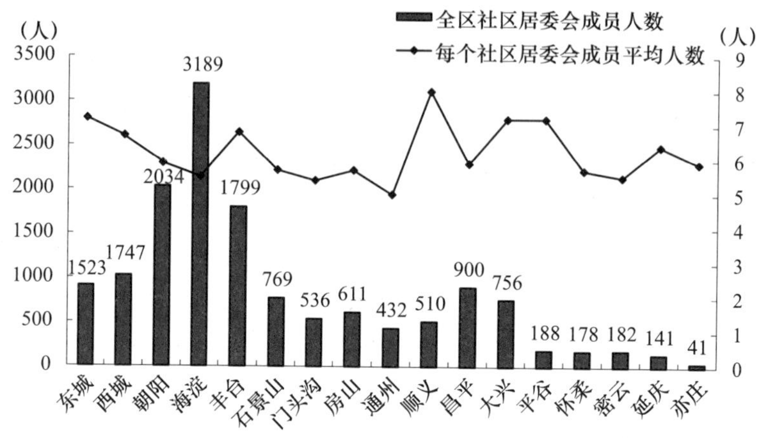

图4－1　北京市各区社区居委会成员人数

二　社区居委会成员政治面貌情况

北京市15536名社区居委会成员中，党员为8322人，占社区居委会成员总数的53.5%；民主党派为71人，占0.5%；群众为7143人，占46.0%（见图4－2）。密云县社区居委会成员中的中共党员比例最高，为79.1%；平谷区的比例最低，为41.5%（见图4－3）。

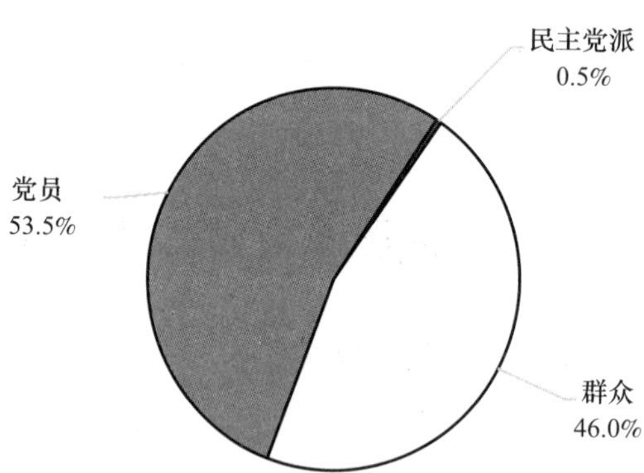

图4－2　北京市社区居委会成员政治面貌情况

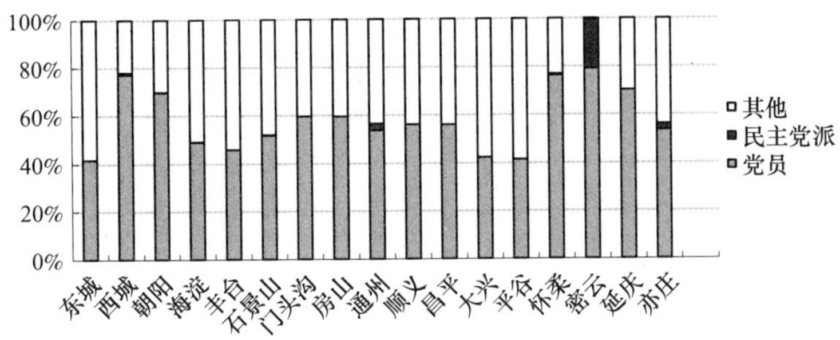

图 4－3　北京市各区社区居委会成员政治面貌比例

三　社区居委会成员性别情况

北京市 15536 名社区居委会成员中，女性为 12032 人，占社区居委会成员总数的 77.4%；男性为 3504 人，占 22.6%。其中东城、海淀、石景山、丰台、通州、门头沟、平谷、延庆 8 个区县的社区居委会成员中，女性比例超过 80%，延庆较低，为 44.0%。

四　社区居委会成员户籍情况

北京市 15536 名社区居委会成员中，具有本市城镇户口的为 15219 人，占社区居委会总数的 98%；不具有本市城镇户口的为 317 人，占 2%。不具有本市城镇户口的社区居委会成员主要集中在朝阳、海淀、通州和亦庄开发区，其中亦庄开发区这一项的比例为 43.9%。

五　社区居委会成员居住情况

北京市 15536 名社区居委会成员中，在工作所在社区居住的为 8912 人，占社区居委会成员总数的 57.4%；不在工作所在社区居住的为 6624 人，占 42.6%。顺义、平谷、怀柔、密云、延庆等区县社区居委会成员中，不在工作所在社区居住的比例偏高，均在 70% 以上，平谷区最高，达到 90.4%（见图 4－4）。

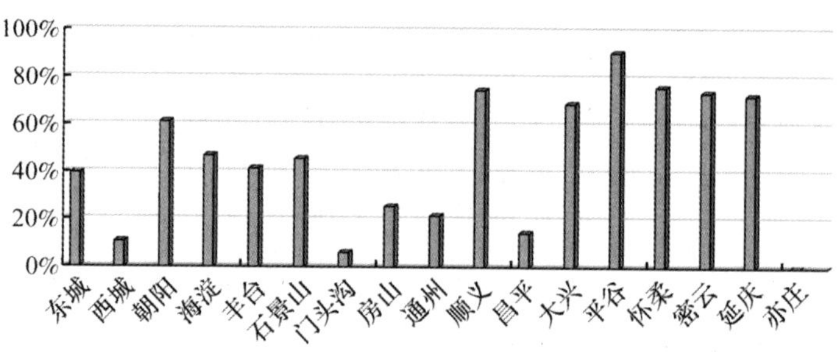

图 4－4 北京市社区居委会成员不在工作所在社区居住比例

六 社区居委会成员年龄结构情况

全市社区居委会成员中，年龄在 30 岁以下的为 1036 人，占社区居委会成员总数的 6.7%；31—40 岁的为 3564 人，占 22.9%；41—50 岁的为 5141 人，占 33.1%；51—60 岁的为 4937 人，占 31.8%；61 岁以上的为 858 人，占 5.5%（见图 4－5）。

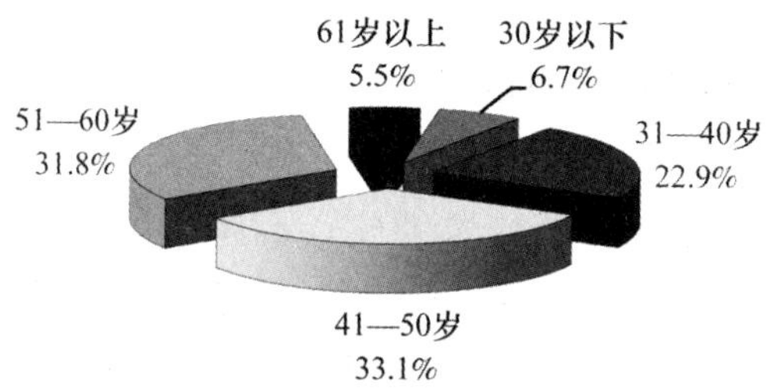

图 4－5 北京市社区居委会成员年龄结构

七 社区居委会成员文化程度情况

北京市社区居委会成员中具有高中（中专）及以下文化程度的为 7727 人，占社区居委会成员总数的 49.7%；具有大专学历的为 5438 人，占 35.0%；具有本科学历的为 2338 人，占 15.0%；具有研究生及以上学历的为 33 人，占 0.2%（见图 4－6）。

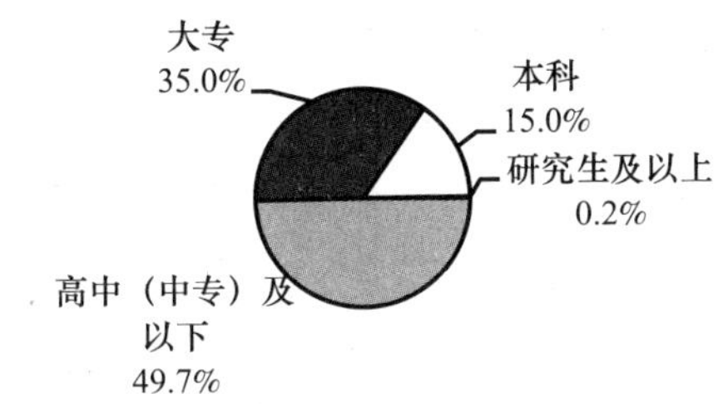

图4－6　北京市社区居委会成员文化程度比例

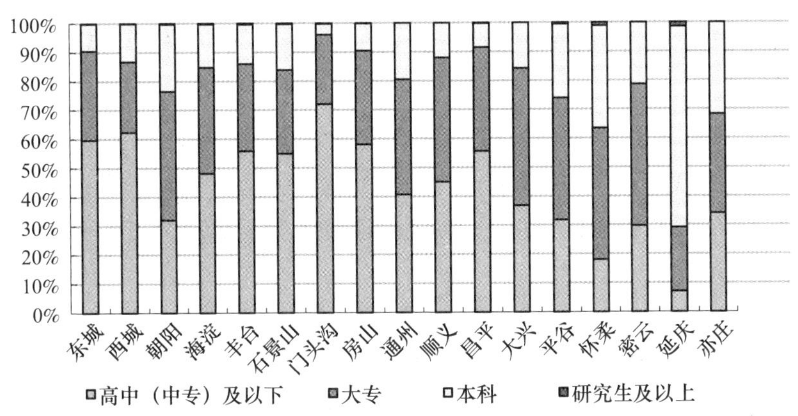

图4－7　北京市各区县社区居委会成员文化程度比例

八　社区居委会成员工作性质情况

北京市15536名社区居委会成员中，专职工作人员[①]为14597人，占社区居委会成员总数的94.0%；兼职工作人员为939人，占6.0%。兼职工作人员主要分布在西城，仅西城就有800人，占兼职人员总数的85.2%（见图4－8）。

九　综合分析与结论

1. 社区居委会成员呈现年轻化趋势。统计数据显示，在北京市

① “社区居委会专职工作人员”是指坐班的社区居委会主任、副主任和委员，包括与社区党组织、社区服务站交叉任职的人员。

社区居委会成员中，年龄在50岁以下的人数接近社区居委会成员总数的三分之二，其中年龄在40岁以下的人员比例达到30%。

2. 社区居委会成员的知识文化程度有所提高。北京市社区居委会成员中，具有大专及以上学历的人数达到总人数的50.3%，其中具有大专学历的比例较高，具有本科和研究生以上学历的人数较少。

3. 社区居委会成员的职业化水平有所提升。有近四成的专职居委会人员获得了市一级社区专职工作者执业资格证书。其中40岁以下、大专学历以上的有2338人，占专职工作人员的六分之一。

4. 社区居委会成员来源渠道呈现多元化的特点。通过对社区居委会专职工作者从事社区工作前职业的调查了解到，社区居委会成员的来源渠道超过八种，其中近四成的社区居委会成员为下岗和待业人员，超过三成为离退休人员，其余部分为农转非人员、内退人员、复员退伍军人、随军家属和应届毕业生等。

5. 社区居委会成员女性比例较高。在全市社区居委会成员中，女性成员占四分之三，个别区县的比例高达90%。

6. 流动人口当选社区居委会成员的较少。2007年年中的调查显示，北京市总人口中流动人口数量超过510万人，约占人口总数的三分之一。但是在社区居民的自治组织中，流动人口的比例仅有2%。

7. 非本社区居民当选社区居委会成员的现象比较突出。北京市近一半的社区居委会成员，并不居住在工作所在的社区，个别区县超过90%的社区居委会成员不是本社区居民。

8. 兼职从事社区居委会工作的人员少。当前有6%的北京市社区居委会成员中非全职，这其中以西城区最为明显，每个社区居委会只有两名全职人员。除西城外，其余区县社区居委会中的兼职工作人员均不超过50人。

9. 各区县社区居委会成员工资待遇不均衡。据了解，密云县部分社区居委会成员是事业编制或实行雇员制，工资水平较其他区县偏高，以社区居委会主任工资待遇为例，最高为2800元/月，是北京市社区居委会主任平均工资的两倍；最低也超过北京市平均水平，为每个月1563元。西城、石景山、房山、通州、昌平、大兴、怀柔、延庆、亦庄等区县的平均工资待遇均低于北京市平均水平。

第三节　社区居委会专职工作人员状况分析

在本次调查中，社区居委会专职工作人员共有13852人，其中海淀区最多，有3145人，占22.70%，其次为丰台区，有1799人，占12.99%，延庆县最少，为141人，仅占1.02%（见图4-8）。

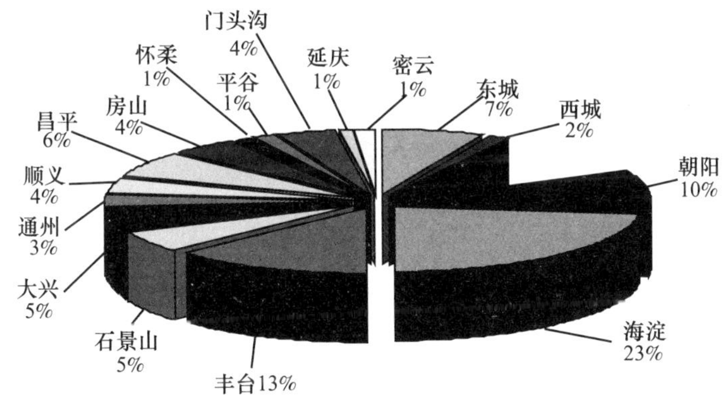

图4-8　北京市社区居委会专职人员分区情况

注：图片中的数据均进行了取整处理。

一　社区居委会专职工作人员的个人特征

（一）社区居委会专职工作人员的政治面貌

在社区居委会专职工作人员中，接近一半是党员，占到49.51%，最高的是西城区，为87.11%；民主党派仅占0.74%，最高的是西城区，为0.89%，非党员占了一半以上，其中平谷区最高，为58.51%。

（二）社区居委会专职工作人员的性别结构

我们用性别比来考察北京市社区居委会专职工作人员的性别状

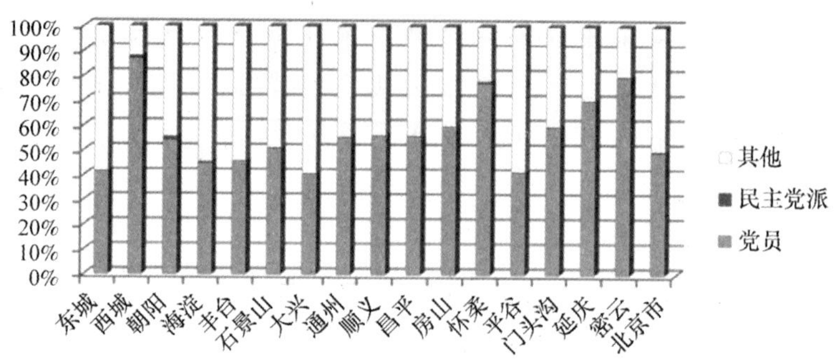

图4－9　北京市专职工作人员的政治面貌

况，将男性工作人员的人数除以女性工作人员的人数，然后再乘以100。从图4－10中可以看出，北京市社区居委会专职工作人员的性别比较小，仅为25.74，最高的是延庆县，为127.42。

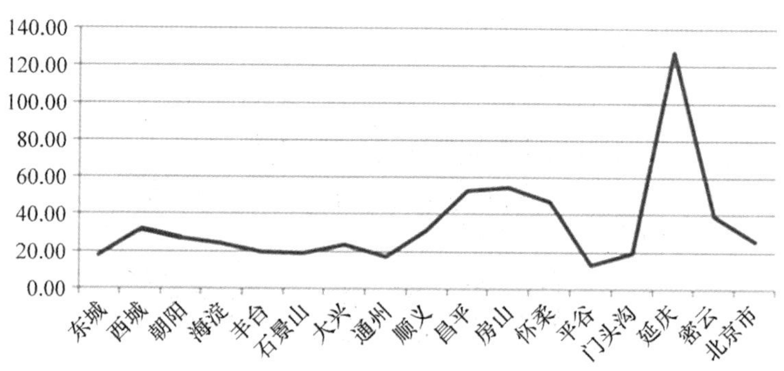

图4－10　北京市专职工作人员的性别比

（三）社区居委会专职工作人员的户籍及居住状况

在社区居委会专职工作人员中，99.33%的人员都有北京市城镇户口，不足1%的人没有城镇户口；其中延庆、朝阳、通州、密云、平谷、顺义六个区县所有的社区居委会专职工作人员都有北京市城镇户口，最低的为顺义，还高达96.67%。

在北京市有52.05%的专职工作人员是本社区的人员，区县间差距比较大，最高的是门头沟，有94.03%，最低的为通州，仅为8.33%。

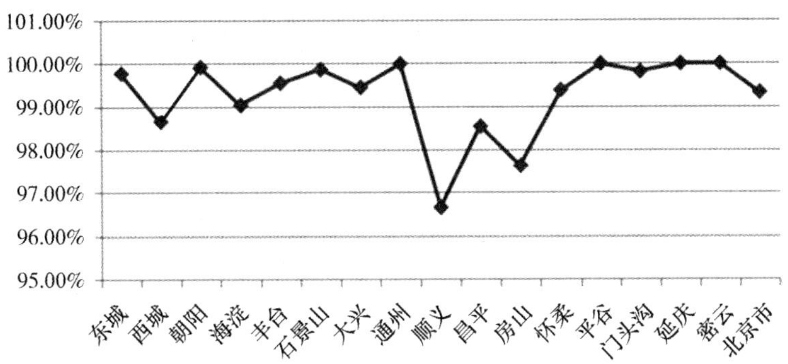

图 4－11　北京市社区居委会专职工作人员的户籍状况

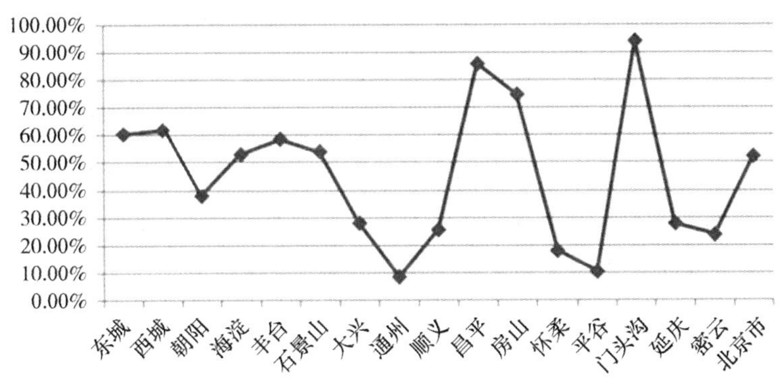

图 4－12　北京市社区居委会专职工作人员的居住状况

（四）社区居委会专职工作人员的年龄状况

专职工作人员以 41—50 岁的为主，占 35.21%，其次为 51—60 岁的，为 31.32%，两者占到 66% 以上，61 岁以上的最少，仅仅是 2.67%。61 岁以上的西城区最高，为 14.22%，西城区的仅为 0.39%；31—40 岁的延庆县最高，占 2/3；41—50 岁的门头沟的最高，高达 47.01%，西城区的最低，仅为 11.51%；51—60 岁的，平谷区的为 0。

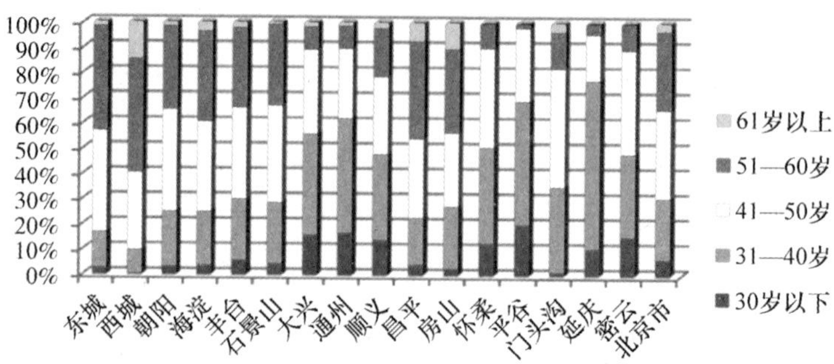

图4－13　北京市社区居委会专职工作人员的年龄状况

（五）社区居委会专职工作人员的文化程度

专职工作人员的文化程度普遍不高，高中（中专）及以下文化程度的占到接近一半，为45.82%，其次为大专文化程度的，占到32.74%，本科文化程度的仅为17.29%，研究生及以上的更低，不足1%，仅为0.22%。而不同区县，其专职工作人员文化程度差距也比较大，延庆县的研究生文化程度以上最高，为1.42%，其次是怀柔，为1.12%；本科文化程度最高的仍旧是延庆县，为69.50%，而大兴区的大专文化程度最高，为43.73%。

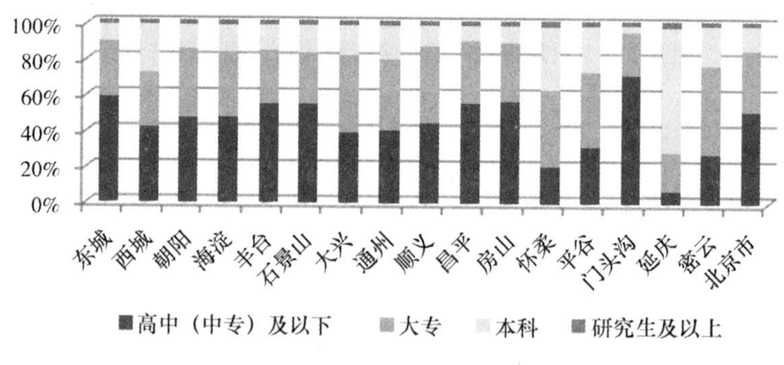

图4－14　北京市社区居委会专职工作人员的文化程度

二　社区居委会专职工作人员的职业状况

（一）社区居委会专职工作人员的职业能力

北京市社区工作人员40岁以下，并且有大专学历以上的占

28.81%，其中朝阳区最高，为42.25%，最低的是西城区，仅为12.12%；北京市总体上获得专职工作者执业资格证书的比例达到51.10%；40岁以下，大专学历以上，且取得北京市社区专职工作者执业资格证书的比例为20.09%，最高的是石景山区，为26.19%。

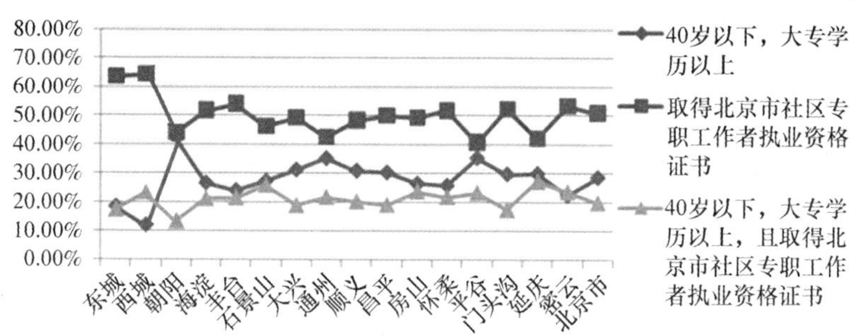

图4-15 北京市社区居委会专职工作人员的职业能力

（二）社区居委会专职工作人员的原来职业

离退休人员的比例最高，占32.74%，东城区高达54.40%，最低的是密云县，为0。其次是下岗人员，占21.43%，最高的是朝阳区，为42.69%；最低比例人员是应届毕业生，仅仅为0.59%，最高的区县是平谷区，仅仅是3.72%，东城区、西城区、石景山区和门头沟区均为0。

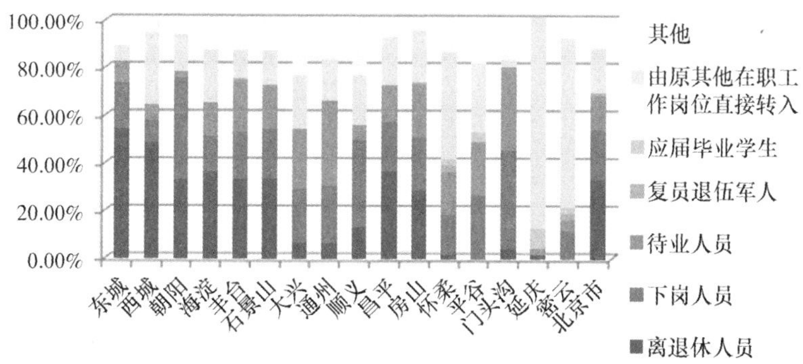

图4-16 北京市社区居委会专职工作人员的原来职业

（三）社区居委会专职工作人员的收入

在专职工作人员的收入中，居委会主任的收入最高，为 1378.99 元，其次为居委会副主任的收入，是 1219.91 元，居委会一般工作人员的收入最低，为 994.62 元。居委会主任的收入平谷区的最高，为 1800 元，最低的为昌平区和怀柔区，均为 1100 元，居委会副主任的收入中，仍旧是平谷区的最高，为 1400 元，最低的是大兴区，为 988.7 元；在一般工作人员中，收入最高的是朝阳区，为 1128.75 元，最低的是西城区，为 332.85 元。

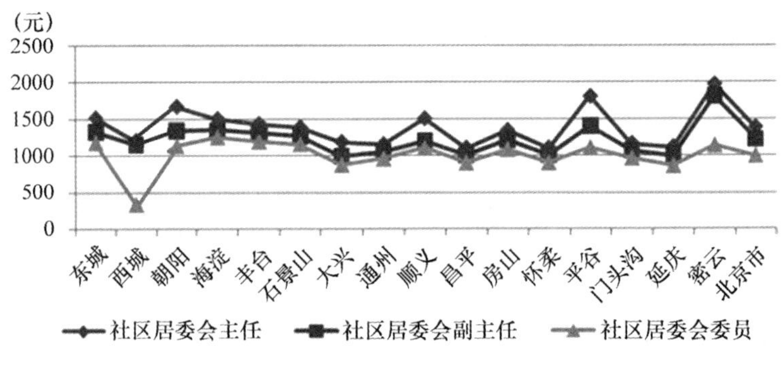

图 4 – 17　北京市社区居委会专职工作人员的收入

三　结论

（1）从整体上看，北京市社区居委会专职工作人员以党员、女性、北京市城镇户口的人员为主，年龄结构以 41—50 岁的为主，文化程度普遍不高，高中（中专）及以下文化程度为主，一半以上都居住在本社区；

（2）居委会专职工作人员配置比较合理，平均每个社区居委会成员有 6.4 人，专职率较高；

（3）各个区县的差距很大。

四　社区聘用工作人员状况

（一）社区聘用工作基本情况

北京市参加调查的 2519 个社区中，签订聘用合同的工作人员为

3093人。目前门头沟、平谷、密云、延庆和北京经济开发区（亦庄）等尚未聘用工作人员；已聘用工作人员的13个区县平均每个社区聘用1.4人，其中西城区聘用工作人员平均值最高，为7.2人，其次是朝阳区2.5人，东城区2.1人，其余区县平均值均在2人以下（见图4-18）。

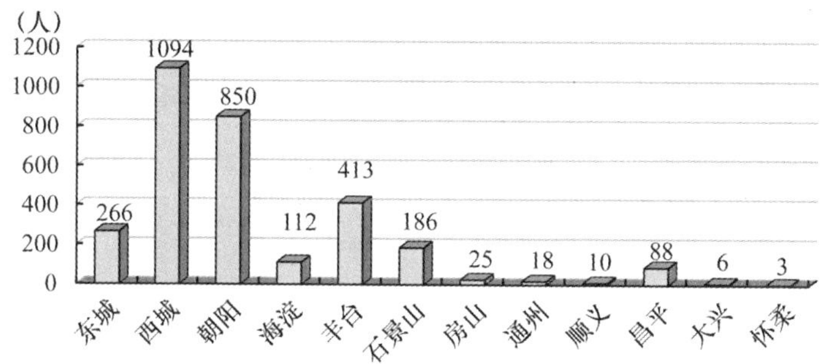

图4-18　北京市各区社区聘用工作人员人数

（二）社区聘用工作人员政治面貌情况

北京市参加调查的3093名社区聘用工作人员中，党员为806人，占社区聘用工作人员总数的26.1%；民主党派为139人，占4.5%；群众为2148人，占69.4%（见图4-19）。通州区社区聘用工作人员中的党员比例最高，为44.4%；房山区的比例最低，为4.0%（见图4-20）。

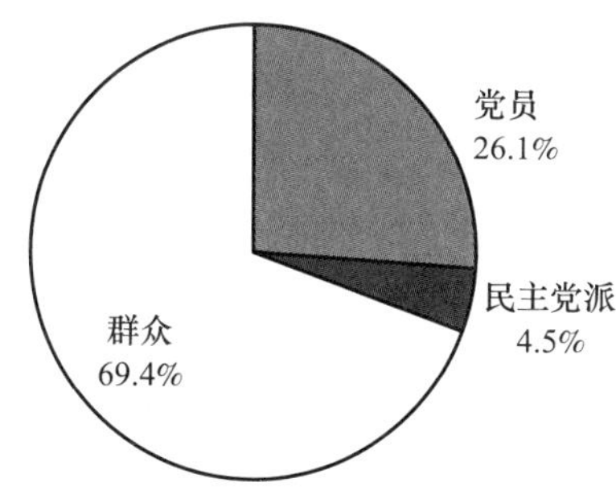

图4-19　北京市社区聘用工作人员政治面貌情况

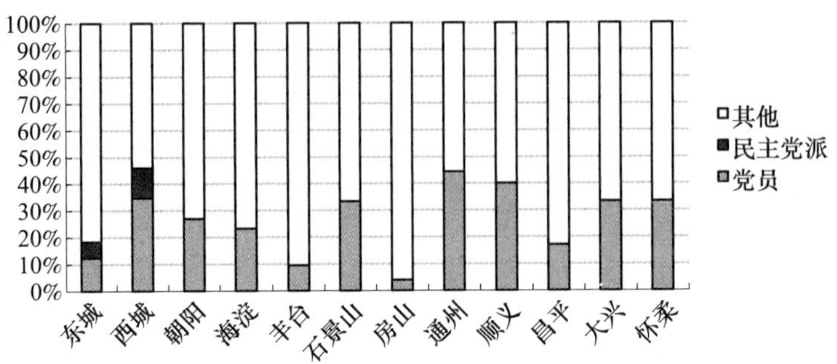

图 4－20 北京市各区社区聘用工作人员政治面貌比例图

（三）社区聘用工作人员性别情况

北京市参加调查的 3093 名社区聘用工作人员中，女性为 2462 人，占社区聘用工作人员总数的 79.6%；男性为 631 人，占 20.4%。其中西城、丰台、石景山、通州等区县的社区聘用工作人员中，女性比例超过 80%；大兴区最低，为 50.0%。

（四）社区聘用工作人员年龄结构情况

数据显示，在北京市社区聘用工作人员中，年龄在 30 岁以下的为 561 人，占社区聘用工作人员总数的 18.1%；31—40 岁的为 875 人，占 28.3%；41—50 岁的为 1003 人，占 32.4%；51—60 岁的为 627 人，占 20.3%；61 岁以上的为 27 人，占 0.9%（见图 4－21）。

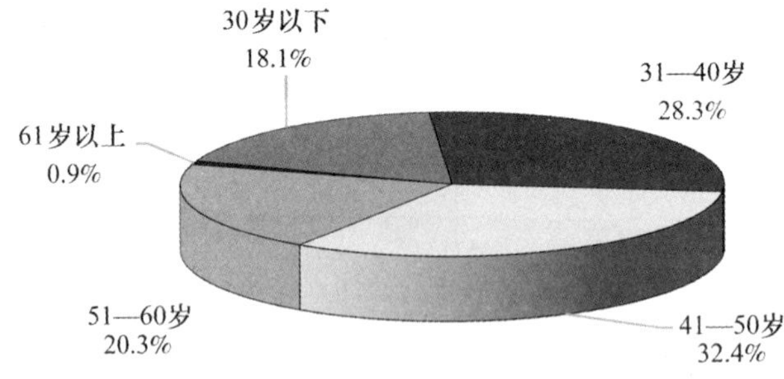

图 4－21 北京市社区聘用工作人员年龄结构

（五）社区聘用工作人员文化程度及职业能力情况

全市参加调查的社区聘用工作人员中，具有高中（中专）及以下文化程度的为 1372 人，占社区聘用工作人员总数的 44.4%；具有大专学历的为 1319 人，占 42.6%；具有本科学历的为 398 人，占 12.9%；具有研究生及以上学历的为 4 人，占 0.1%（见图 4－22）。

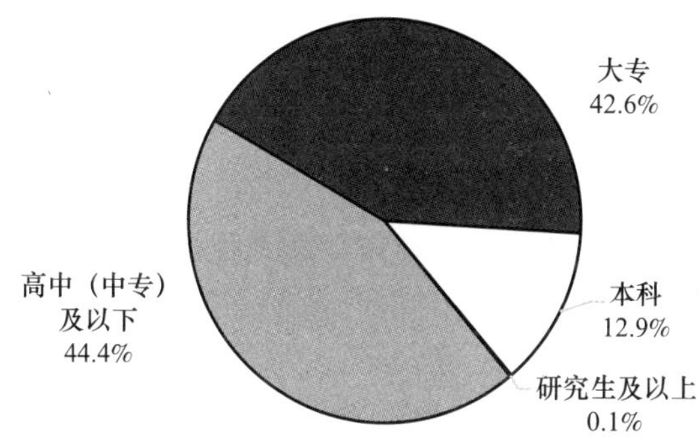

图 4－22　北京市社区聘用工作人员文化程度比例

北京市参加调查的社区聘用工作人员中，40 岁以下、大专学历以上的为 836 人，占社区聘用工作人员总数的 27.0%；有 468 人获得市社区专职工作者执业资格证书，占比达到 15.1%；40 岁以下、大专学历以上且持证的人数为 162 人，占 5.2%。

（六）社区聘用工作人员从事社区工作前的职业情况

北京市参加调查的社区聘用工作人员中，从事社区工作前为离退休人员的为 728 人，占社区聘用工作人员总数的 23.5%；下岗人员为 990 人，占 32.0%；待业人员为 635 人，占 20.5%；复员退伍军人为 22 人，占 0.7%；应届毕业学生为 64 人，占 2.1%；在职人员为 324 人，占 10.5%；其他人员（农转非人员、内退人员、随军家属等）为 330 人，占 10.7%（见图 4－23）。

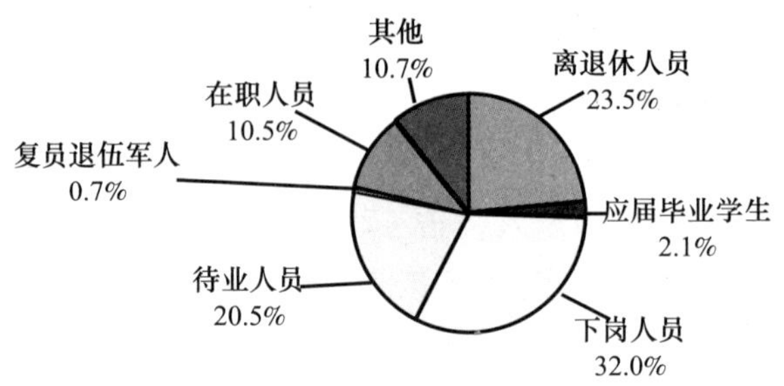

图 4－23　北京市社区聘用工作人员从事社区工作前职业情况

（七）社区聘用工作人员的岗位情况

参与调查的 3093 名社区工作人员中，居委会工作人员 347 人，占社区工作人员总数的 11.2%；在社区党组织的为 17 人，占 0.5%；在社区服务站的为 2615 人，占 84.6%；在其他岗位（社区文秘、志愿服务秘书长、住房保障试点工作人员、保洁员、治安巡逻等）的为 114 人，占 3.7%（见图 4－24）。

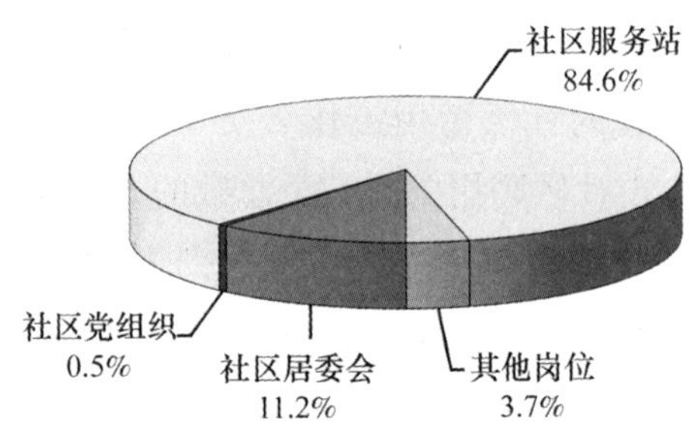

图 4－24　北京市各区县社区聘用工作人员岗位情况

（八）基本结论

1. 各区县社区内聘用人员数量不均衡。统计数据显示，西城区社区聘用工作人员最多，达到总人数的三分之一；社区聘用工作人员超过 100 人的区县只有 6 个；另有 5 个区县和亦庄开发区没有社区聘用工作人员。

2. 社区聘用工作人员的年轻化趋势明显。北京市参加调查的社区聘用工作人员中，年龄在50周岁以下的总人数接近80%，其中年龄在40周岁以下的人员占总人数的一半。

3. 社区外聘人员的知识水平不足。北京市参加调查的社区聘用工作人员中，具有大专及以上学历的人数还不到60%，与《北京市社区工作者管理办法》的相关要求还有很大差距。

4. 社区聘用工作人员的职业化程度较低。调查结果表明，聘用人员未获得市级专职工作者执业资格证书或者证书已失效比例达到75%。其中40岁以下、大专学历以上的人数仅占5%。

5. 社区聘用工作人员的女性比例较高。在参加调查的社区聘用工作人员中，女性比例达到80%，即使是比例最低的区县，女性工作人员也达到总数的一半。

6. 聘用工作人员在社区工作岗位中的分布很广。多数社区聘用人员在服务站工作，有10%的人在居委会工作，还有部分在社区党组织。各区县创新社区工作而设立的工作岗位大多使用聘用工作人员，如东城区的社区文秘岗位、志愿服务秘书长岗位以及住房保障试点工作岗位等。

7. 社区聘用工作人员以下岗待业人员居多。北京市参加调查的社区聘用工作人员中，下岗待业人员超过总人数的一半，离退休人员占四分之一，其他人员的比例较低。

第四节　社区居委会与社区治理机制

社区居委会是基层群众性自治组织，它在社区公共服务中具有十分重要的作用。长期以来，学术界围绕社区自治组织特别是社区居委会与社区服务的关系问题展开了很多的争论，见仁见智，各不相让；全国各地开展了广泛的探索，形成了不同的社区服务模式，这充分反映了中国社区建设的活力与张力，也表现了中国社区建设探索过程中的“变异”与“乱象”。中国的社区建设发展到今天，社区居委会在社区公共服务中的位置需要准确定位，社区居委会与社区服务站的关系亟待进一步规范，这是由组织发展的客观规律①决定的。2008 年的北京市社会建设大会上提出了要通过城市社区公共服务平台的建设，规范社区居委会与社区服务站两者之间的关系，逐步实现社区居委会与社区服务站的职能分开，这一新探索、新选择值得我们高度关注并认真探讨。

一　当前社区居委会建设存在的主要问题及成因

当前北京城市社区居委会建设存在的主要问题，是社区居委会角色错位，与社区服务站职能不分，既削弱了社区居委会的自治职能，又严重制约了社区服务的水平，导致社区公共服务供给不足。

一是社区居委会角色错位，与社区服务站职能不分，削弱了社区居委会的自治职能。据 2016 年 8 月对北京通州区某典型社区的个案调查表明，社区居委会承担各类自治性工作 76 项，占社区居委会工作总量的 32.9%，协助政府和街道办事处开展的社会治安、计划生育等工作多达 155 项，占总工作量的 67.1%；另有阶段性工作 25 项。协助政府和街道办事处的工作，成为当前社区居民委员会的主要任务，而这些工作主要由居委会承担，不可避免地导致社区居民委员会成员奋力完成政府和街道办事处等上级机关交办的任务，并没有足够的时间和精力来完成居民的自主工作。由于社区居委会与社区服务站职能不分，导致社区居委会行政性负担过重，社区居委会承担了过多的社区公共服务职能，在很大程度上削弱了社区居委会的自治职能。

二是社区公共服务相对薄弱，需要加强。当前，北京城市社区服务站②成立得不多且普遍依托社区居委会办公，专职工作人员和服务

① 组织社会学认为，组织发展可分为三个阶段：创新与变异、选择、规范。在组织发展的起步阶段，由于没有前例可循，所以大家都需要探索，因此这一阶段以“创新与变异”为主；进入第二阶段后，开始对各种“创新和变异”进行“选择”，“选择”的过程是一个不断扬弃的过程；到第三个阶段，经过比较充分的“选择”后，组织发展进入一个相对稳定的时期，这时主要是对组织进行“规范”。

② 这里的“社区服务站”主要指负责受理、承办、代办、转办社区行政辅助性事务和社区居民事务的各类社区服务平台，包括社区工作站、社区居民事务办理站、社区居民事务代办站等。

人员配备参差不齐，这种制度安排既占用了社区居委会成员过多的时间和精力，导致低服务效率和低水平社区公共服务。调查情况表明，在北京市接受调查的2375个社区中，“挂牌成立且专职工作人员到位”的社区服务站仅699个，仅占总数的29.43%，大兴、通州、延庆、密云、平谷、门头沟六个区县还没有“挂牌成立且专职工作人员到位”的社区；“挂牌成立但专职工作人员尚未到位”的社区有955个，占总数的40.21%，其中顺义有近72.46%的社区属于这种情况；有721个社区还“没有成立社区服务站”，占30.36%，其中平谷区还没有成立一家社区服务站，门头沟也有79%的社区还没有成立社区服务站，“成立社区服务站”情况较好的主要有城八区中的朝阳、东城和西城，这三个区的所有社区都成立了社区服务站。从已经成立的社区服务站办公情况看，全市有1021个社区服务站是“与社区居委会混合办公”的，占总数的62.60%，其中顺义区成立的社区服务站都是与社区居委会混合办公的；有499个社区服务站“使用了居委会办公或服务用房，相对独立”；“单独设立”的社区服务站仅111个，占总数的6.81%。从办公面积来看，北京市社区服务站平均办公面积为60.16平方米，其中平均办公面积最大的是西城区，达106.44平方米，平均办公面积最小的是门头沟，仅为32.60平方米，标准差为70.96；社区服务站服务人员平均为6.07人，其中平均服务人员最多的是顺义，为10.65人，最少的是通州，仅为1.67人，标准差为3.07。由于缺乏统一的规划、建设、指导与考核，必然导致全市社区服务水平参差不齐，社区公共服务效率低且总体供给严重不足。

当前北京市城市社区居委会建设存在的问题有很多原因，包括制度因素和体制因素。其一，《城市居民委员会组织法》是规定了居委会要协助政府及其派出机构，处理与居民生活相关的行政性事务，实际上为政府及其派出机构向社区居委会分派工作、社区居委会承担各类行政性工作提供了法律支持。其二，政府职能转变步伐缓慢，一些与社区利益、居民利益密切相关的管理服务职能仍保留在政府手中，在人员编制受限、管理服务能力不足的情况下，就出现了政府部门向社区居委会不断派活的现象。其三，在当前政府主导社区建设、社区发展资源基本由政府控制且其他社区组织发育严重不足的情况下，社区居委会无法推脱来自政府和街道办事处的行政性工作，尽管有一些区县，如东城、海淀等推行了“社区准入制”，希望能减轻社区居委会的行政负担，但成效极为有限。其四，在经济体制转轨、社会结构转型的特定时期，大量社会事务、社会问题向社区聚集，加上社区规模的扩大，居民利益的多元化，社区治理的复杂程度日益增加，繁重复杂的基层社会管理离不开政府行政力量的参与，社区事务并不仅仅是自治事务，需要政府、市场及社会各界以各种方式参与。理论上虽然可以划分出政府、市场和社会三大板块，但实际上三大板块是互相交织在一起的，并没有截然的界限，实际上社区是一个社会、政府与市场交叉的混合地带，在这样一个混合地带，我们却一直沿用单一的思路推进社区建设，导致社区治理结构难以确立，社区的治理结构面临着重造的客观需要。

二 构建社区治理机制模式，强化社区居委会和社区服务站工作

要进一步推进首都的社区建设，促使社区居委会向自治组织回归，不断提升北京城市社区公共服务水平，就必须在准确把握社区定位（混合地带）的基础上，通过集中建设与社区居委会协同社区服务站，建立社区公共服务平台，有效承接政府延伸到各类社区公共服务，同时，加强社区居委会的建设，努力提高社区居民委员会提供社区公共服务的能力，在党组织领导下，发挥社区居委会自治作用，并提供好的社区公共服务，达成社区内党的领导、社区管理、社区自治及社区服务“四个加强”的目标。具体来说：

（一）打造社区公共服务平台，规范社区服务站建设，不断提升北京城市社区公共服务水平

建立服务平台及规范服务站工作是北京市在社区和社区服务建设上加强、社区治理机制强化方面的一个重要的创新举措。根据我国《“十一五”社区服务体系发展规划》的要求，要在社区层面“建设综合性、多功能的社区服务站”，并“以社区服务站为重点，构建社区、街道、区（市）分工协作的社区服务网络”。要处理原来的社区

居民事务服务机构，如社区工作站、住宅小区的车站、中介机构等，逐步融入社区服务站，并统一标识、项目设置、运行流程、服务规范和资源调配等。社区服务站的主要任务包括：代理代办政府在社区的行政事务、协办社区居民相关公共事务和公益事业、组织便民服务、了解社情民意、配合居委会开展居民自治、化解矛盾纠纷等。促进社区服务站与街道各职能部门及办公大厅的对接，为确保社区就业、社会救助、医疗保健、作风、流动人口等服务的基本公共服务的管理，可以覆盖社区居民。建立受理、问责、工作实施、组织协调、投诉处理等业务管理制度，制定标准的服务流程和工作任务表，为保证受理事项及时办理和反馈，对各类事项实时跟踪和全程监控，从而为社区居民提供优质服务。

（二）加强社区居委会建设，努力增强社区自治功能，努力提高社区居委会提供社区公共服务的能力

加强社区自治功能，加强社区居民委员会建设是促进社区建设的重要组成部分，增强社区服务功能，构建北京社区治理机制的模式。根据《北京市社区管理办法（试行）》的有关规定，以及“职责明确、分工合理、优势互补、协调联动”的原则，全面开展当前的社区各项工作，合理划分社区组织、社区居民、社区居委会、社区服务站、社区组织、业主委员会等社区组织在社区建设中的职责和任务，将社区居委会的任务职责和自治权限加以明确，确保社区居委会能依法履行自治职责。“强化民主自治建设，实行民主管理；加强宣传引导工作，开展居民教育；畅通社情民意渠道，促进和谐稳定；完善监督评价制度，加强民主监督；动员社区各方力量，推动社区共建；扶持社区社会组织，引导发挥作用；结合本社区实际，完成其他工作任务”是社区居委会的主要职责。为完成这些职责需要推动社区自治的制度化、规范化和程序化，完善相关章程，通过居民自治意识培育、社区居民会议召开来制定决策程序；要健全社区居务公开、分片包户制度，要探索解决常住流动人口参与社区居民自治的途径，要组织居民有序开展监督评价活动等。要建立健全政府工作社区准入制度，落实“权随责走、费随事转”的要求，切实给社区居委会减负。

第五章　社区服务站与社区治理

随着改革的不断深化，政府职能的转变，社会管理的重心逐渐下移，北京市自2000年以来一直坚持以深化社区管理体制改革为核心，以完善社区治理结构为工作重点，以社区居委会的工作机制和组织结构改革为突破口，不断提升社区工作的整体效能，以利于更好地为社会服务、为居民服务。2003年，北京市西城区提出社区工作站这一管理社区的体制与模式，领先于国内其他城市。北京市的各区县也于近年来积极改革、大胆创新，在社区居委会下设立了综合服务平台，包括社区工作站、居民事务办理站、公共服务站、事务代办站、服务站等。尽管这些综合服务平台名称不同，但功能定位十分类似，也都取得了良好的社会成效，受到了居民的普遍认可，为此，北京市在2007年8月颁发了《关于在社区居委会设立社区服务站有关问题的意见》，意见稿对社区服务站的功能定位、职责任务、工作机制、人员设置、工作保障等问题都作了明确的规定。社区服务站政策法规的完善推动服务站工作走上正轨。

第一节　社区服务站的功能定位

随着社区管理体制改革的全面推进，大量的公共服务进入社区，社区居委会工作内容日益增多、服务范围不断扩大，原有的居委会组织很难适应社区工作的职业化、专业化要求。因此，设立社区服务站，首先是为了解决社区工作力量不足的问题，增强社区居委会协助政府做好社会管理和服务工作的能力。在这一社会背景下，为发挥社区居委会的各类功能，如公共事务处理、开展便民利民服务、理顺居民利益诉求等功能成为北京市建立服务站的主要目的。

根据居委会和社区服务站的职责分工和关系定位，我们可以按照全国社区服务站的“四种模式”划分——内设、外设、下属和并设，把北京社区服务站的设置模式界定为并设与内设模式之间的一种“创新模式”。北京市的社区服务站不具有完全独立性，是社区居委会办理公共事务和为居民服务的一个综合服务平台。服务站和居委会不完全分开，主要是为了更好地整合社区层面的原有工作力量，把社区居委会下设委员会的工作做实，进一步扩大社区工作力量，增强了社区居委会办理社区公共事务能力和深入居民家中服务居民的能力。服务站上对社区居委会负责，下为社区居民服务的机构，承接上百项社区公共、公益、便民利民服务，建立与社会公共服务体系相衔接的代理机制。代理代办上级机关部门的任务并协助居委会处理社区事务和开展便民服务成为北京社区服务站的主要职能。

在社区党组织的领导下，服务站接受上级有关职能部门的指导，并接受居委会和居民的监督和评价。这种管理模式是现行管理体制下对社区工作机制的创新，服务站的这种工作机制可以整合社区、街道和各职能部门的资源，提高进站的服务项目的办事效能，从而真正实现了用专业指导原则和服务高效原则指导社区工作，把坚持服务社区、方便群众与不断提高行政效能结合起来。

第二节　社区服务站的发展情况

一　社区服务站的基本情况

北京市已经挂牌成立的社区服务站近70%。在所调查的2352个社区中，共有694个社区中社区服务站已挂牌成立，且专职工作人员到位，占29.51%，其中东城和西城区的最高，分别达到97.66%和100%，通州、密云、大兴、平谷和延庆五个区还没有“已挂牌成立，且专职工作人员到位”的社区；“已挂牌成立，但专职工作人员尚未到位”的社区有922个，占39.20%，其中顺义最高，有72.46%（见表5-1）。

表 5－1　　北京市社区服务站成立情况表　　（个）

区	总数	已挂牌成立，且专职工作人员到位		已挂牌成立，但专职工作人员尚未到位		未成立社区服务站	
		个数	百分比	个数	百分比	个数	百分比
昌平	152	7	4.61	38	25.00	107	70.39
密云	33	0	0.00	13	39.39	20	60.61
大兴	106	0	0.00	104	98.11	2	1.89
东城	212	125	97.66	3	2.34	0	0.00
房山	108	10	9.26	70	64.81	28	25.93
丰台	266	76	28.57	144	54.14	46	17.29
海淀	579	74	12.78	253	43.70	252	43.52
怀柔	31	2	6.45	20	64.52	9	29.03
门头沟	100	0	0.00	21	21.00	79	79.00
平谷	27	0	0.00	0	0.00	27	100.00
石景山	134	71	52.99	62	46.27	1	0.75
顺义	69	1	1.45	50	72.46	18	26.09
通州	86	0	0.00	34	39.53	52	60.47
西城	259	152	100.00	0	0.00	0	0.00
延庆	22	0	0.00	8	36.36	14	63.64
朝阳	200	138	69.00	62	31.00	0	0
总体	2384	656	29.51	882	39.20	655	31.29

在未成立社区服务站的区县中，平谷最高，还没有成立一家社区服务站，其次为门头沟，79%的社区还没有成立社区服务站，最低的是朝阳、东城、西城，所有社区都成立了服务站。

但截至目前，部分社区服务站只是“名义上存在”①。

《北京蓝皮书：北京社会发展报告（2015—2016）》显示，海淀区中关村街道的32个社区服务站中，绝大部分只是名义上存在，并

① 任敏：《部分社区服务站只是“名义上存在”》，《北京日报》2016年7月7日第6版。

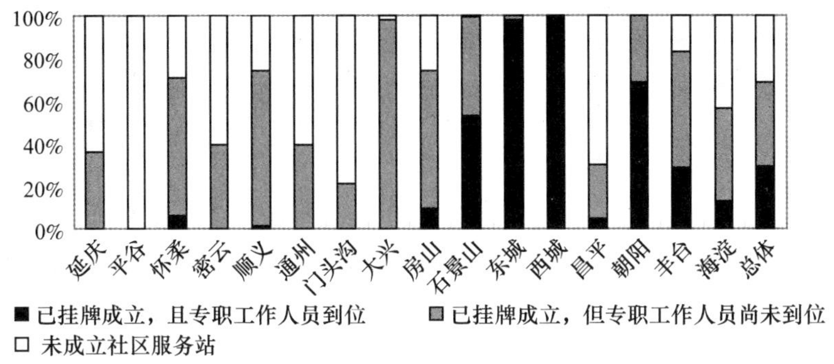

图5－1　北京市社区服务站成立情况

未独立运行。调查研究者、中央财经大学社会学系教授李远行表示，目前北京市社区服务站面临缺少独立场地、社工流失严重、缺少长效志愿者机制等问题。

问题一：无独立场地

从研究人员对中关村街道社区的电话调查情况看，多数服务站没有独立权利，在与居委会的相处中处于弱势地位。服务站开始分担居委会的行政工作，公益服务和便民服务受到弱化。此外，对于中关村街道多数社区来说，服务站并没有独立的办公场所，在很大程度上限制了服务站的发展，在部分老旧小区，社区服务站只能通过改造、租赁甚至是“违建”方式解决场地问题；不少社区服务站还存在居委会工作人员“交叉任职”的情况。

李远行表示，《北京市社区管理办法（试行）》规定，社区服务站是非营利性公共服务机构，其“公益服务”职责内涵为“协助社区居委会办理本社区居民的公共事务和公益事业”，同时“定期向街道办事处、社区党组织汇报工作，向社区居委会通报工作，接受社区居委会和居民群众的监督和评议”。“由此可见，社区服务站理应与居委会处于权力分离的平等地位。”李远行说。

研究显示，目前中关村社区服务站的功能中，一般将公共服务划为“规定动作”，将公益和便民服务划为“自选动作”。由此造成了服务站注重公共服务、忽视公益服务和便民利民服务的问题。

研究者建议，社区服务站与居委会人员实现分离任职，站长不再由居委会人员兼职，部分人员可交叉任职，但至少要为服务站设立两三名专职社工；服务站和居委会在制度上应分离，但在工作中可积极合作。

问题二：社工流失严重

研究人员发现，当下社工流失的现象比较严重。2009 年，北京市曾大规模招募大学生社工。研究人员发现，一些大学生社工在取得北京市户口后，不愿在社区工作，出现流失。此外，单纯通过社工资格考试很难考察工作人员的专业素养，社会工作专业作用难以发挥。

李远行分析，社工流失主要是由于激励机制不完善造成的。社区服务站发展平台有限，上升空间较小，社会工作者最高只能做到“站长”一职，很多人因而放弃社区工作，寻求前景更高的发展平台。除此以外，社区工作的工资待遇较低，与工资和福利更有竞争力的工作岗位相比，社区工作明显缺乏吸引力。

研究者建议，提高社工工资待遇，实行绩效工资制，同时提高社会福利待遇，可考虑为社工提供子女入学等政策优惠，还应打通职业上升途径，使社工有转为事业编制公务员的机会。

问题三：缺乏长效志愿者机制

研究者指出，截至目前，北京市的志愿者激励制度尚未完善。海淀区对参与志愿工作时长累积到一定标准的志愿者颁发奖章，这种做法与香港的“荣誉奖励”接近，但是在此背后没有资金奖励或社会福利等实质性的制度保障激励，不利于志愿者队伍的管理和长期发展。

研究人员建议，为提高志愿者参与社工活动的积极性，北京市可为志愿者扩大荣誉奖励，增设资金奖励，并建立优惠政策，给志愿者提供切实的优惠，例如景点门票半价、公交免费等。

二　社区服务站办公情况

社区服务站的办公地点是服务站生存的基础。在北京市的社区服务站中，有 56.5% 的与社区居委会混合办公，顺义最高，达到 96.08%，单独设立的仅有 108 个，不足 7%，最高的是海淀，仅仅为 20.18%。

表 5－2　　**社区服务站办公情况表**　　（个）

区	与社区居委会混合办公		使用社区居委会办公或服务用房，相对独立		单独设立	
	个数	百分比	个数	百分比	个数	百分比
昌平	23	51.11	9	20.00	8	17.78
密云	9	69.23	3	23.08	0	0.00
大兴	98	94.23	6	5.77	0	0.00
东城	39	25.78	91	62.50	19	11.72
房山	60	75.00	14	17.50	2	2.50
丰台	188	85.45	28	12.73	4	1.82
海淀	149	45.57	112	34.25	66	20.18
怀柔	21	95.45	1	4.55	0	0.00
门头沟	8	38.10	12	57.14	0	0.00
石景山	40	30.08	93	69.92	0	0.00
顺义	49	96.08		0.00	0	0.00
通州	21	61.76	13	38.24	0	0.00
西城	161	67.76	87	30.26	5	1.97
延庆	5	62.50	2	25.00	1	12.50
朝阳	161	80.50	34	17.00	5	2.50
总体	1032	56.50	505	28.96	110	6.68

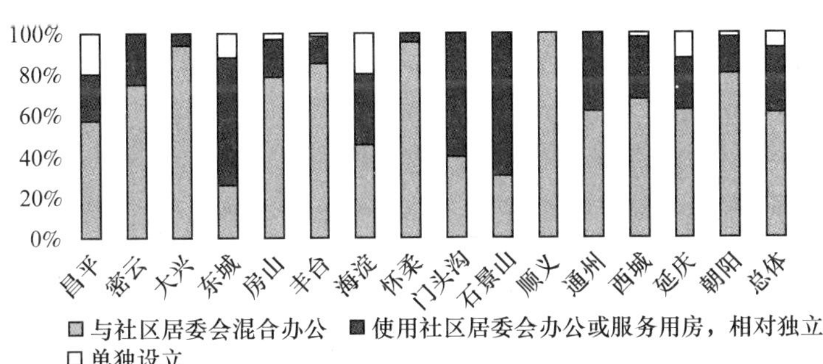

图 5－2　社区服务站办公情况

三　办公面积和服务人员数

在办公面积方面，北京市社区服务站办公面积平均为 62.18 平方米，最高的是顺义，达到 93.77 平方米，最低的是门头沟，仅为 32.6 平方米。不同社区面积差别较大，通过以变异系数（标准差除以均值）测算发现，海淀区的差别最大，达到 1.74，门头沟的差距最小。

表 5-3　北京市社区服务站办公面积和服务人员数表

区	办公面积		服务人员数	
	均值	标准差	均值	标准差
昌平	36.8	23.14	4.25	4.96
密云	48.85	50.25	—	—
大兴	35.07	32.11	6.78	2.69
东城	49.01	72.77	6.26	1.53
房山	49.55	36.13	8.22	3.87
丰台	82.54	113.5	4.78	5.3
海淀	51.87	90.09	6.18	7.5
怀柔	64.44	67.82	7.31	3.17
门头沟	32.6	10.44		
石景山	57.89	65.23	3.62	2.04
顺义	93.77	108.71	21.67	73.97
通州	77.1	121.66	1.67	2.89
西城	74.7	84.42	7.65	1.92
延庆	35.88	18.67	7.75	1.49
总体	62.18	82.86	6.65	15.26

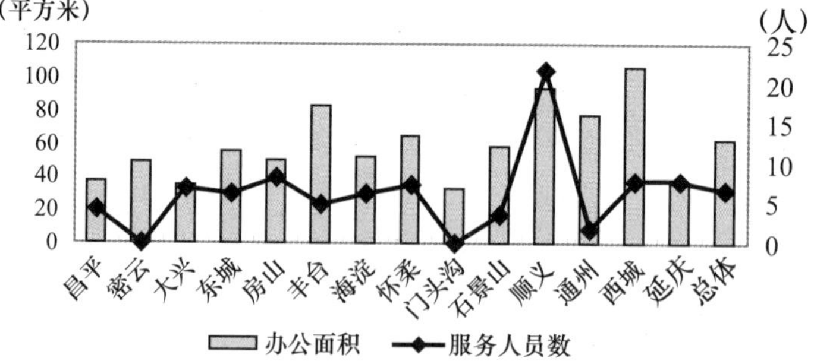

图 5-3　北京市社区服务站办公面积和服务人员数

在拥有的服务人员数方面，北京市社区服务站平均人数为6.65人，其中顺义最多，为21.67个，通州最少，平均仅有1.67人，但不同区县的差距仍旧很大，顺义的差距最大，延庆的差距最小。

四　标识设置情况

从表5-3的交叉表可以看出，北京市已经挂牌的社区服务站，其标识已经设置的有68.61%。不同区县已经挂牌成立的社区服务站标识设置有显著不同（P=0），最高为西城，为98.67%，最少的是房山，仅为26.32%。

表5-4　北京市社区服务站标识设置情况表

区	设置	未设置	样本数	P
昌平	80.43	19.57	46	0
大兴	45.10	54.90	102	
东城	73.81	26.19	126	
房山	26.32	73.68	76	
丰台	48.66	51.34	224	
海淀	81.95	18.05	349	
怀柔	72.73	27.27	22	
门头沟	45.65	54.35	46	
石景山	67.18	32.82	131	
顺义	79.59	20.41	49	
通州	50.00	50.00	70	
西城	98.67	1.33	150	
延庆	82.50	0.00	7	
朝阳	79.00	21.00	200	
总体	68.61	31.39	1526	

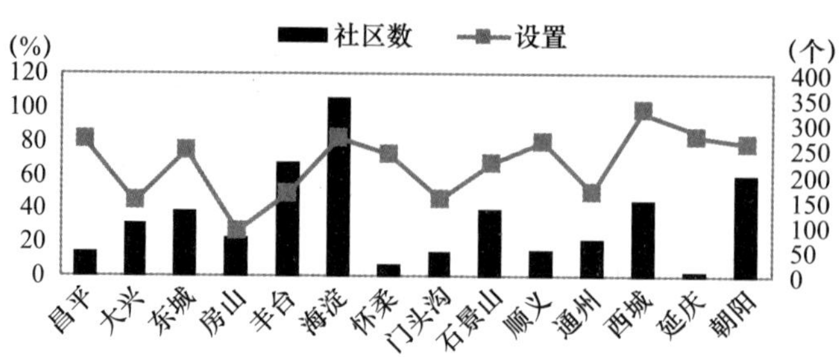

图5－4　北京市社区服务站标识设置情况图

五　服务站工作人员的月收入

在社区服务站工作人员收入方面，我们从表5－5中可以看到，服务站站长的月收入最高，为1343.11元，其次是副站长，为1196.86元。其中朝阳区的服务站站长的月收入最高，为1820元，大兴的最少；副站长月收入最高的是朝阳区，为1650元；一般工作人员月收入最多的是朝阳，为1480元，最少的是顺义，为770.5元，几乎是前者的一半。

表5－5　服务站工作人员的月收入表

地区	职位	个数	均值	标准差	地区	职位	个数	均值	标准差
昌平	站长	7	1580.71	1271.85	石景山	站长	90	1271.3	185.68
	副站长	5	1000	0		副站长	6	954	3.1
	一般工作人员	7	857.14	44.99		一般工作人员	135	954.13	509.84
大兴	站长	73	1172.42	306.04	顺义	站长	45	1464.89	758.81
	副站长	60	1035.82	173.32		副站长	43	1132.79	262.19
	一般工作人员	0				一般工作人员	69	770.5	77.39
东城	站长	104	1454.82	228.74	通州	站长	3	1433.33	750.56
	副站长	106	1401	129.14		副站长	3	1200	692.82
	一般工作人员	66	928.55	363.46		一般工作人员	86	805.23	28.47
房山	站长	55	1160.07	350.88	西城	站长	131	1292.46	368.23
	副站长	32	1018.09	321.25		副站长	41	1185.54	532.05
	一般工作人员	62	846.96	274.59		一般工作人员	152	851.12	49.12

续表

地区	职位	个数	均值	标准差	地区	职位	个数	均值	标准差
丰台	站长	157	1329.27	213.89	延庆	站长	8	1175.5	274.67
	副站长	43	1172.79	348.17		副站长	8	1060.88	226
	一般工作人员	35	1082.62	166.1		一般工作人员	2	970	0
海淀	站长	269	1457.23	462.61	朝阳	站长	—	1820	—
	副站长	224	1229.72	298.4		副站长	—	1650	—
	一般工作人员	309	1118.38	180.42		一般工作人员	—	1480	—
怀柔	站长	23	1268	593.52	总体	站长	1070	1343.11	396.06
	副站长	22	1025.55	333.42		副站长	601	1196.86	317.43
	一般工作人员	30	1250	0		一般工作人员	1003	1012.19	269.13

六　多因素分析

社区服务站的情况可能受诸多因素影响，因此，有必要以不同状况作为因变量，分别以社区的社会经济状况的变量作为自变量进行回归分析，以观察不同因素对其的影响。本部分主要分析社区服务站的成立及人员状况，主要包括社区服务站成立情况、办公情况、标识设置情况、社区服务站工作人员情况及其报酬。

自变量主要包括：社区基本情况，主要包括社区规模，社区人口数，包括社区户籍人口数和流动人口数，民间组织数，也包括社区志愿服务组织数，不同区县；为了不同区县社区服务站情况的比较，参照主体功能区规划定位，将北京区县分为四类：首都功能核心区、城市功能拓展区、城市发展新区和生态涵养发展区，其中将生态涵养发展区作为参照类。

（一）社区服务站成立情况

从表5－6中可以看出，在条件一致的情况下（即控制其他变量的情况下，下同），民间组织对是否成立了社区服务站有显著影响，社区服务站数目与民间组织数目显示相关性，其中首都功能核心区的社区服务站最多，是参照类的300多倍，其次是城市功能拓展区和城市发展新区；在“社区服务站成立，但专职人员还没有到位”方面，民间组织仍对其有显著影响，城市发展新区的最多。

表5－6 社区服务站成立状况多因素分析表

		成立	成立、人员未到位
	民间组织	1.099 ***	1.070 ***
	志愿者组织	1.018	0.993
	社区规模	1.000	0.997
	人口数	0.996	1.000
	户籍人口数	1.006	1.006
	流动人口数	0.996	0.997 *
区县（参照对象：生态涵养发展区）	首都功能核心区	324.486 ***	2.403 ***
	城市功能拓展区	54.826 ***	3.586 ***
	城市发展新区	13.037 ***	5.308 ***
	－2LL	2858.502	
	样本数	507	707

注：参照组，没有成立。* 0.05 < sig < 0.1，** 0.01 < sig ≤ 0.05，*** sig ≤ 0.01。

（二）办公情况

在社区服务站办公情况中，我们将自变量加入社区服务站站长的任职（1. 专职；2. 由社区居委会主任兼任；3. 由社区居委会副主任兼任；4. 由社区居委会主任、党组书记一肩挑；5. 其他），由于社区服务站与社区居委会有着紧密的联系，我们以此考察社区服务站站长的任职是否对办公状况产生影响。

在条件一致的情况下，志愿者组织越多，社区规模越大越可能与社区居委会混合办公；而社区服务站服务工作人员数越多混合办公的可能性越少，看来社区服务站刚成立时，由于人员较少，常常与社区居委会一同办公；在城市功能拓展区，混合办公的可能性比较少，仅是其他区的10%左右。

在使用居委会办公或服务用房方面，户籍人口数和社区服务站工作人员数仍对其有显著影响，人数越少可能性越大；社区服务站站长是专职的服务站使用居委会办公或服务用房、相对独立的比较多，看来专职社区服务站站长即使使用居委会办公或服务用房，其独立性还是比较大的。

表5-7　**社区服务站办公用房和办公面积的多因素分析表**

		办公用房		办公面积
		EXP	EXP	Beta
	民间组织	0.959	0.984	1.477***
	志愿者组织	1.168***	1.055	1.648***
	社区规模	1.094**	1.036	1.403***
	人口数	1.009	1.014	0.002
	户籍人口数	0.960***	0.976*	0.172
	流动人口数	1	0.997	0.201**
	社区服务站工作人员数	0.926***	0.913***	—
区县（参照对象：生态涵养发展区）	首都功能核心区	0.731	4.639	-8.573
	城市功能拓展区	0.101***	1.272	-23.047**
	城市发展新区	2.97	3.468	-19.632**
社区服务站站长的任职（参照类：其他）	专职	7.781	14.874*	32.952***
	由社区居委会主任兼任	5.721	6.442	-12.922**
	由社区居委会副主任兼任	0.879	5.832	-23.431**
	由社区居委会主任、党组书记一肩挑	7.456	10.508	-11.640**
社区服务站办公用房（参照对象：独立用房）	混合办公	—	—	4.811
	使用社区居委会办公或服务用房，相对独立			-10.252
	-2LL（R2）	1531.315	328	—
	样本数	564	339	1250

注：参照对象，单独设立。* 0.05 < sig < 0.1，** 0.01 < sig≤0.05，*** sig≤0.01。

民间组织、志愿者组织多的社区，社区服务站办公面积大，办公条件好，能够给予社区服务站良好的办公条件；流动人口多的社区办公面积也大，流动人口每增加 100 人，办公面积增加 0.20 平方米；城市功能拓展区和城市发展新区办公面积较小，分别比生态涵养发展区的办公面积少 23.41 平方米和 11.64 平方米；但办公面积受办公用房影响不大。

（三）标识设置情况

在分析标识设置状况时，我们将办公情况和服务站站长的任职状况加入了模型中，有了良好的办公状况才有可能设置标识。办公情况包括办公面积和办公用房，参照对象是“独立用房”。

社区规模越大，标识设置得越少；社区服务站办公面积越大、工作人员越多，标识设置得越多；首都功能核心区标识已经设置得比较多，是生态涵养发展区的 3.15 倍，城市发展新区的最少，是生态涵养发展区的 33%。

表 5－8　**社区服务站标识设置状况多因素分析表**

		EXP
	民间组织	1.022
	志愿者组织	0.949
	社区规模	0.965 ***
	人口数	1.004
	户籍人口数	0.998
	流动人口数	0.998
	办公面积	1.003 *
	社区服务站人数	1.195 ***
区县（参照对象：生态涵养发展区）	首都功能核心区	3.153 *
	城市功能拓展区	1.318
	城市发展新区	0.330 **
社区服务站办公用房（参照对象：独立用房）	混合办公	0.116 ***
	使用社区居委会办公或服务用房，相对独立	0.244 ***

续表

		EXP
服务站站长任职（参照对象：其他）	专职	3.183
	由社区居委会主任兼任	0.577
	由社区居委会副主任兼任	0.223
	由社区居委会主任、党组书记一肩挑	0.681
	-2LL	946.610
	样本数	976

注：* 0.05 < sig < 0.1，** 0.01 < sig≤0.05，*** sig≤0.01。

办公用房的情况对其也有显著影响，混合办公、使用社区居委会办公或服务用房、相对独立的社区服务站已经设置标识的仅是有单独设立办公室的11.6%和24.4%，这说明了独立的办公用房对社区服务站的重要性；而社区服务站站长的任职情况对其没有影响。

（四）社区服务站工作人员情况及其报酬

在此部分，我们将服务站站长任职和社区服务站办公用房加入模型中，服务站站长任职，专兼职可能影响到服务站的人数以及不同工作人员的月收入，有独立的办公用房就可能有独立的财政权，可能对收入产生影响。

发展新区的社区服务站人员数最少，生态涵养发展区少近6人，其他区的没有显著区别；书记和主任担任服务站的站长的社区，工作人员较多，比其他的社区多4人，而混合办公、使用居委会办公或服务用房、相对独立的社区服务站人数也比拥有独立用房的社区服务站人员少，分别少6.50人和5.85人。

表5-9　　社区服务站工作人员人数及其报酬

	变量	社区服务站人员数	站长收入	副站长收入	一般工作人员收入
	(Constant)	14.582	1690.575 ***	1818.370 ***	-592.390 *
	社会（民间）组织数	0.036	-0.604	3.928	-2.183
	志愿服务组织数	0.041	3.134	-3.707	2.702
	社区规模	0.109	-1.174	0.036	-3.43
	人口数	0.011	0.067	-0.123	-0.837
	户籍人口	0.024	0.828	0.232	1.823 *
	流动人口	-0.003	0.713	0.591	0.936 *
区县（参照对象：生态涵养发展区）	首都功能核心区	-0.433	-133.108	-318.052 ***	353.400 ***
	拓展区	1.711	-58.864	-142.299 **	211.919 ***
	发展新区	-5.694 **	30.926	11.587	467.563 ***
服务站站长任职（参照对象：其他）	专职	3.441	-114.527	30.62	-131.753 **
	由社区居委会主任兼任	1.88	46.374	163.345 **	-95.831 **
	由社区居委会副主任兼任	0.926	-39.226	130.394	-33.666
	由社区居委会主任、党组书记一肩挑	3.928 **	66.418	159.488 **	-101.553 **
社区服务站办公用房（参照对象：独立用房）	混合办公	-6.496 ***	-143.878 ***	-37.642	-148.840 ***
	使用社区居委会办公或服务用房，相对独立	-5.849 ***	-134.327 ***	-33.528	-72.452 **
	社区服务站人数	—	-0.291	0.098	-0.238
	R2	0.301	0.033	0.384	0.212
	样本数	1931	914	529	564

注：* 0.05 < sig < 0.1，** 0.01 < sig ≤ 0.05，*** sig ≤ 0.01。

在工作人员的报酬中，使用社区居委会办公或服务用房及混合办公，相对独立的社区服务站站长的收入比拥有独立用房的社区服务站站长分别少143.88元和134.33元；首都功能核心区和拓展区的社区服务站副站长的月收入分别比生态涵养发展区的少 318. 05 元和 142. 30 元，由社区党组书记和居委会主任担任服务站副站长，或者社区居委会主任兼任副站长的月收入分别比其他站长多 159. 49 元和 163. 35 元；在社区一般工作人员的月收入中，其收入受到社区人口数的影响，社区常住人口每增加 100 人，其月收入增加 1. 82 元，流动人口每增加 100 人，月收入增加 0. 94 元，发展新区的收入最高，其次是首都功能核心区，分别比生态涵养发展区高 467. 56 元和 353. 40 元，社区服务站站长的任职情况也会影响到一般工作人员的收入，与居委会混合办公和使用社区居委会办公或服务用房，相对独立的社区居委会一般人员的收入比较少，分别比有独立办公用房的少 148. 84 元和 72. 45 元。社区规模没有对社区服务站站长和副站长的月收入产生显著影响，但对一般工作人员的收入有显著影响，不同区县的社区工作站的工作人员、副站长报酬也不一样，而站长的区别不大。

（五）社区规模对社区服务站的影响分析

按照人口密度、社区集中度、社区空间范围及辖区内机关团体多少等状况，将社区规模定位在一个特定社区内居住的户数（分为：1. 3 万户以下，称为规模较小的社区，占 91. 7%；2. 3 万户以上，称为规模较大的社区，仅为 8. 3%，说明在北京大规模的社区比较少），分析其对社区服务站状况的影响。

1. 社区规模对社区服务站分析

在这里，我们主要分析社区规模对服务站的建立、办公状况、设置状况和人员概况的影响。将“服务站的建立”分为（1. 已挂牌成立，且专职工作人员到位；2. 已挂牌成立，但是专职工作人员尚未到位；3. 未成立）；“社区服务站办公用房情况”分为（1. 与社区居委会混合办公；2. 使用社区居委会办公或服务用房，相对独立；3. 单独设立）；办公面积（1. 20 平方米以下；2. 20—80 平方米；3. 80 平方米以上）；社区服务站标识设置情况（1. 已设置；2. 未设置）；社区工作人员人数（1. 3 人以下；2. 4—8 人；3. 8 人以上）；以及社区服务站工作人员包括服务站站长、副站长和一般工作人员的月收入（1. 1000 元以下；2. 1000 元以下）。利用 SPSS15. 0 软件，使用交叉表，经过卡方检验可以得出表 5 - 10。

表 5 - 10 社区规模对社区服务站的影响分析

		3000 户以下	3000 户以上	P
成立社区服务站情况	成立，且专职人员到位	29. 72	34. 39	0. 352
	成立，专职人员未到位	43. 63	43. 31	
	未成立	26. 65	22. 29	
社区服务站办公用房情况	混合办公	60. 67	70	0. 098
	使用社区居委会办公或服务用房，相对独立	31. 85	23. 08	
	单独设立	7. 48	6. 92	
办公面积	20 平方米以下	14. 81	10. 94	0. 093
	20—80 平方米	67. 45	64. 06	
	80 平方米以上	17. 73	25	
社区服务站标识设置情况	设置	68. 76	61. 03	0. 042
	未设置	31. 24	38. 97	
人员	3 人以下	22. 74	18	0. 05
	4—8 人	59. 89	55	
	9 人以上	17. 37		
站长收入	1000 元以下	17. 98	12. 36	0. 242
	1000 元以上	82. 02	87. 64	
副站长收入	1000 元以下	25. 00	23. 91	0. 516
	1000 元以上	75. 00	76. 09	
一般工作人员收入	1000 元以下	55. 55	68. 00	0. 04
	1000 元以上	44. 45	32. 00	

2. 社区规模对社区服务站的影响

（1）对服务站是否成立的影响

我们发现社区的规模并没有对是否成立社区服务站产生显著影响，P = 0. 352 > 0. 1，无论规模较大的社区还是规模较小的社区，成立服务站，并且专职人员到位的比重都是在30%左右，没有成立的均在25%左右。

（2）对服务站办公状况的影响

而社区规模对社区服务站办公用房有显著影响（P＝0.098＜0.1），规模较小的社区与居委会混合办公的可能性是60.67%，而规模较大的社区则高达70%，两者相差接近10个百分点，在使用社区居委会办公或服务用房，相对独立方面，规模较小的社区是31.85%，规模较大的社区仅为23.08%，在独立设立办公用房方面，规模较大的社区为6.92%，远低于规模较小社区的7.48%，差距都不小。

在办公面积方面，P＝0.093＜0.1，说明社区规模对其有显著影响：规模较小的社区其办公面积在20平方米以下的比重为14.81%，而规模较大的社区，社区服务站的办公面积在20平方米以下的可能性仅为10.94%；在办公面积80平方米以上，社区规模较大的社区达到25%，而规模较小的社区仅仅为17.73%，低近8个百分点。说明规模越大的社区，办公面积越大。

（3）对标识设置和工作人员人数的影响

在社区服务站标识设置方面，P＝0.042＜0.05，社区规模对其仍有显著影响：规模较小的社区服务站标识设置率达到68.76%，而规模较大的社区为61.03%，低了7个多百分点。社区规模较大的，标识设置得比较少。

在社区服务站人员方面，P＝0.05＜0.1，说明社区规模对社区服务站工作人员的人数有显著影响，规模较大的社区有3个以下的工作人员的情况是18%，而规模较小的社区则达到22.74%，有9人以上的差距更大，规模较大的社区高达27%，规模较小的社区则为17.37%，两者相差近10个百分点。

（4）对社区工作人员收入的影响

服务站站长、副站长的月收入与社区规模无关，P＝（0.242、0.516）＞0.1，无论社区规模大小，站长、副站长月收入在1000元以上和1000元以下的差别不大；而一般工作人员的收入与社区规模有显著关系（P=0.04＜0.05），社区规模较大的，服务站一般工作人员收入在1000元以下的可能性为68%，规模较小的仅为55.55%，两者差距较大。

综合以上分析，我们发现社区规模对社区服务站有着不同的影响：虽然社区规模不能影响服务站是否成立，但是对服务站办公情况、标识设置、人员有显著影响：社区规模越大，服务站与社区居委会混合办公的可能性越大，单独办公的可能性越小；社区规模越大，服务站的办公面积越大；社区规模越大，标识设置得越少；社区规模越大，服务站工作人员越多。社区规模与社区服务站站长、副站长的收入无关，但规模越大，服务站一般工作人员的收入越低。

七　结论

通过上述分析，我们可以得出以下三点基本结论：

1. 北京市的社区服务站挂牌很快，但是各区县间的差距很大，首都功能核心区即城四区的情况比较好，远郊区县需要加强，社区的特征对挂牌也产生影响，民间组织多的社区，服务站挂牌比较多，志愿者组织越多，社区规模越大，有独立用房的机会越少，但是面积越大。

2. 虽然绝大部分挂牌成立的服务站都有了办公用房，但是有独立办公用房的不多，并且办公用房的差异很大；办公用房对服务站的影响很大，有独立办公用房的服务站标识设置得比较多，同时，服务站办公状况也影响了服务站工作人员的人数和人员的待遇。

3. 社区服务站站长的收入明显高于副站长以及一般工作人员，但是与其是否是社区居委会人员无关，也就是说即使社区居委会领导兼职了社区服务站站长并没有显著增加其收入，并且社区服务站站长、副站长的收入和社区基本情况无关，而一般工作人员的收入却与社区状况相关，这估计与社区服务站人员的设置有关系。

第三节　北京市社区服务站与社区治理机制

社区建设是一项长期而复杂的社会工程，不仅需要行政性的外部力量推动，还需要依托来自社区的各种内源性力量的推动，需要建立一个多主体共同参与、协同治理的组织结构。

一　社区服务站与社区党组织的关系

在北京市的社会建设过程中，出台的相关政策法规都十分强调要充分发挥党组织在社区管理中的领导和协调作用。对于社区居委会和社区服务站工作中出现的矛盾和冲突，党组织可以发挥协调化解矛盾的作用。社区党组织既要领导社区服务站，也要维护社区的和谐稳定。

二　社区服务站与居委会的关系

由于我国正处在经济转型期，大量的社会事务、公共服务向社区聚集，这就必然造成了居委会负担重和角色错位，居委会的自治职能逐步弱化等一系列连锁反应，为了让居委会从繁杂的行政性事务中解脱出来，北京市设立了社区服务站，并确立了社区居委会与服务站的“协作模式”关系，这种新型的合作关系有着全国其他城市所建立的“分设模式”“下属模式”“专干模式”所不具备的优点和独特性。

北京市社区服务站与居委会的“协作模式”符合北京市社区治理的实践，因为北京市的目前社区建设主要是以行政驱动力为主、正逐步向自治力量为主的转型过程之中，在这特殊的转型时期，希望居委会迅速彻底地摆脱行政性事务是不现实的，比较现实的选择就是设置社区服务站来有效承接居委会的一部分社区行政性事务，这是北京市建立居委会与社区服务站“协作模式”的现实基础和理论出发点。

社区居委会和服务站的任务分工及合作。服务站处理事务性工作，居委会处理居民自治工作，两者各司其职；服务站在居委会支持下协助居委会处理居民自治的事务。这种协作模式可以充分发挥居委会和社区服务站的各自优势资源，从而推动形成居委会与社区服务站的“强强联合”模式，促使政府与社会新型合作关系在基层实现，从而双向互动、协商合作，以保障“行政归行政，自治归自治”的机制运行，共同推进基层治理的协调运转。

第四节　北京社区服务站未来的发展方向

一　社区服务站未来发展的方向

北京社区服务站目前存在的主要问题：信息不畅、社区负担过重、资源浪费和不足并存的局面，为了改善目前的社区服务状况，有必要从以下几个方面着手：

（一）社区服务站信息化平台建设需进一步加强——为了保障社区“一窗式”的服务和街道“一站式”的服务大厅的便民服务工作对接，信息化平台建设的畅通是关键。

（二）社区服务站的运行机制存在问题，相关部门的工作应建立健全的准入机制，避免增加社区工作的负担。社区服务站的日常工作与专项工作就有所区分，以便应对各类重点工作与突发工作。

（三）社区服务的支撑体系需进一步加强——将社区服务信息平台纳入社区服务站，有效整合社区内行政资源、社会资源和市场服务资源，完善社区服务支撑体系，形成覆盖社区的服务网络。

二　社区服务站建设的先进案例

西城区加快建设“一刻钟社区服务圈”以推动社区服务，优化社区服务站建设质量。

西城区下辖街道 15 个、社区 261 个，总面积 50. 7 平方公里。近年来，按照北京市“一刻钟社区服务圈”建设的总体要求，以“先易后难、逐步推进”为原则，以需求为导向，以服务为核心，积极推进工作的开展。2015 年年底建成“一刻钟社区服务圈”市级模范区 67 个，涉及所有社区。西城区推进此项工作的主要做法如下。

（一）调研先行，全面掌握社区基本公共服务覆盖情况

对照《北京市社区基本公共服务指导目录（试行）》基本公共服务项目和《关于推进“一刻钟社区服务圈”建设工作的意见》中提及的服务设施建设标准，通过采取“自上而下”与“自下而上”双向联动方式，区社会建设工作领导小组办公室积极开展社区服务调查，从而掌握居民的需求，采用实地走访和网上调查方式相结合，对各部门相关工作安排和居民的基本要求进行深入了解。各街道普遍采用入户走访、发放调查问卷和召开座谈会等方式，进行服务需求和服务资源调查，摸清底数。同时，委托专业部门每季度对街道、社区和民意调查，结合整体感知、快速传达、积极响应，完善社会服务管理的网格化，将群众认定的社区服务等存在的不足向相关委办局反映督促办理。

（二）机制保障，以街道为主体统筹辖区基本服务资源

一是财力保障，让街道有钱办事。为保障街道在组织公共服务、为民办实事项目、重大民生问题的资金，出台《关于调整西城区区街财政管理体制的意见（试行）》。如在推进社区规范化办公用房项目建设方面，除市级支持的资金外，区级支持 60%，街道自筹 10%，极大地调动了街道的积极性，通过购置、新建、改扩建、落实新建小区配套服务设施等方式，不断优化社区办公和服务环境，2009 年以来共购置、装修改造了 44 处社区用房，社区用房达标率为 91%。二是合理放权，让街道有权办事。加强街道的综合开发能力和社会服务管理的现状，出台《指导意见》，进一步加强街道规范化管理的综合开发，增强街道的公共服务功能。各街道均对本辖区“一刻钟服务圈”建设进行了合理规划。三是民情为本，让街道按需办事。采取走访、听取、解决的工作方式，建立局级领导联系社区制度，根据区域突发事件的程度、群众和事件，分类解决群众的问题，促进职能部门的资源向基层有所倾斜。2015 年前三季度，区、街、社各级部门通过走访群众，听取民意，收集各种舆情工作共 40709 件，解决 39639 件问题，解决问题率为 97.3%。

（三）强化措施，不断提升社区服务水平

一是加强统筹协调。主管区领导带队，区社会办牵头，按照集成政策、集中资金、集聚资源、集合力量和“缺什么、补什么”的原则，统筹协调相关部门，加强督查指导，推动任务落实，与各相关部门一起推动问题的解决。如区商务委针对居民集中反映的生活不方便问题，对全区社区七类传统生活服务业（早餐、菜篮子、便利店、再生资源回收、洗染、美容美发、家政服务）进行了全面摸底调查，在此基础上制定了《西城区生活服务业三年行动计划》，不断推进社区生活服务业便利化、规范化、品牌化、连锁化、集约化，实现可持续发展；区民政局结合各街道养老服务需求，在每个街道建立一个位置适宜、规模适中、方便日间照料、辐射多个社区，汇总服务信息的街道养老中心。

二是改进服务手段，进一步发挥信息化支撑作用。区级平台整合社会服务、行政服务、城市管理、社会管理和应急处置五个方面资源。15 个街道已经建成街道全响应网格化指挥分中心，2014 年 7 月 1 日区街平台对接。目前，每一条街都在处理近千个城市事件，300 个社会事件和 200 个服务项目。每个街道均已纳入近 100 家企业开展社区网上生活服务，使精细化管理成为常态。在改进社区服务基础上，按照全方位受理原则，保留社区服务站综合受理窗口作为前台日常接待和受理社区事务，使其他社区工作者能够有时间了解群众需求，发现和解决社区事务。动员和发动楼门院成立各类互助自治组织，延伸社会建设服务和管理触角，解决社区工作行政化、社区工作人员服务方式、工作作风问题；为进一步深化社区志愿服务，开展“邻里互助、守望幸福”的综合性家庭志愿服务的行动，在基层的前提下，采取“一对一”和“一对多”或“多对一”的形式，通过志愿服务队组织、社区志愿者和空巢老人和残疾人结对，送货上门的服务，服务结对率达到 100%。

三是创新建设模式。鼓励各街道整合教育、医疗、文化、购物、就餐等各类服务资源，针对群众需求制定相应措施，通过加大资金投入、整合资源等多种方式，形成特色的“一刻钟社区服务圈”模式。

如西长安街街道依靠“街道公共服务文化中心”“长安幸福家园”社区公共服务基地、一刻钟百姓生活服务广场三个服务场所的带动，全面提高辖区社区服务水平，同时成立了睦邻之家志愿服务队监督服务商。白纸坊街道按照“一刻钟社区服务圈”的范围标准在整个街道建立了三个市民中心，形成“区级统筹、街道谋划、团队管理、专娱结合、服务引领”的运行格局。广外街道建立了“1+6+29”养老服务平台，其中1、6、29分别指代街道养老管理服务中心、养老服务分中心和社区居家养老服务站、组织收集养老服务需求的信息。什刹海街道由于辖区内最大的蔬菜批发市场的撤市，居民“买菜难”问题凸显，街道结合“一刻钟服务圈”在辖区内共规范了11家便民菜站，实施什刹海街道蔬菜直营连锁项目，通过公开竞争谈判，引入社会优质企业，实现蔬菜生产基地与便民菜站的有效对接和直营直销，树立便民菜站的品牌和形象。此外，积极发挥社区代表会、社区民主议事协商会作用，在解决买菜难上，形成了流动菜车、便民菜站、升级改造菜市场等工作模式，在缓解停车难上，形成了资源共享错时停车、新建立体停车楼、实行单停单行、车辆自管会等工作模式；在胡同治理上，实现“规划建绿、拆违增绿、身边见绿、添彩出绿”的整体绿化以及“卫生保洁、联合执法、绿化美化、停车自律”精细化管理等。

四是推进社会协同。以购买服务的方式引导街道培育壮大公益性社区社会组织，进一步壮大社会协同力量。通过社会组织带头人培训的开展，实现公益组织孵化器功能，提升社会组织的承载能力。通过区内公益资源的整合，举办一年一度的“西城区公益文化节”，通过公益项目与街道、社区及驻区单位、社会组织实现对接合作，引导、支持社会组织在社区扎根，作为政府公共服务的补充。制定《关于进一步引导社会单位资源开放，推进区域共建共享的指导意见》，促进驻区内单位共享资源，引导驻区单位积极履行社会责任，服务地区。依托社会建设资金进一步鼓励支持社会单位开放资源，几年来共411家单位参与资源共享，累计投入社会建设专项资金1705万元，奖励单位共361家，缓解了停车难、活动场所不足、老人就餐等问题。社会单位中有180多家开放内部餐厅解决老年人吃饭难的问题。另外市政府大楼等为周边居民提供了停车等服务，处理停车难问题。

在西城区各部门和居民的通力合作下，“一刻钟社区服务圈”示范点建设成果显著，光明日报社、新华社等数十家媒体进行了实地采访和专题报道。“一刻钟社区服务圈”建设工作帮助居民快捷、高效地利用各类公共服务，并享受到“菜单式”的便民服务，广大社区居民在得到实惠的同时，明显提升了对社区服务的满意程度。

在推进“一刻钟社区服务圈”工作中，我们体会到：一是要坚持以人为本、服务为先，推动由管理主导向服务主导转变。二是要坚持问题导向、自下而上，紧紧围绕群众反映的问题，调动各方资源，切实解决群众问题。三是坚持多元参与、多维管理，通过购买社会组织服务、引导各类社会力量来解决群众之需，形成基本公共服务的整体合力。

第六章　社区社会组织与社区治理

经济体制改革引起了城市社区结构的巨大变迁，一方面，原来依附公有制再分配体系的“单位制”社区逐渐解体，城市社区内由单位承担社区服务的体系也随之瓦解，“那些生活在社区中的居民失去了服务支撑，更重要的是他们失去了与社会联结的纽带”①。随着市场经济的发展，住房商品化改革，城市社会中的利益主体日益分化，社区需求逐步多元化，并且不同群体之间存在较大差异，原有的服务体系很难满足新时期居民的多元化生活需求。另一方面，在逐渐多层次复合的社区内部，为了应对社区公共问题，改善社区公共服务，依托于政府组织、企业组织、社会组织和民间公民组织的社区公共服务也悄然兴起。政府组织向市场组织、社会组织有效分权实现了公共服务主体的变化，即在沟通、合作的基础上，建立多中心、互动式、开放型的服务体系。

目前的社区公共服务体系主要是由政府推动的，以街道、社区居委会为主要载体，鼓励各类社会组织和社区居民参与的多元服务体系。但是，由于城市社区结构和利益结构的复杂性，多元社区服务网络结构发展的滞后性使得在实际的社区公共服务过程中居委会承担了主要任务，工作繁重，无法满足居民日益增长的生活需求，对于社区中弱势群体或更小群体的利益更是无暇顾及。因此，社区社会组织以其多样性、灵活性、广泛性，承载了补充社区服务站、提供多样化和高质量的公共服务

---

①　于显洋：《形式化与合法化：城市社区基层制度结构的变动及功能解释》，《江苏行政学院学报》2008 年第 1 期。

的使命，表达特殊群体利益，是建设和谐社区过程中的重要力量。

第一节　社区社会组织的界定与意义

我们所指的社区社会组织是一个以社区服务站为基础的社会团体，在社区治理中发挥着服务的作用，这里特指除政府组织、社区居委会、社区服务站、企业组织以外的正式组织，主要包括社区中的各类营利性组织和非营利性组织，包括社区内业主委员会、物业公司、各种社会团体，以及志愿者组织等。这些组织具有非政府性、志愿性、服务性、公益性和自治性，它们的主要功能是：一、按照互惠互利、资源共享原则，通过动员社区力量，利用社区资源，协助社区服务站提供社区服务、福利；二、社区组织作为社区服务站的辅助组织，有着拾遗补缺的功能，通过专业灵活的方式可以有效解决社区管理和服务中的问题，从而实现服务模式创新，推动社区公共服务发展。

目前，根据运行机制和组织形式的不同，在社区内存在的社会组织大致有三类：第一类是社区内物业组织，这主要是指由于商品房社区的兴起，出现了物业管理公司这一专门负责社区物业管理的部门，以及业主委员会等组织。物业管理公司在社区内是一种比较特殊的社会组织，具有市场性、专业性、综合性和社会性的特点，管理涉及社区规划、社区绿化、社区卫生、社区治安、社区内供水、供电，以及社区居民日常生活事务等各个方面，通过推行社会化、专业化和市场化的管理模式来管理社区内的建筑物及其附属设施，达到有效解决物业管理中存在的问题；而业主委员会主要是监督物业管理公司的工作，并且监督社区内公共物品的使用和专项资金的管理与使用，维护业主的权益。但在契约化、市场化、专业化都很不明晰的商品房社区中，物业公司往往和开发商形成利益合谋，业主委员会也成为“与控制权的组织相对立”[①] 的维权组织，试图通过各种技术手段主动地、理性地表达集体利益，谋求自我的合法权益。

---

① 夏建中：《公民社会的先声——以业主委员会为例》，《文史哲》2003 年第 3 期。

第二类组织是民间组织，主要是由社会单位或个人自愿参与，按照一定的章程自我管理的社区社会组织，即“非政府组织”或“非营利组织”，通常包括正式的社会团体、基金会和民间非企业单位，这样的组织是独立于政府的，不是为了营利目的，主要是在社会上开展公益活动。社区民间组织存在的意义在于它能够反映社区成员的利益和要求，解决街道、居委会没有解决的日常生活中的问题与困难，并且能够提供给居民精神支持，建立良好的社区秩序。

第三类组织是社区内其他志愿性组织或社团，主要是指自愿参与结合的社会团体，以追求社区公共利益为目标，并且不计任何报酬的社会公益性组织。这类组织包括社区文化性团体，如由居民组成的各类兴趣小组、艺术团、健身队、秧歌队等，或者是生活性团体，如爱心社、家政服务中心等，这些组织在居民日常生活中发挥了巨大作用，不仅在生活以及家庭事务中发挥着不可忽视的功能，还能提高居民的归属感、认同感。

社区社会组织参与社区服务是对“政府失效”和“市场失灵”状况的弥补，这让社会组织成为政府组织和经济组织之间的桥梁和纽带。北京市陆续出台了《北京市加强社会建设实施纲要》《北京市社区管理办法（试行）》《北京市社区工作者管理办法（试行）》等规定，从政策和制度上鼓励社会组织对公共服务工作的参与。社区社会组织主要有以下作用：一、能够积极动员社会资源，以其个性化、多样化的服务弥补政府、市场供应不足；二、是居民参与社会公共事务的一种制度安排，通过公民自发或社会动员的形式体现社区服务体系的社会价值和公益价值；三、协调国家与社会之间的关系，推动社区民主自治；四、培育公民社会的土壤。社区社会组织具有广泛的动员力，使居民越来越自觉地组织起来主动参与到社区公共事务中，虽然在发展中遭遇困境，但这种以社区服务为核心的公共参与特征，以及由此构筑的公共空间正是公民社会的基础。

第二节　社区社会组织的现状

一　社区社会组织发展现状

北京市早在1990年以前就提出了社区建设行动，经过20年的实践，已经形成了街道党工委领导、居委会负责、各部门配合、社会普遍参与的形式，虽然存在着许多问题，但社区组织已经成为社区建设中不可或缺的力量。

党的十六届六中全会后，各地政府积极推进社区社会组织的发展，社区社会组织发展迅速。2009年10月北京市民政局出台全国首个社区社会组织规范性文件《北京市城乡社区社会组织备案工作规则（试行）》（京民社区发〔2009〕555号）。北京市社区社会组织2010年为7289家，2011年增长到8742家，2012年为10059家。2013年社区社会组织开始呈现爆发式增长，增长到13346家，同比上年增加了32.7%，万人社区社会组织平均拥有量为6.31家。门头沟区、西城区、东城区万人社区社会组织拥有量名列三甲，分别为19.37家、18.53家、15.07家。[①] 这些社会组织业务分布和区县分布情况如表6－1、表6－2所示。北京市社区社会组织在激活社区自治、提升社区服务、繁荣社区文化、维护社区稳定、弘扬社区志愿服务精神等方面发挥了积极作用，已成为加强社会建设、构建和谐社区的重要力量。

尽管如此，北京市社区社会组织的发展还有许多问题和挑战。

表6－1　**北京市社会组织业务分布**

类别	数量（家）	占比（%）
社区文体科教类	6330	47.4

① 黄松江、于小静：《北京社会组织发展与管理》，社会科学文献出版社2015年版，第1—40页。

续表

类别	数量（家）	占比（%）
社区服务福利类	2930	22.0
社区治安民调类	1730	13.0
社区共建发展类	867	6.5
社区环境物业类	831	6.2
社区医疗计生类	658	4.9

表6-2　**北京市各区社区社会组织数量分布**

区（县）	社区社会组织数量（家）	常住人口（万人）	万人拥有社区社会组织数量（家）
东城	1370	90.9	15.07
西城	2415	130.3	18.53
朝阳	1571	384.1	4.09
海淀	2087	357.6	5.84
丰台	1460	226.1	6.46
石景山	360	64.4	5.59
房山	173	101.0	1.71
通州	568	132.6	4.28
顺义	1138	98.3	11.58
昌平	377	188.9	2.00
大兴	465	150.7	3.09
门头沟	587	30.3	19.37
怀柔	139	38.2	3.64
平谷	335	42.2	7.94
密云	136	47.6	2.86
延庆	165	31.6	5.22

首先，北京市各区社会组织发展水平不平衡。以社会组织数量分布为例，西城、海淀、朝阳社区社会组织数量分别为2415家、2087家、1571家，这三区社区社会组织的数量共占到北京市社区社会组

织总数的 45.5%，将近一半。除此之外，社区社会组织从业人员的素质、社会组织的运行效果也存在很大差异。

其次，从现代社会组织体制的运行效果来看，北京市社区社会组织也存在着一些突出问题，如自治类社区社会组织发展明显不足，承接政府转移职能的能力较弱，在社区服务管理中的作用未得到有效发挥；社区社会组织发展缺乏有效政策支持，培育和管理体制发展滞后等。

上述这些问题正日益成为制约北京社区社会组织快速健康发展的瓶颈。因此为贯彻落实中共中央办公厅、国务院办公厅《关于加强和改进城市社区居民委员会建设工作的意见》（中办发〔2010〕27 号）和《北京市“十二五”时期民政事业发展规划》（京民研发〔2011〕365 号），充分发挥社区社会组织在提供服务、表达诉求、规范自律、促进和谐等方面的积极作用，2014 年北京市民政局也出台了大力发展城乡社区社会组织的意见。然而，要落实这些意见和办法，如何评价各区县社区社会组织的发展状况，如何评价各区县社区社会组织的现代社会组织治理水平，成为一个亟待解决的问题，而目前这方面的学术研究尚属空白。①

从社区社会组织的管理来看，对社区社会组织的管理日趋规范化和制度化，但是，我国实行的是双层管理制度，即政府负责审批、注册、登记，而业务主管部门负责这些组织具体事务的管理。以我国民间组织为例，管理很是复杂，党组织负责民间组织内部党建和党员管理，财政部门负责监管组织内部会计制度，税务部门负责税收监管，公安部门负责印章管理，宣传部门负责宣传报道管理，工商行政部门负责经营管理，等等。② 这样的多头管理给实际工作带来了诸多弊端，使许多社区社会组织在开展活动时，经常遇到资金不到位、批复不及时，影响了活动的顺利进行，这既是社区社会组织发展现状，也是现

① 刘承水、王强、刘玲玲：《基于现代社会组织理论的北京社区社会组织发展评价指标研究》，《北京城市学院学报》2017 年第 3 期。

② 何增科：《略论我国民间组织发展状况及其作用》，《公民社会与民主治理》，中央编译出版社 2007 年版，第 120 页。

实困境。

二　培育社区社会组织推进社会治理创新

在社会治理中，积极创新社会治理载体，通过培育社区社会组织，吸纳社区居民参与，从而发挥其作用，积极引导、动员、支持参与社会治理，实现社会治理主体的多元化、形式的多样化。2011 年 12 月，通州区玉桥街道成立了社区社会组织联合会，现有社区社会组织 200 多个，成员近万人。几年来，依托这一平台，以管理规范化、引入专业化、资源最优化、突出品牌化“四化同步”这一模式，让社区组织展现生机。

（一）加强社区社会组织内部治理，增强其参与社会治理的能力和公信度

规范化管理基础上，为促进社区社会组织发展，玉桥街道高度重视社区社会组织建设，努力提高社区社会组织的能力。

1. 实行区街两级登记备案制度

整合各类社会组织，严格落实登记备案制度，为社会组织提供孵化培育、业务指导、项目统筹等综合服务，内强品质，外树形象，以群众参与为目标，以服务管理为宗旨，以特色创新为品牌，按“六有”要求（有人员、有阵地、有制度、有活动、有经费、有评估）加强社会组织规范化运作，引导社会组织自律。目前街区备案组织 200 多个，分为社区服务福利类、医疗计生类、治安民调类、环境物业类、文体科教类、共建发展类。

2. 实行项目制管理

在健全组织网络、项目设计策划、实践方法创新、实施保障以及成效等方面全程监督管理。要引导社区组织积极申报各类服务项目，建立社区社会组织项目库。申报的重点：一是从传统的品牌组织和项目着手，如葛北关协、隔代家长学校，活动内容丰富，有经验，品牌效果明显。二是从街道的重点和中心工作着手，如楼门文化创建项目，内涵丰富，有吸引力，更需要资金的扶持。三是从居民的特殊需求着手，青少年教育、助老服务等，指导策划服务项目。

3. 对政府购买社会组织服务项目申报工作高度重视

一年一度的社区项目培训，四年共有 22 个社区社会组织服务项目，均为市级近 100 万元的资金支持，起到了很好的龙头和杠杆作用。进一步推进了社会组织自身发展，扶持了一批区、街的品牌服务项目，使越来越多的居民受益。

（二）积极引导社区社会组织参与社会治理

立足于满足社区需要，逐渐对社会组织参与社会治理进行引导，从而化解各类矛盾、实现精神文明建设和公益事业的发展，推动社区和谐稳定。

根据居民的实际困难，引导社会组织参与救助帮扶。大力引导社会组织发展，开展老年人的关爱、留守儿童关爱、帮助贫困群众、大病帮助等活动，有效解决超出政府力量和权力的社会问题。玉桥北里社区的情暖晚阳助老服务组织的助老志愿者与孤老户、空巢老人结成帮扶对子，开展上门志愿服务，每周上门为每位服务对象服务不少于 3 小时。通过建立服务台账，实现低龄老人为高龄老人服务，各自实现了助人与被助的快乐。

引导社会组织参与创建文明城市、网格化管理模式创新的综合管理，大力发展基层组织的综合管理，引导社会力量广泛参与，通过志愿者组织开展治安巡逻、扶贫帮困等活动。

（三）发挥品牌效应，激发社区社会组织活力

1. 提升品牌，实施“双百工程”

在北京市行政分中心建设和社会服务管理创新的新形势下，通过对社会组织在社会管理和服务中的作用的认识，积极探索新的发展方式，玉桥街道确定了“双百工程”建设目标，按照“10 + X”和“6 + 6”模式整合，着力打造社团和文化工作室各一百个，形成一格一品，一区多室，一室多能的发展格局，使社会组织有人员、有阵地、有制度、有活动、有经费、有评估机制，促进社区的自我服务、自我发展。目前社会组织“双百工程”初见成效，通过两级登记备案，社区整合各类组织 200 多个，玉桥南里的和谐之家、新通国际的朵朵早教、幸福港湾等组织精彩纷呈（“10 + X”模式：整合、健全

社区社会组织，即社区在治安巡逻队、环境保护、文明劝导、楼门文化、助残扶老、法律咨询、心理疏导、青少年教育、应急救援、文化体育十个基本组织类型的基础上，打造几支品牌特色组织。“6+6”模式：按照“双百工程”目标，每个社区至少打造6个文化工作室和6个社团，对缺乏场地和资金、有发展前景的社会组织，在政策咨询和人员培训、项目指导、能力建设、身份合法化等方面给予大力扶持，促进社会组织蓬勃发展）。

2. 发挥名人示范效应，实施社区“名人工程”

在通州区玉桥街道的社会组织活动中活跃着众多“草根领袖”，他们有“首都志愿服务终身成就奖”获得者聂兰英，北京市老有所为先进个人潘淑清，“五老带六小”工作室，发挥名人效应对增强社会组织吸引力、影响力、凝聚力起着至关重要的作用。

（四）健全保障机制，强化监督管理，优化社区社会组织发展环境

1. 实施奖励激励措施，建立科学的投入机制

专项资金支持。街道设立了社会组织发展资金、孵化基地专项资金，全部用于社区组织建设，大力发展社区社会组织。

组织评级奖励。连续三年对社区组织进行5A评级，评级奖励力度、范围不断加大，程序更加规范合理。分三步：一是规范了组织的日常管理档案模板；二是细化了评级标准；三是现场查验与小组综合评价相结合，进行综合评定，社区内以“志愿服务时间储蓄”“互助服务”“服务转换”等活动形式，优先服务于社会组织骨干及其成员；四是培育骨干力量。社会组织的骨干力量、负责人等领军人才在社区社会组织的发展中起着至关重要的作用，我们把培养“草根领袖”放在首要位置。通过举办社会组织负责人研讨会，参加“两新组织”培训会等提高社会组织负责人的组织能力，从而提高整个组织的规范化、制度化、民主化管理水平，引导社会组织自律。

2. 整合资源，聚合辖区优质力量

（1）整合场地资源。联合会、社区、社会组织、辖区共建单位等多方面力量，根据居民群众的意愿和各组织活动特点，整合资源、协

调场地，小办公、大服务，为组织无偿提供场地支持，创建社区社会组织工作室，按“六有要求”规范社区组织建设，使社会组织骨干工作有时间、有空间、有规范。

（2）整合服务资源。把社区服务商纳入社区社会组织，按照十大类项内容，登记汇总服务网点和项目建立社区服务便民菜单，使之成为解决问题和承担日常管理服务项目的支撑力量，以增强解决问题和提供服务的能力。

（3）融入科技手段。运用科技手段打造孵化基地。孵化搭建云平台，整合各类组织信息，形成基础数据支撑体系，促进网上业务的管理，规范管理组织的入驻。充分利用现代科技信息手段进行大规模的培训，特别是加强信息技术培训的应用，通过建立网上课堂、定期或不定期进行研讨会或演示等，提高社会组织员工信息技术应用水平。

3. 引入专业化，提升社会组织管理水平

（1）建立专业的社会组织孵化基地，促进社会组织健康发展。玉桥街道成为通州区首家街道级孵化基地，首批 15 个社区组织已陆续入驻，孵化基地与精品示范社区建设相互融合，同步推进，采取“政府扶持、社会参与、专业团队管理、公益组织受益”的运行模式，力争打造成“三个中心”政府购买服务受理中心、能力建设培训中心和社会组织培育孵化中心，使之具有培育、整合、提升、合作、展示等多种功能。

（2）引入专业社工组织入驻基地，加强社会组织进行日常管理并提供技术支持，同时辅导专职工作人员开展孵化基地的日常工作，培育和扶持社会组织持续、健康的发展。特邀“三社一体化”的社区自治专家汪文新老师、北京红枫妇女心理咨询服务中心首席心理专家刘凤琴老师等知名专家为社会组织开展专业培训。

（五）培育社会组织，全面推进社会治理创新

1. 居民需求得到进一步满足。社会组织类别多样，服务广泛，服务于不同群体的多样化需求。

2. 社会组织的桥梁纽带作用得到提升。在促进社会组织自我运作的同时，进一步增强社会责任，体现社会价值。与此同时，以社会

组织的各项活动为纽带，吸引越来越多的居民参与，不断增强居民对社区的认同感、归属感，为提升社会动员能力创新了途径。

3. 促进了社会组织协作交流，社区管理服务有了新的活力。联合会整合社区内有利于社会组织建设和发展的人、财、物等各项资源，互相学习，互相交流，发挥优势，为提升竞争力提供了有力的指导和扶持。

4. 培育了一批品牌组织和带头人，拓宽了服务领域和功能。例如十姐妹工作室，不仅是楼门文化的创作团队，还扩展了助老服务、社区服务、文化作品自创等多种功能，提升了社会组织外部形象和内部发展空间。

5. 推动了社区民主自治新进展。联合会的建立，聚合了社区优秀社会组织资源，提高了组织成员的民主素质，影响了社会成员民主意识，促进了政府职能的转变。充分发挥社会组织社区自治的职能，能够化解社会矛盾，协调社会利益，规范社会成员的行为，通过自治行为，社会工作效果更加有效。

6. 提升了社会动员能力，社会动员有了新形式、新途径、新探索。

第三节　社区社会组织发展的主要困境

一　官民二重性的发展困境

研究制度变迁的著名学者道格拉斯·诺斯认为一种制度的选择实际上是人们依据原有的制度，以及原有制度规定的行动模式来做出的，如同物理学中的“惯性”，一旦在一个发展路径很可能是依赖，即路径依赖理论，这一理论也可以解释社区社会组织的发展路径。从社区制度与组织变迁的角度来看，我国的经济改革路径和社区治理方式与西方国家不同，我国的经济体制改革并不是简单地废除原有体制，开放市场，通过完全自由竞争来建立完善的市场体系，社区治理也并不是彻底抛弃传统的组织制度，重新构建与市场经济相应的社区组织结构，而是依托现有的经济结构、组织结构，在原有的组织制度基础上来创新，因此，单位制对社会组织管理制度的影响仍然很大，上面所说的社区社会组织管理的官民二重性即是这一制度的直接产物。一方面，很多社团的建立是由政府或相关部门倡导，由政府扶持，自上而下地建立，对这些组织的管理渗透了政府力量，导致很多时候是政府办社团，而且在政府与社会组织之间缺乏一个“枢纽”性平台，来调节二者之间的关系，使得社会组织成为“第二政府”，法律上受政府组织的领导，但实际上这些组织的关系又挂靠在业务部门，这样的双层行政管理模式使社区社会组织的草根性失去了实质意义，在开展活动时，经常因为资金审批、资格认证、人员调配、税收缴纳等问题受到行政干预，使社会组织不仅无法起到弥补政府服务和市场服务不足的作用，而且也无法发挥政府与社区居民之间的桥梁作用。

二 合法性困境

按照哈贝马斯（1989）的观点，合法性是指一种政治秩序被承认和事实上的被承认，还有学者（Jean-Marc Coicaud）从赞同、规范和法律三个方面概括了政治的合法性，合法性对于社会组织的存在和实践来说，意味着一种被“承认的政治”（查尔斯·泰勒：1994）。社区社会组织的合法性是国家、政府部门，以及公民的承认与认同，因此，合法性是社会组织开展社区服务，参与社区治理的法理基础，更重要的是这种认同和承认是与授权社会组织开展活动相关联的，关系到这些组织能否获得在社区开展活动的资源并获得居民支持和参与的社会合法性，但是目前社会组织恰恰处于一个非常尴尬的境地。首先，除了正式社会组织之外，还有很多组织未经登记，根据《社会团体登记管理条例》，这些社会组织在法律上不具备展开社区服务活动的合法性，属于“非法民间组织”，而其中一些组织实际上是和居民日常生活结合紧密的组织，但是这些组织不仅面临获取政府默认或许可的问题，而且在居民当中认同度、信任感不高，导致它们无法开展活动。其次，社会组织的规范性较差。具有合法性或半政府性的社团组织具有相对明确的管理体系和服务标准，但对于很多民间社团，或者是更小的社区服务组织，缺乏规范化的服务体系，很多组织在服务目标、服务规模、服务项目、服务质量标准上没有明确规定，内部管理混乱，没有约束机制，这导致民间组织在开展活动时，具有随意性，社区社会组织的公益性和服务性难以展现。

三　实际运作中的困境

上面两个原因直接导致社区社会组织在实际的社区服务中遇到不少困境。首先就是经费困境。由于各种社会组织的不同，资金来源会有很大的不同，社会组织的一般性资金主要来自政府的资金，有自筹资金、募捐或社会捐赠，在制度上没有税收机制的一套完整的长效投资机制和合理的社会组织活动，在社区里大多是自愿的社区组织，没有专项资金，在经费上对政府行政部门有较强的依赖性，但来自政府、企业和国际基金的资助不能及时到位，它们开展活动需要的场地、设备也是自筹资金租赁或购买，常常是捉襟见肘，特别是一些完全公益性质的组织，经费得不到支持而难以为继，无法保障工作开展的长久性和连续性。

其次是社会组织的管理问题。由于社会组织具有非政府性、志愿性，而且社区社会组织并没有制度化，政策上也缺乏详细明晰的规定和完善的管理体系，这就导致社会组织在管理上的混乱。一方面，从政府对社会组织的外部管理上来看，由于存在着双层管理，导致责权不明，政出多门，缺乏监督机制，社区社会组织准入制度，以及审批、登记和准入程序都很不完备。另一方面，从管理性质上来看，目前对于社会组织的管理偏于行政控制，为树立政府的权威，社会组织的相关规划在《社会团体登记管理条例》和《民办非企业单位登记管理暂行条例》中有所说明，而对于社会组织如何在具体的活动中为居民提供服务，管理制度却较少涉及。

第四节 社区社会组织发展与社区治理机制

一 改善制度环境

按照西方学者的观点，第三部门、非营利性组织、志愿性组织或者是民间组织，无论是冠以何种名称，这一类具有共同性的志愿组织是一种介于国家权威和私人领域之间的非官方权威，它为公民开启了社会管理和公共事务的大门，具有公民社会的结构要素，社区社会组织同样具有公民社会的特点，因此，最有可能借以培育公民社会。目前社区社会组织发展的重要障碍之一就是改善不利于社区社会组织发展的制度环境。首先，应加快政社分离。杨雪东在论述治理时，将善治引入了公共管理的研究中，实际上，“善治”同样可以引入社会组织的管理，比如绩效管理、客户取向、激励机制再造等。政府可以采取一些措施促进这些目标的实现，如解除管制、招标、采购公益服务、提供公益服务机会，或者民营化等，政府对社会组织的管理职能由“掌舵”（决策）向“划桨”（提供服务）过渡，政府管理部门关注的焦点也应该是如何有效地促进政府与社会组织，以及社会组织之间的互动，创造促进社会组织发展的协作机制。根据斯托克的观点，协作的复杂性不一定需要使用一个层次结构的命令，它也可以采取其他的选项，如监管，通过市场签订合同，以回应利益的联合，发展的忠诚度和信任，等等。[①] 认识到政府在社区服务中的性质能够使我们更好地理解社区治理的过程，并将注意力从以控制和行政管理为主的模式转向社区层面的多种组织及如何在它们的环境中发生相互作用。其次，在具体的实践中，行政管理部门可以利用便利的信息收集或意见反馈渠道，在人员、经费、设施方面给社会组织提供保障，减少多头管理带来的低效管理，建立良好的服务机制，通过政府采购服务向社区社会组织传递一些社区服务功能，以帮助建立社区公共交流平

① ［英］杰瑞·斯托克：《地方治理研究：范式、理论与启示》，《国家行政学院学报》2006 年第 3 期。

台，帮助建立社区公共沟通平台，促进社区社会组织的发展。

二　“枢纽型”社会组织的构建

社区服务站是在社区层面上政府建立的服务机构，旨在代理代办政府在社区的各类公共服务，并帮助居委会处理公共事务，提供便民利民服务等。社区社会组织一直处在外部多头管理和内部松散管理的两难境地，这既是体制性问题，同时也是社区社会组织先天的不足。弥补和改善这种不足除了变革体制和加强社会组织自身建设之外，其实找到一个合理的复合型治理模式是更为现实和可行的，也是见效最快的一种途径。莱斯特·萨拉蒙在强调新公共管理的作用时，认为新公共管理要求处在相互依赖情境之中的各种组织组成网络体系，在共同目标下将多元的利益相关者凝聚起来。这种联合能够让所有的人参与解决问题，构建一个公共价值环境，而且还能够促进网络中各组织高效合作。

网络管理在很多方面都给社区社会组织建设带来深刻的启示。首先，北京市正在建设“枢纽型”社区服务站。换句话说，社区服务站就是网络中的节点，它作为政府与社会组织和居民之间广泛联系的桥梁纽带起到枢纽作用，通过政府职能转变为社会组织提供更多更好的公共服务；此外，通过扩大基层群众自治，减轻社区居委会的工作负担，通过社会工作者的培养提升社区服务社会化和专业化；其次，它可以将业务相近的社会组织联合起来，促进这些组织共同发展，为社会组织导航；最后，依照相关法律、法规承担业务职责，对社会组织的管理、服务起到助推作用，如充分发挥社会建设部门统筹协调的作用，在资金、场地、活动组织、协调各方关系等方面给社会组织提供便利，强化社区自治组织的基本功能。

三　社区社会组织要完善自身建设

加强组织的内部管理是社区发展社会组织的内因。一是要准确定位，明确组织的服务性、志愿性、公益性和自治性特征。二是要规范组织内部自律机制，建立组织民主管理程序，提高组织管理的透明度和公信度。三是加强组织人员的培训，提高参与人员的公民素质，增强专业化行动能力。

第五节　走向新的共治

从长远来看，社区社会组织参与社区治理的核心是一套更为复杂、更为动态的组织机构和行为主体。社区服务体系的核心工作是围绕社区党组织，促进自治组织发展；依托于社区服务站，与社区社会组织和驻区单位相联系，促进社区居民广泛参与其中。社区社会组织将在这种网络中，逐步完善自身，协同社区服务站，构建新的社区服务体系，在社区形成职能互补、互相合作、互惠共赢的新关系，共同促进和谐社会建设。

第七章　社区治理的个案研究

中国共产党的十八大报告提出作为中国特色社会主义社会管理体系的一部分，要形成全新的社会管理体制。在领导人对社会管理创新的有关论述中，加强基层社会治理，是提高国家综合治理能力的首要任务。中共中央总书记习近平同志指出，社会治理的重心在基层，只有基层基础实，工作才会实。但在特大城市基层社会治理实践中，普遍存在外来人口大量涌入，本地户籍人口老龄化与少子化以及人口空间布局大调整等问题，而现有的基层社会管理体制已经无法满足人口与社会发展的需要，亟须在城镇社区建设与居民治理的体制机制上作出相应变革，为社区服务提供更加充足的人力、物力支持，以便应对这些问题与挑战。因此，研究基层社区治理，是摸清社区服务、社区负担的底数，为社区减负相关政策的制定与出台提供基础性数据。

可以说，摸清当前城镇社区建设与居民治理中的突出问题，提升社会治理能力，事关我国特大城市当前和今后一段时期改革与发展的全局。为了更清晰地了解社区减负的底数，本章选取昌平区做个案研究。

第一节　昌平基本情况

一　社区、村基本情况

昌平区辖5个街道，15个镇，171个社区居委会，72个村民委员会。为深入调研，我们对昌平区2228名居民进行了问卷调查，并对天通苑南北街道、回龙观镇、霍营街道、城南街道、城北街道、北七家镇、东小口镇、南邵镇、沙河镇、十三陵镇，北四村等各科室负责人进行了座谈，并实地调研了亢山社区、中国政法大学社区、胡庄社区等28个社区（村）。

调研结果显示，昌平区的社区、村基本情况差异非常显著，详见表7-1、表7-2。

表7-1　**社区基本情况**

统计项目	单位	平均值	标准差
社区辖区面积	平方公里	10.1	43.6
社区辖区总人口	人	5385	3778
其中：流动人口	人	1957	1879
61岁及以上	人	858	1010
社区辖区总户数	户	1955	1289
其中：常住户	户	1543	1242
社区内特殊人员	人	48	108
其中：低保对象	人	3	5
下岗失业人员	人	16	40
残疾人	人	26	30
烈军属	人	2	7
孤寡老人	人	11	42
孤儿	人	0.05	0.26
社区矫正对象	人	1.29	1.73
社区内的县、乡两级党代会代表	人	0.85	1.2
社区内的各级人大代表	人	0.8	3.4
社区内的各级政协委员	人	0.06	0.24

表7-2　**村基本情况统计**

统计项目	单位	平均值	标准差
村民委员会辖区面积	平方公里	108.2	236
本村距离本县县城	公里	14.32	9.8

续表

统计项目	单位	平均值	标准差
本村距离本乡镇	公里	6.8	8.0
本村总人口	人	2455	5185
其中：户籍人口	人	864	626
外出务工人口（外出半年以上）	人	657	3292
户籍不在本地的人口（居住一年以上）	人	1511	3574
留守老人	人	40	110
留守儿童	人	27	92
留守妇女	人	56	207
人口年龄结构：17 岁及以下	人	231	513
18—60 岁	人	843	1332
61 岁及以上	人	315	754
村内特殊人员	人	42	31
其中：低保对象	人	7	9
残疾人	人	46	35
烈军属	人	6	17
孤寡老人	人	2.9	9
孤儿	人	0.04	0.2
五保户	户	0.3	0.47
社区矫正人员	人	1.6	2.3
2009—2014 年国家征用本村土地	亩	261.58	540.7
2009—2014 年以宅基地置换住房	亩	60.34	181.9
村内的县、乡两级党代会代表	人	2	1.26
村内的各级人大代表	人	1.69	1.0
村内的县级政协委员	人	0.02	0.15

注：平均值表示总体情况，标准差表示总体差异情况，标准差越大，说明这一指标区域内差异越大。

从上面的数据可以看出，171 个社区居委会、72 个村的辖区面积、辖区总人口、流动人口等差异性比较大，城乡社区内部的差异性非常显著。

二　调查的样本情况

本次调查男性占46.5%，女性占53.5%，年龄段25岁以下的为1.1%，26—35岁的为17.5%，36—45岁的为18.0%，46—55岁的为27.2%，56—65岁的为17.0%，65岁以上的为8.8%；政治面貌，党员为42.7%，群众为54.8%；文化程度初中及以下的为12.4%，高中（含中专）为38.8%，大专及以上为48.8%；所在单位性质国家机关的占3.6%，国有企事业单位占35.1%，民营私营合资单位占16.9%，基层群众组织及社会团体占21.0%，总体上，样本特征比较均匀，详见表7－3。

表7－3　**被调查城乡社区居民基本情况统计表**

基本情况	个案数（人）	所占百分比（%）	基本情况	个案数（人）	所占百分比（%）
性别			目前的职业		
男	1036	46.5	社区工作人员	604	27.1
女	1192	53.5	公司、企业商业服务业人员	332	14.9
年龄段			专业技术人员	102	6.1
25岁以下	24	1.1	公务员	36	1.6
26—35岁	388	17.5	在校学生	4	0.2
36—45岁	400	18.0	离退休人员	764	34.3
46—55岁	608	27.2	其他	352	15.8
56—65岁	604	17.0	目前任职情况		
65岁以上	204	8.8	社区党支部居委会成员	416	18.7
政治面貌			居民代表、居民小组长、楼长、单元长	416	18.7
党员	952	42.7	社区专职工作人员	222	6.6
共青团员	48	2.2	社区议事会社区事务监督机构成员	8	0.4
民主党派	8	0.3	社区内社会组织成员	144	6.5

续表

基本情况	个案数（人）	所占百分比（%）	基本情况	个案数（人）	所占百分比（%）
群众	1212	54.8	未担任社区内任何职务的居民	1096	49.1
文化程度			个人月收入		
初中及以下	276	12.4	500 元及以下	36	1.6
高中（含中专）	864	38.8	501—1500 元	36	1.6
大专及以上	1088	48.8	1501—2500 元	776	34.9
所在单位性质			2501—3500 元	812	36.4
国家机关	80	3.6	3501—5000 元	408	18.3
国有企事业单位	780	35.1	5001 元及以上	160	7.2
民营私营合资单位	376	16.9			
基层群众组织及社会团体	468	21.0			
其他	520	23.4			

第二节　城镇社区建设与居民治理的现状及其问题

一　城镇社区建设主要领导人

昌平区涉及 171 个社区居委会，73 个村民委员会。总体来看，社区（村）居委会主任是城镇社区建设与居民治理的重要主体，是社区建设的实际执行人。数据显示，居委会主任的年龄趋于老化，51 岁以上的占了 63.1%，离退休人员占了 34.3%，下岗失业人员占了 11.2%，大学毕业生只有 1.2%，社区专职工作人员也仅占 20.7%，文化程度大学本科的仅 22.8%，高中以下占了 22.8%，还有 28.2% 的居委会主任不住在本社区。从村委员会主任来看，51 岁以上的占了 36.2%，初中及以下文化程度的为 23.6%。可以说，从城镇社区建设的主要领导人来看，年龄结构、文化程度、人员来源、居住地点与推进社区治理能力现代化存在较大差距，详见表 7 - 4、表 7 - 5。

表 7－4　　昌平区社区居委会主任基本情况统计

	个案数	所占百分比		个案数	所占百分比
性别			来源		
男	71	41.5	离退休人员	58	34.3
女	94	55.0	下岗失业人员	19	11.2
无填答	6	3.5			
年龄段			复员退伍军人	4	2.4
30 岁及以下	4	2.3	大学毕业生	2	1.2
31—40 岁	16	9.4	社会招聘人员	13	7.7
41—50 岁	37	21.6	下派挂职（锻炼）	1	0.6
51—60 岁	77	45.0	社区专职工作人员	35	20.7
			其他	27	16.0
			无填答	10	5.9
61 岁以上	31	18.1	文化程度		
无填答	6	3.5	初中及以下	11	6.4
政治面貌			高中（含中专）	28	16.4
党员	145	84.8	大专	93	54.4
			大学本科	39	22.8
共青团员	1	0.6	是否居住在本社区		
群众	19	11.1	是	114	67.1
无填答	6	3.5	否	48	28.2
			无填答	8	4.7

表 7－5　　昌平区村民委员会主任基本情况统计

	个案数	所占百分比		个案数	所占百分比
性别			来源		
男	70	97.2	本村村民	69	95.8
女	2	2.8	乡镇下派干部	1	1.4
年龄段			其他	2	2.8
30 岁及以下	1	1.4	文化程度		
31—40 岁	12	16.7	初中及以下	17	23.6

续表

	个案数	所占百分比		个案数	所占百分比
41—50 岁	33	45.8	高中（含中专）	8	11.1
51—60 岁	20	27.8	大专	38	52.8
61 岁以上	7	8.4	大学本科	8	11.1
政治面貌			研究生	1	1.4
党员	65	90.3	是否连选连任		
共青团员	1	1.4	是	52	72.2
群众	5	6.9	否	20	27.8
无填答	1	1.4			

二　居民对城镇社区建设与居民治理的认识

（一）大多数人认同城镇社区建设和居民治理工作与本人关系密切

数据表明，认为城镇社区建设与居民自治和本人关系密切的为64.6%，一般的为20.7%，不密切的为14.7%。这说明大多数居民的主人翁意识较强。详见图7-1。

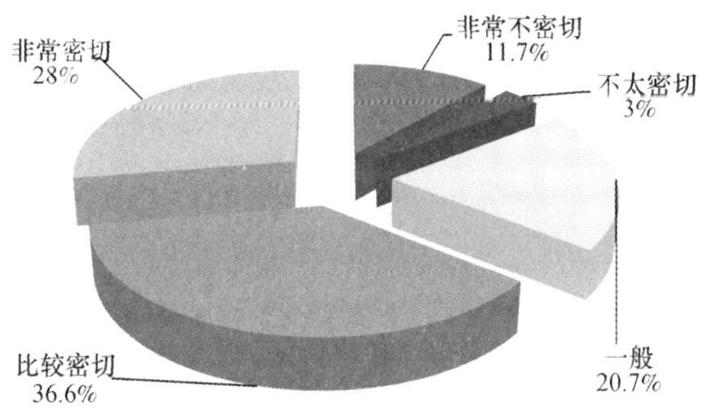

图7-1　城镇社区建设与居民自治和本人的关系

（二）对居民自治的权利的来源认识大多正确或比较正确

大多数人对居民参与基层群众自治的权利认识正确，数据表明，72.3%的居民认为居民参与基层群众自治的权利是法律规定的，但也有部分居民认识上存在偏颇，16.6%的居民认为是社区自行决定的，11.1%的居民认为是上级规定的。详见图7－2。

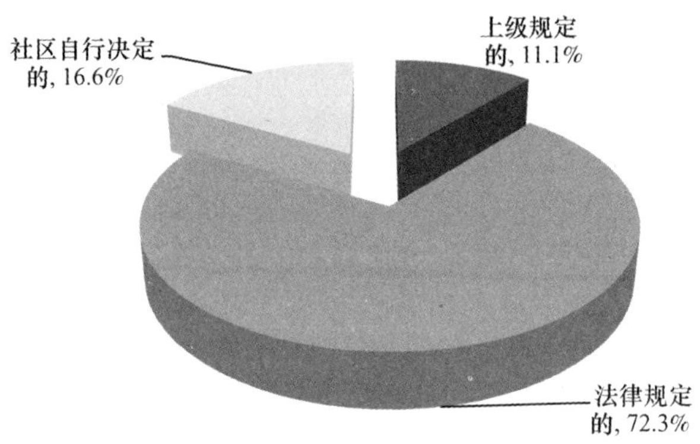

图7－2　对居民自治权利来源的认识

（三）对居民自治权利的认识正确或比较正确

在居民自治中，33.10%的人认为监督权最重要，选举权排在第二（27.6%），决策权排在第三（24.8%），管理权排在最后（14.5%）详见图7－3。

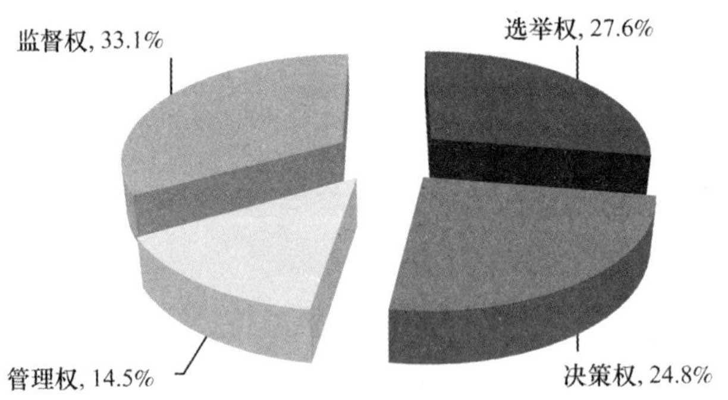

图7－3　对居民自治权利哪项权利最重要的认识

在居民自治中，对于城镇居民参与居民自治的途径的认识正确，如39.9%认为选举社区党支部人员不是城镇居民参与居民自治的途径；23.3%的认为参与城镇社区建设不是城镇居民参与居民自治的途径。详见图7－4。

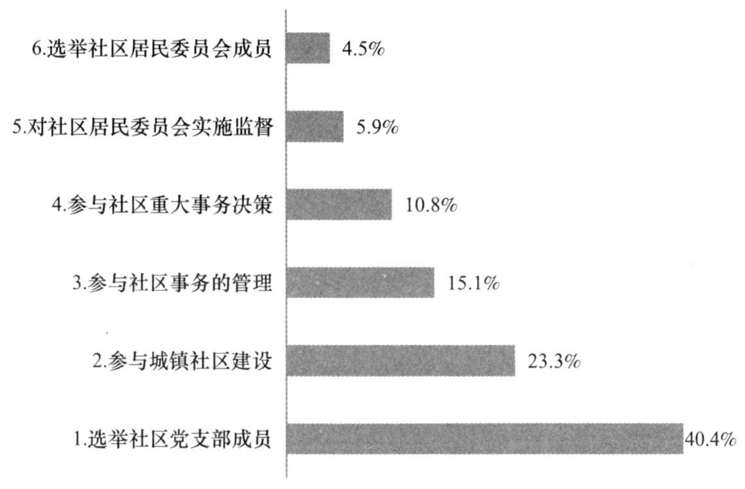

图7－4　对不是居民参与居民自治的途径的认识

（四）对居民委员会与各级组织关系的认识上存在偏颇

在居民自治中，一直以来，居委会是上级政府的“腿”的认识根深蒂固，基层人民政府及其派出机构与社区居委会的关系应当是指导关系，但仅有52.2%的居民认为应当是指导关系，有30.9%的认为应当是领导关系，14.9%认为是隶属关系，还有2%的认为没有关系。详见图7－5。

在对社区居委会与业主委员会的关系中，认为应当是平等合作伙伴关系的是68.8%，22.1%的认为是指导关系，5.0%的认为是领导关系，4.1%的认为没有关系。在对社区居委会与物业公司之间的关系中，74.5%的认为应当是平等合作伙伴关系，16.3%的认为应当是指导关系，4.3%的认为应当是领导关系，4.9%的认为应当没有关系。详见图7－6。

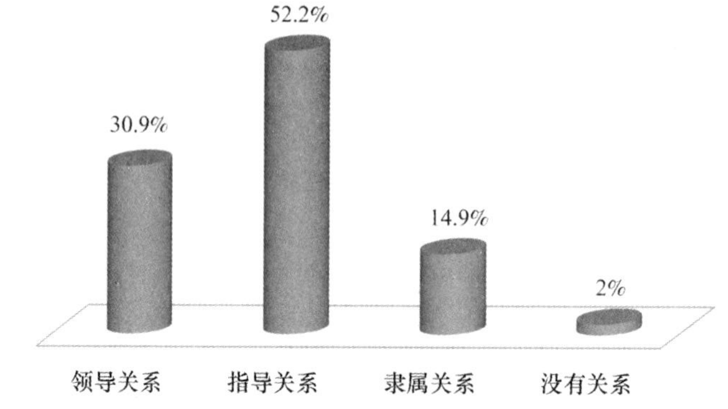

图 7-5　对基层人民政府及其派出机构与社区居委会的关系的认识

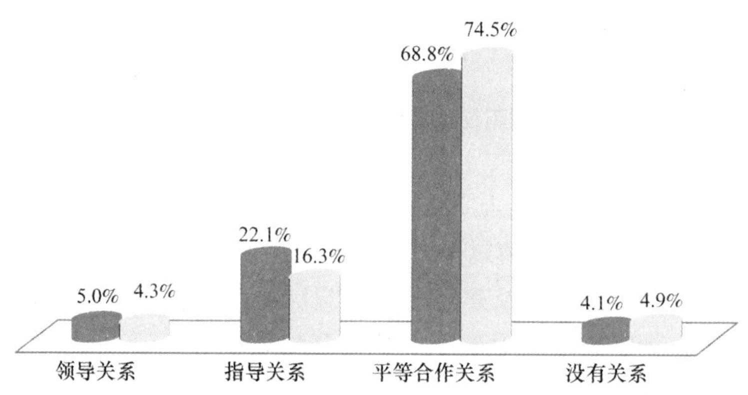

图 7-6　对社区居委会与业主委员会、物业公司“应当关系”的认识

（五）对居民委员会产生方式的认识大多比较正确

居民委员会产生的方式，应当是全体居民选举产生，是基层民主的真实体现。数据表明，按照《居委会组织法》的要求居委会应当由居民或居民代表选举产生的为 83.9%，7.5% 的认为应当由居民小组长选举产生，5.6% 的认为应当由街道办事处指定，还有 3.1% 的认为应当由社区党支部指定产生。详见图 7-7。

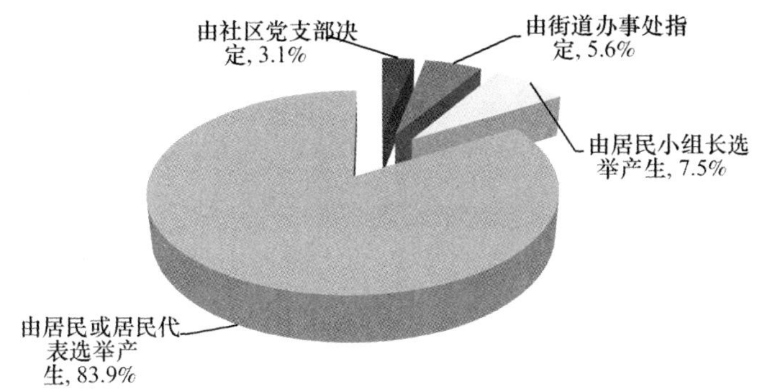

图 7－7　对社区居委会产生方式的认识

三　城镇社区建设与居民治理的参与程度

参与城镇社区建设与居民治理，涉及对社区人事物的认识，以及主动了解社区（村）的人事物，直至参与社区活动。

（一）对社区居委会干部和居委会工作情况的了解程度比较高

了解是参与的前提，也是参与的结果。对本社区居委会干部的了解程度，把“非常不了解”和“不太了解”合并为“不了解”，“非常了解”和“比较了解”合并为“了解”，数据显示，对本社区居民委员会干部的了解程度，不了解的仅占 6.2%，一般了解的占 23.8%，了解的占 70%。对居委会工作情况了解的 68%，不了解的占 9.3%，由此可见，社区居民对社区居委会干部和居委会工作情况的了解程度较高。详见图 7－8。

（二）居民代表、居民小组长的产生方式主要是居民推选

居民代表、居民小组长的产生方式直接决定了基层民主的方式方法，是社会主义基层民主的最生动的体现。数据显示，无论是居民代表，还是小组长的产生方式，均以居民推选为主，户代表推选第二，居民小组（单元、楼）推选第三。详见图 7－9。

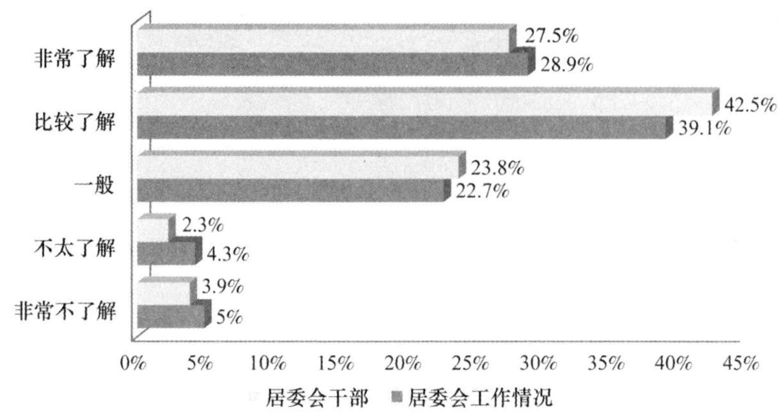

图7－8　对居委会干部和居委会工作情况的了解程度

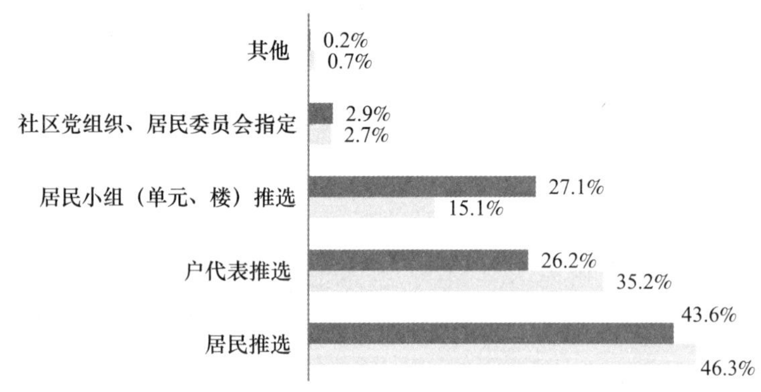

图7－9　对居民代表、居民小组长产生方式的认识

（三）居民参与城镇社区建设与居民治理形式丰富

居民参与城镇社区建设与居民治理，形式丰富多样，如有79.9%的居民听取过社区居委会的年度工作报告，74%的居民或居民的家人参加过居民会议或居民代表会议，73.6%的居民参加过社区党支部、居委会成员的民主评议，66.8%的居民参加过本社区举办的居民论坛民主恳谈会等活动，66.2%的居民向社区干部提过意见和建议，有35%的居民向政府部门反映过本社区的问题，有33%

的居民曾经自荐过社区居委会成员、居民小组长、居民代表。详见图7－10。

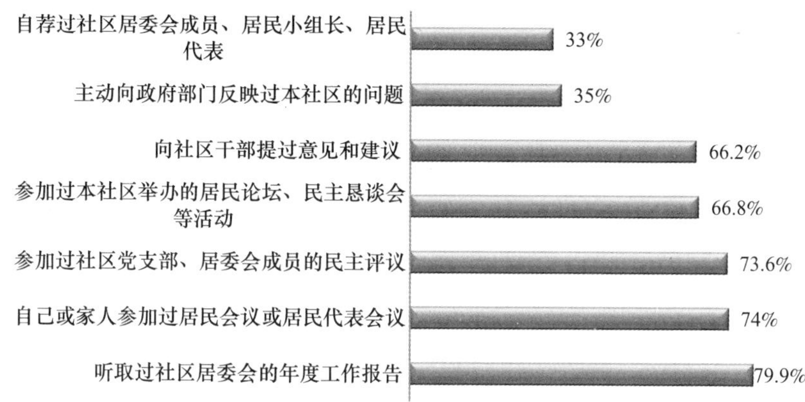

图7－10 社区居民主动参与居民自治的活动情况

（四）上级部门及社区居委会为居民参与积极创造条件

在城镇社区建设与居民治理方面，举办过居民论坛、民主恳谈会等活动的社区占75.4%，建立了社区事务监督机构的社区占74.8%，为推进社区建设，政府部门在社区举行过与社区建设有关的听证会的占47.4%。总体上讲，政府有关部门和社区自身在推动城镇社区建设和居民自治活动中，采取了形式多样的各种活动，为居民参与社区治理、增进社区自治知识提供各种便利条件。

（五）社区居民主要关注的社区问题是环境卫生、公共安全和居民的基本社会保障

根据社区的实际情况，关心的主要问题，排在第一位的是“环境卫生”，为41.7%，排在第二位的是“公共安全”，为23.5%，排在第三位的是“居民的基本社会保障”，为10.4%。详见图7－11。

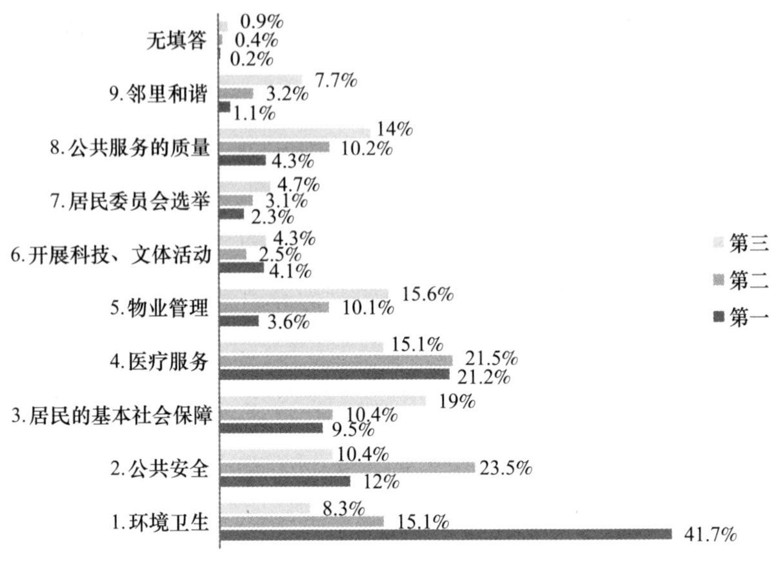

图 7－11　居民对城乡社区主要问题的关注度排序

（六）大部分城乡社区建立了社区（村）事务监督机制

74.8%的社区建立了社区事务监督机构，56%的居民认为社区事务监督机构应当向社区居民会议和居民代表会议负责；23.2%的居民认为应向上级政府或街道办事处负责，15.8%的人认为应对社区居民委员会负责，3.6%的认为应对社区党支部负责。

（七）居民对城镇社区建设参与程度较高

居民参与社区事务，主要是参与居委会选举、居委会的年度报告工作会议、社区党支部居委会（简称“两委”）成员评议会、社区举办的民主论坛民主恳谈会等。数据表明，76.3%的居民参加了社区最近一次的居委会选举工作，74%的居民参加过对社区党支部成员、居民委员会成员的民主评议，67.2%的居民参加过本社区举办的居民论坛，民主恳谈会等活动。详见图 7－12。

（八）居民对社区信息的了解主要依赖传统媒体

居民了解社区信息的主要途径，排在第一位的是“社区公开栏”，为83.1%，排在第二位的是“住宅门口或楼道的通知、告示等”，为

58.5%，排在第三位的是“社区干部的宣传”，为37.0%。可见社区公开栏对社区居民了解社区信息至关重要。可以说，当前社区居民了解社区信息的主渠道依然是传统的宣传媒体。详见表7-6、图7-13。

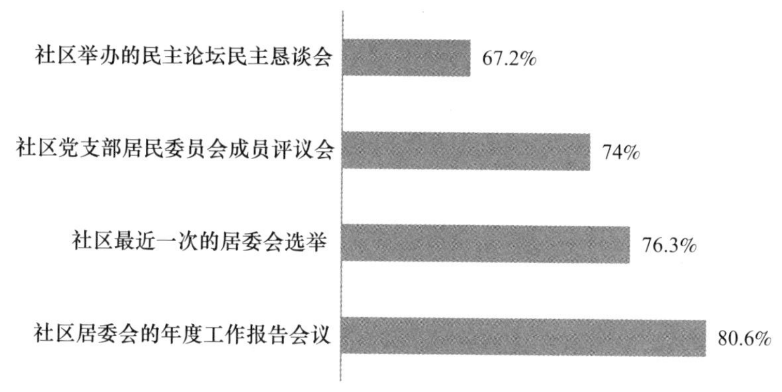

图7-12　社区居民对社区事务的参与程度

表7-6　居民了解社区信息的主要途径　(%)

社区信息的主要途径	第一	第二	第三
1. 社区公开栏	83.1（1852）	8.1（180）	4.1（92）
2. 住宅门口或楼道的通知、告示等	5.7（128）	58.5（1304）	14.9（332）
3. 社区干部的宣传	4.8（108）	14.4（320）	37.0（824）
4. 社区网站	2.2（48）	10.8（240）	5.4（120）
5. 熟人相互告知	1.4（32）	4.1（92）	10.6（236）
6. 居民代表、居民小组长等告知	1.8（40）	2.5（56）	24.4（544）
无填答	0.9（20）	1.6（36）	3.6（80）

注：括号内为个案数。

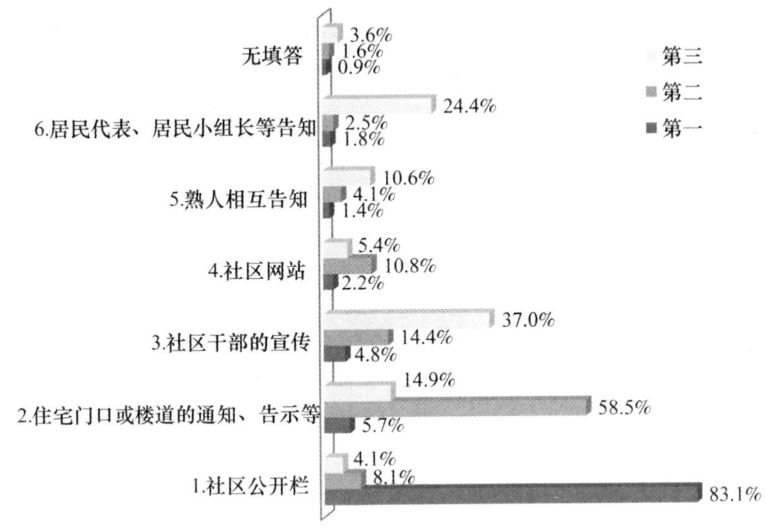

图 7－13　居民了解社区信息的主要途径排序

（九）发展城镇社区建设与居民自治应重点解决经费、公共服务不足，下派任务过多的问题

发展城镇社区建设和居民自治问题，应主要解决的排在第一位的问题是解决“社区建设和居民自治的经费不足问题”，排在第二位的是解决“社区建设无法满足居民公共服务需求问题”；排在第三位的是解决“社区承担上级下派的任务过多的问题”。详见表7－7、图7－14。

表 7－7　发展城镇社区建设与居民自治，应重点解决的问题排序　（%）

应重点解决的问题	第一	第二	第三
1. 开展社区建设和居民自治经费不足	37.9（844）	22.8（2032）	9.5（212）
2. 社区建设无法满足居民公共服务需求	11.3（252）	29.3（652）	21.5（480）
3. 社区承担上级下派的任务过多	13.8（188）	14.9（332）	25.5（568）
4. 党支部与社区居民委员会的关系不清晰	9.7（216）	0.7（16）	0.2（4）
5. 乡镇、街道与社区组织的关系未理顺	5.6（124）	5.9（132）	3.8（84）
6. 居民大会和居民代表会议难以发挥作用	7.9（176）	3.8（84）	3.1（68）

续表

应重点解决的问题	第一	第二	第三
7. 社区干部的工作作风和腐败问题	3.8（84）	2.7（60）	1.1（24）
8. 居民论坛、社区听证会等的实效性差	0.7（16）	2.9（64）	4.5（212）
9. 居民对社区建设与居民自治关心不够	3.4（76）	6.8（152）	12.6（280）
10. 业主委员会与物业公司、开发商的矛盾	3.6（80）	4.7（104）	10.8（240）
无填答	2.3（52）	5.6（124）	7.5（168）

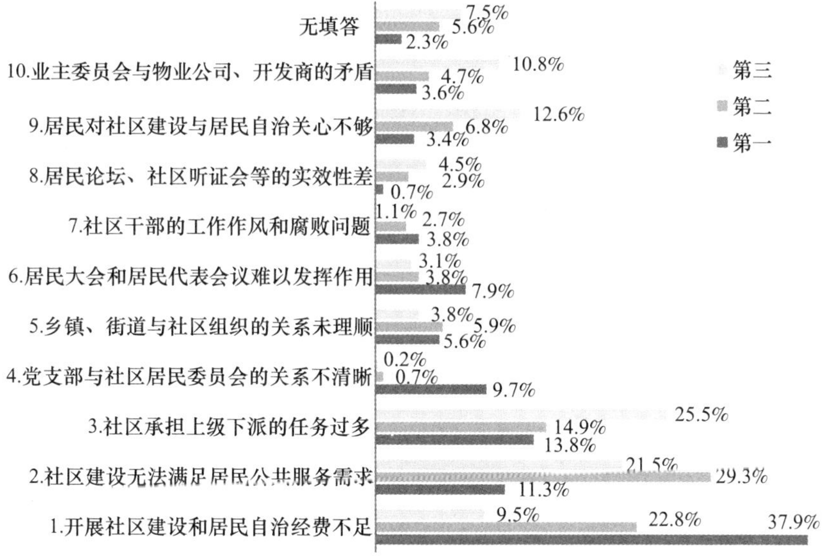

图 7-14　发展城镇社区建设与居民自治，应重点解决的问题排序

四　城镇居民对选举的关注情况

居民的政治意识普遍不高，相对而言，对“居民委员会”（村民委员会）选举关注度较高，排在第二位，占 39.1%，排在第一位的是“中国共产党各级组织的选举”，占 41.7%，排在第三位的是“各级国家机关领导人员选举”，占 21.9%。详见表 7-8、图 7-15。

表 7 – 8 对各级选举的关注排序 （%）

选举类型	第一	第二	第三
1. 中国共产党各级组织的选举	41.7（928）	11.5（256）	8.3（184）
2. 居民委员会（村民委员会）选举	39.1（872）	28.9（644）	14.7（328）
3. 各级国家机关领导人员选举	8.8（196）	12.4（276）	21.9（488）
4. 全国、省级、市级人大代表选举	5.2（116）	16.0（356）	14.9（332）
5. 县级人大代表选举	0.9（20）	10.4（232）	13.3（296）
6. 乡镇人大代表选举	2.9（64）	15.8（352）	18.0（400）
无填答	1.4（32）	5.0（112）	9.0（200）

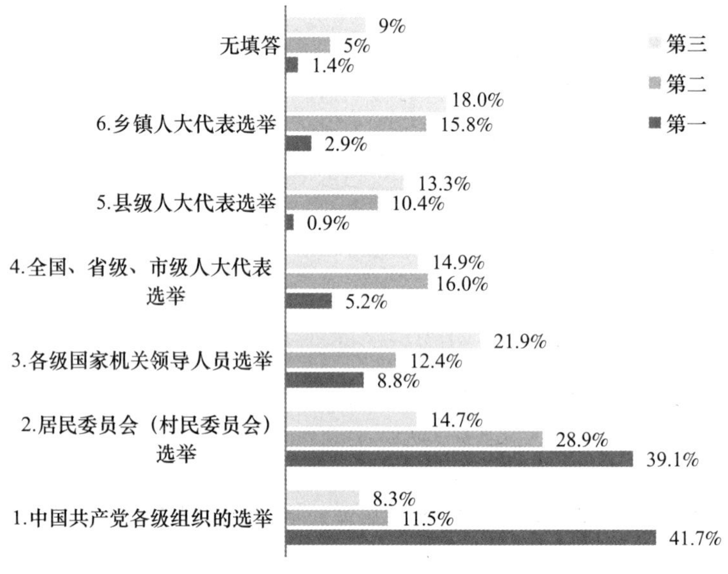

图 7 – 15 对各级选举类型的排序

五 城镇居民对城镇建设与居民治理的评价

（一）对社区居委会、党支部工作内容的满意度较高

总体来讲，社区居民对社区居委会的工作内容满意度比较高，均在 87% 以上，其中，落实各种政策，完成上级任务的满意度指数为 92.66%；调解邻里纠纷，人际关系和谐的满意度指数为 92.06%；

听取意见和建议，接受监督的满意度指数为91.72%，居务公开和民主管理的满意度指数为91.04%，提供便民服务的满意度指数为89.06%，保障社区安全的满意度指数为88.0%，优化社区环境的满意度指数为87.06%。详见表7-9、图7-16。

表7-9　**对社区居民委员会工作的满意度评价**　(%)

工作内容	非常不满意	不太满意	一般	比较满意	非常满意	满意度指数
1. 落实各种政策，完成上级任务	0.7	0.2	6.6	20.1	72.4	92.66
2. 调解邻里纠纷，人际关系和谐	0.7	0.2	5.7	24.4	68.9	92.06
3. 听取意见和建议，接受监督	0.5	0.7	7.2	22.4	69.1	91.72
4. 居务公开和民主管理	0.9	0.7	7.7	23.7	67.0	91.04
5. 提供便民服务	0.7	0.8	9.7	28.5	60.3	89.06
6. 保障社区安全	0.9	2.5	9.5	29.4	57.6	88.0
7. 优化社区环境	2.0	1.6	9.5	32.9	54.0	87.06

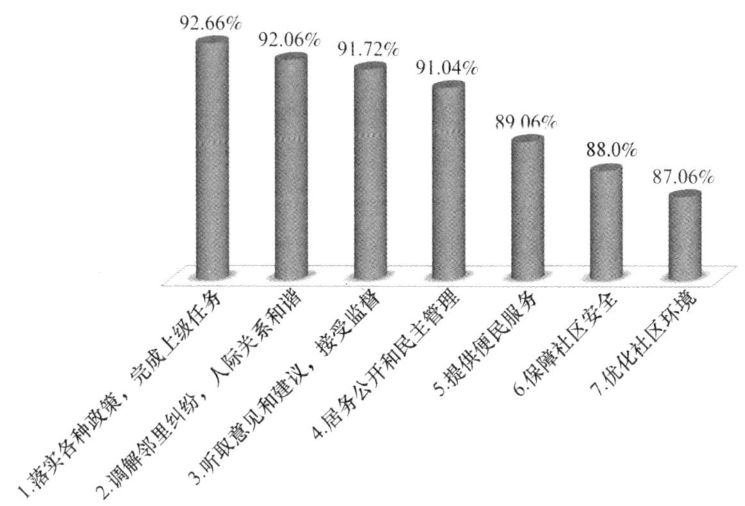

图7-16　对社区居委会工作内容的满意度指数

社区居民对社区党组织的工作评价满意度较高，总体在90%以上。其中对完成上级党组织和上级政府的各项任务的满意度指数为95.14%，认真听取居民的意见和建议的满意度指数为92.22%，领导和支持居民委员会行使职权的满意度指数为92.06%，党员发展和党组织建设的满意度指数为90.86%，做居民的思想政治工作的满意度指数为90.32%。详见表7－10、图7－17。

表7－10　**对社区党组织工作的满意度评价**　（%）

工作内容	非常不满意	不太满意	一般	比较满意	非常满意	满意度指数
1. 完成上级党组织和上级政府的各项任务	0.5	6.0	5.6	19.6	73.6	95.14
2. 认真听取居民的意见和建议	0.5	1.5	4.8	22.8	70.4	92.22
3. 领导和支持居民委员会行使职权	0.5	0.5	6.5	23.2	69.3	92.06
4. 党员发展和党组织建设	1.1	0.5	7.2	25.9	65.4	90.86
5. 做居民的思想政治工作	1.6	0.7	7.2	25.5	65.0	90.32

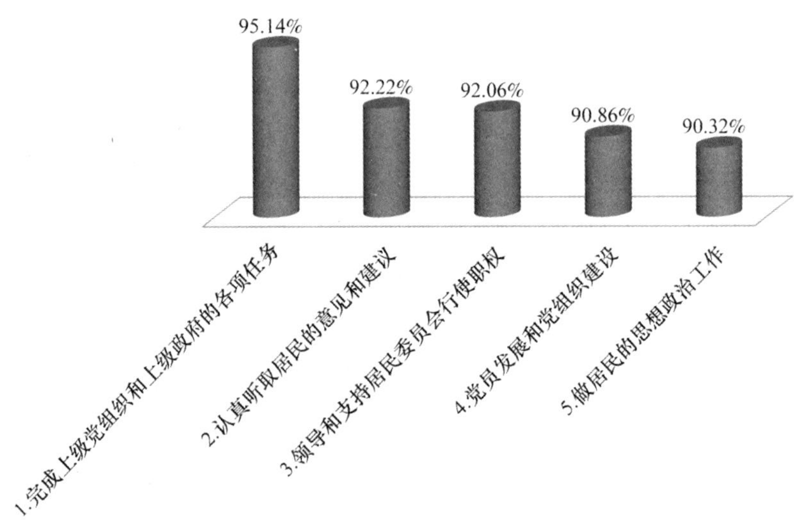

图7－17　对社区党组织工作满意度评价指数

（二）对当前“六大建设”的关注度大于满意度

在当前的“六大建设”中，居民最关注的是社会建设（51.0%），排在第二位的是生态建设（19.4%），第三位的是文化建设（12.6%），第四位的是政治建设（8.6%），第五位的是经济建设（5.2%），第六位的是党的建设（3.2%）。但对“六大建设”的满意度的评价指数来看，基本上相反，对六大建设的满意度排在第一位的是党的建设，满意度指数为88.5%，第二位的是文化建设，满意度指数为86.74%，第三位的是政治建设，满意度指数为86.28%，第四位的是生态建设，满意度指数为83.68%，第五位的是社会建设，满意度指数为82.44%，第六位的是经济建设，满意度指数为82.4%。由此可见，社区应加大社会建设和生态建设的力度。详见图7－18、表7－11、图7－19。

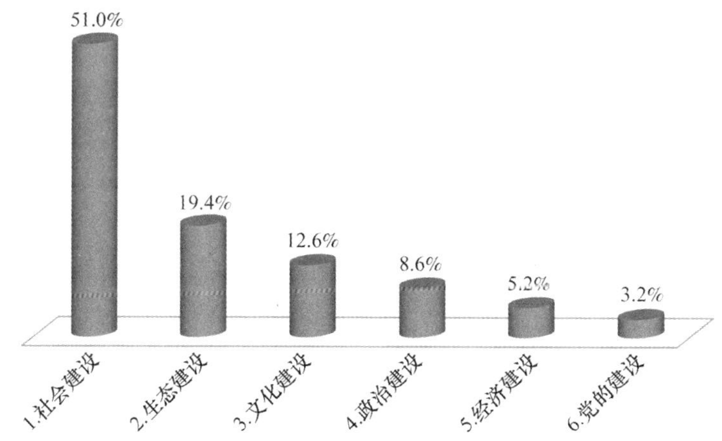

图7－18　对当前“六大建设”的关注度

表7－11　社区居民对当前“六大建设”的满意度评价　（%）

六大建设	非常不满意	不太满意	一般	比较满意	非常满意	满意度指数
1. 基层党组织建设（党的建设）	0.9（20）	0.9（20）	9.7（216）	31.8（708）	56.7（1264）	88.5

续表

六大建设	非常不满意	不太满意	一般	比较满意	非常满意	满意度指数
2. 发展社区文化（文化建设）	0.5（12）	1.1（24）	12.9（288）	35.2（784）	50.3（1120）	86.74
3. 发展基层民主（政治建设）	1.3（28）	1.3（28）	12.0（268）	35.5（792）	49.9（1112）	86.28
4. 加强社区环境保护（生态建设）	1.3（28）	3.4（76）	14.5（324）	37.2（828）	43.6（972）	83.68
5. 提高居民社会保障水平（社会建设）	1.4（32）	3.1（68）	17.9（400）	36.6（816）	40.9（912）	82.44
6. 完善市场经济秩序（经济建设）	0.4（8）	4.1（92）	16.5（368）	41.1（1152）	37.9（844）	82.4

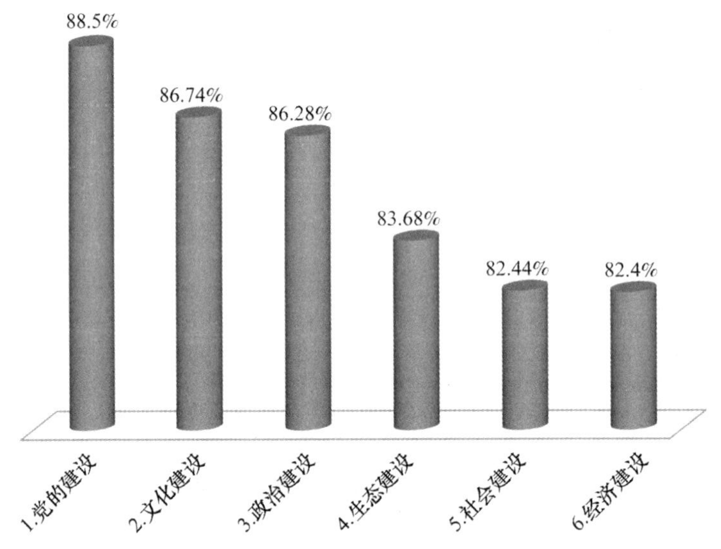

图 7-19　社区居民对当前“六大建设”满意度评价指数

（三）当前社会建设情况总体上需大力加强

从城市社区的社会建设情况来看，总体上不高。社区内社会建设最缺少的是幼儿园等服务设施，养老保障设施，医疗服务设施，数据显示，有幼儿园、托儿所等儿童服务设施的仅占52.0%，有老人日间照料设施的仅占33.9%，有医疗服务站的社区仅占33.1%，有小学的仅占24.6%，详见表7－12。

表7－12　**当前城市社区社会建设的情况**　(%)

统计项目	是	否	无填答
社区内是否建立了社区服务站（中心）	87.7	11.1	1.2
社区内是否建立了信息化管理和服务平台	87.1	12.3	0.6
社区内是否有室外文体活动场所	84.1	14.7	1.2
社区内是否有图书馆（室）	80.1	18.1	1.8
社区服务站（中心）是否推行了“一站式”服务	79.5	17.5	2.9
社区内是否有劳动保障中心（所、站）	71.9	23.4	4.7
社区内是否有社区警务室	64.3	31.0	4.7
社区内是否有幼儿园、托儿所等儿童服务设施	52.0	44.4	3.5
社区内是否有老人日间照料设施	33.9	62.0	4.1
社区内是否有社区医疗服务站	33.1	62.0	4.7
社区内是否有小学	24.6	71.9	3.5

从农村社区建设情况来看，当前农村社区建设最为薄弱的环节是教育、医疗、养老等服务设施，有医疗服务站的仅占34.7%，有小学的仅占29.2%，有幼儿园、托儿所等儿童服务设施的仅占22.2%，有养老院的仅占4.2%。详见表7－13。

表7－13　**当前农村社区建设情况**　(%)

统计项目	是	否	无填答
本村是否推行了新型农村合作医疗	91.7	1.4	6.9
本村是否推行了新型农村养老保险	90.3	1.4	8.3
本村是否有图书馆（室）	79.2	9.7	11.1
本村是否有室外文体活动场所	77.8	11.1	11.1
本村是否建立了社区服务站（中心）	69.4	11.1	19.4

续表

统计项目	是	否	无填答
本村是否建立了信息化管理和服务平台	66.7	15.3	18.1
农村社区服务站是否推行了“一站式”服务	63.9	16.7	19.4
本村是否有警务室	62.5	22.2	15.3
本村是否建立了劳动保障中心（所、站）	37.5	34.7	27.8
本村是否有社区医疗服务站	34.7	36.1	29.2
本村是否建立了社区服务热线	33.3	40.3	26.4
本村是否有小学	29.2	50.0	20.8
本村是否有幼儿园、托儿所等儿童服务设施	22.2	55.6	22.2
本村是否建立了社会捐助站点	12.5	59.7	27.8
本村是否建立了社区慈善超市	4.2	65.3	30.6
本村是否有养老院	4.2	75.0	20.8

综合上面的数据来看，当前城乡社会建设的力度需要大力加强，老有所养、病有所医、学有所教在部分社区仍然很难得到满足。

六　城镇居民对城镇社区建设与居民自治的意见

（一）对社区干部意见的表达方式理性文明

数据表明，社区居民对本社区居委会干部了解程度比较高，所以对社区干部有意见，采用表达自己意见的方式，非常直接。数据表明，对社区干部意见的表达方式排在第一位的是“找居民委员会干部谈话”，占52.1%，排在第二位的是“社区开会时发言提意见”，占41.7%，排在第三位的是“向政府有关部门（包括信访部门）反映”，占25.7%。详见表7－14、图7－20。

表7－14　**对社区干部意见的表达方式**　（%）

表达意见的方式	第一	第二	第三
1. 找居民委员会干部谈话	52.1（1160）	23.2（516）	9.0（200）
2. 社区开会时发言提意见	13.3（296）	41.7（928）	19.4（432）

续表

表达意见的方式	第一	第二	第三
3. 向政府有关部门（包括信访部门）反映	15.8（352）	13.1（292）	25.7（572）
4. 向人大代表和政协委员反映	10.1（224）	0.7（16）	3.8（84）
5. 找熟人或与其他人相互议论	4.5（100）	6.1（136）	5.0（112）
6. 向媒体反映	—	0.5（12）	1.4（32）
7. 在互联网上发表意见	0.7（16）	2.7（60）	4.1（92）
8. 选举时不选他们	2.5（56）	5.4（120）	18.0（400）
9. 联合居民罢免他们	0.2（4）	0.5（12）	2.0（44）
10. 组织集会、游行和抗议活动	—	—	0.2（4）
无填答	0.9（20）	6.1（136）	11.5（256）

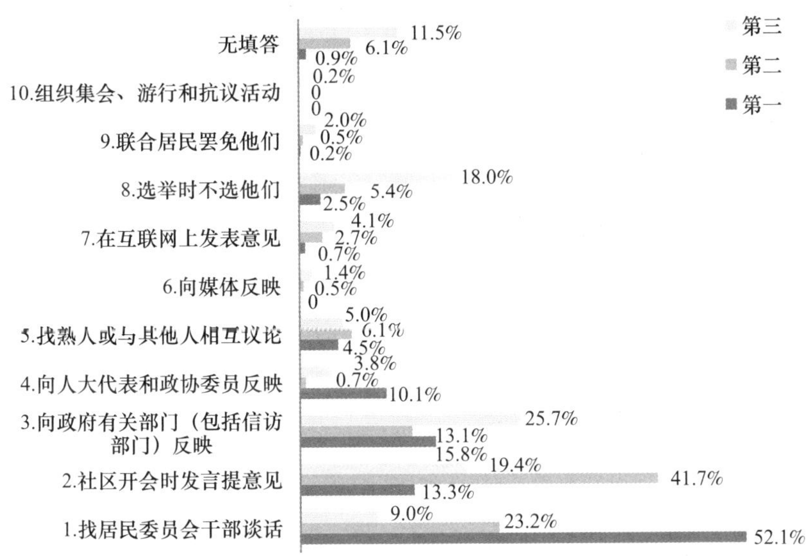

图 7－20　对社区干部有意见采取的表达方式

（二）城乡居民对社区干部评价最高

对社区内各种群团组织和各种有社会影响的人物的评选中，在居民眼里，社区最有威信的人，排在第一位的是社区干部，排在第二位的是热心的志愿者，排在第三位的是社区民警。事实上，这三类人也是社区里与居民打交道最多的人，也是办实事最多的人，因而最受居民喜爱。详见表7－15、图7－21。

表7－15 **本社区最有群众威信的人排序** （%）

最有群众威信的人	第一	第二	第三
1. 社区干部	76.8（1712）	12.6（280）	3.8（84）
2. 热心的志愿者	2.5（56）	21.2（472）	26.4（588）
3. 社区民警	7.2（160）	17.4（388）	23.9（532）
4. 人大代表和政协委员	3.6（80）	12.9（288）	4.3（96）
5. 老干部、老同志	6.6（148）	16.9（376）	8.8（196）
6. 业主委员会负责人	0.7（16）	5.7（128）	6.3（120）
7. 物业公司经理	0.9（20）	3.6（80）	4.5（100）
8. 群团组织负责人	0.7（16）	7.2（160）	18.0（400）
无填答	0.9（20）	2.5（56）	4.1（92）

注：括号内数字为个案数。

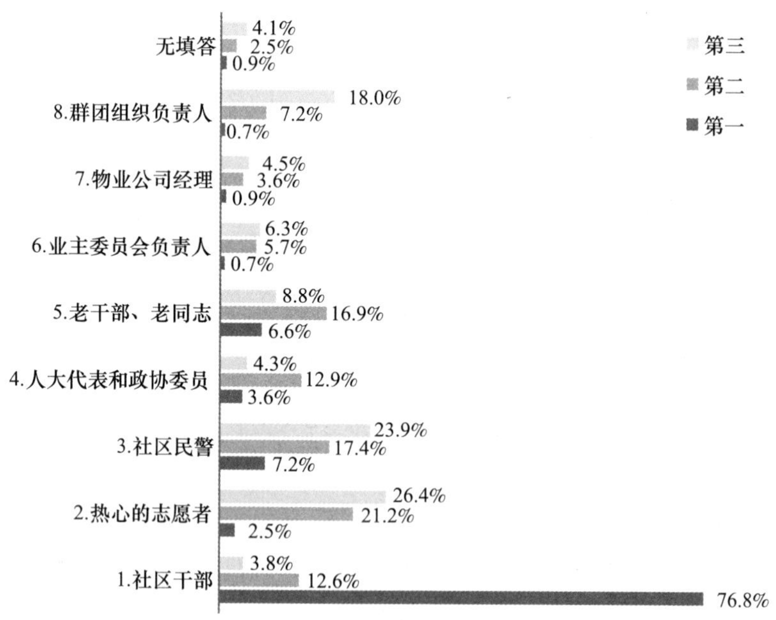

图7－21 社区最有群众威信的人

第三节　基本结论

一　认识有待进一步提高

城镇社区建设与居民自治，应该是在上级各部门的指导下，在社区党委和社区居民委员会的直接带动下，居民的自觉行动，但居民在对居委会的产生方式、社区事务监督机构、社区党组织与居民委员会的关系、基层人民政府及其派出机构与社区居民委员会的关系、社区居民委员会与业主委员会的关系、社区居民委员会与物业公司的关系、社区居民代表会议的职权等的认识均存在一定程度的偏差，需在进一步推进城镇社区建设与居民自治的过程中，进一步提高居民的思想意识，改变社区居民的观念。

二　主动性有待进一步提高

城镇社区建设与居民自治的好坏，直接关乎着居民福利水平的提高，但居民在对社区主要问题的关注度上，向政府部门反映本社区建设中的问题等事项上的积极性还有待进一步提高。

三　居民参与的条件有待进一步加强

政府部门在社区举行与社区建设有关的听证会的次数，社区居民召开座谈会、民主协商等活动的次数和居民委员会的年度工作会议报告会议次数对居民或居民代表、社区事务监督机制建设有待进一步加强。

四　对当前“六大建设”的关注度高于满意度

城镇社区建设涉及社区居民的方方面面的事情，是政治建设、经济建设、社会建设、文化建设、生态建设、党的建设在基层的生动体现。数据表明，城乡社区社会建设中的“学有所教、病有所医、老有所养”与居民的期望有一定的差距，其他建设方面也存在不少的差距，居民对当前“六大建设”的关注度普遍较高，但满意度普遍低于关注度，特别是在社会建设和生态建设上。因此，今后一段时间，加强社会建设和生态建设应是城乡社区工作的常态。

五　对“两委”工作的满意度指数比较高

社区党支部、社区居民委员会在社区工作的内容获得了居民的普遍赞誉，对“两委”工作的满意度普遍较高，一方面，说明城乡社区“两委”工作的实效性和针对性强；另一方面，说明城乡社区居民对“两委”工作的认可度高。

六　社区干部是建设城镇社区和进行居民自治的中坚力量

社区干部与城乡社区居民接触时间最多，是帮助社区居民解决困难的最贴心的人，因此，社区居民在向社区干部提意见时的方式都比较文明理性，并且一致认为，社区干部是社区最有威信的人。从这一角度来看，社区干部不仅过去是、现在是，将来也是建设城镇社区与居民自治的中坚力量。

第八章　社区减负与社区治理

第一节　社区减负与社区依法履职

多年来，站在社会治理最前沿、与百姓生活息息相关的社区，一直备受公众的关注、媒体的聚焦，但在社区负担越减越重、“小巷总理”不堪重负、社工“相顾无言”的现实情况下，许多地区开始探索新一轮社区减负的行动方案。从武汉到铜陵、从南京到宁波，方式方法虽有不同，但探索创新的共识却基本一致。作为居民自我管理、自我教育、自我服务的基层群众性自治组织，社区居民委员会为什么会有不能承受的工作之“重”呢?

随着中国经济社会的发展，社会和公众对公共服务的需求呈现不断增长趋势，而且多样化、复杂化，然而新时期我国社会公共服务需求的快速增长与供给严重短缺之间的矛盾，已经成为我国公共领域里一个新的问题，我国社区公共服务出现“总体水平偏低、发展不平衡、效率低、水平趋同”。为此，课题组对社区服务的总体情况进行了问卷调查。

一　社区服务基本情况

（一）社区居民迫切需要的公共服务项目

数据显示，目前社区居民认为最迫切需要的公共服务项目较多，其中排名前五项的分别是医疗保健服务（54.8%）、社区信息咨询服务（49.4%）、文体娱乐活动（45.9%）、城市绿化和环境保护服务（44.4%）、就业服务（36.1%）。详见表8－1。这和目前老龄化社会加速的现状相印证，人民对各种信息的需求，以及对健身服务的需求，城市广场舞的火爆从侧面说明了这一问题。

表 8－1　　社区居民迫切需要的公共服务项目

您认为您和您的家庭目前最迫切需要哪些社区公共服务？	频数	百分比（%）
1. 需要社区医疗保健服务	253	54.8
2. 需要社区信息咨询服务	228	49.4
3. 需要社区文体娱乐活动	212	45.9
4. 需要社区绿化和环境保护服务	205	44.4
5. 需要就业服务	167	36.1
6. 需要便民利民服务	147	31.8
7. 需要社会保障与社会救助服务	129	27.9
8. 需要社区养老设施和服务	115	24.9
9. 需要社区安全服务	63	13.6
10. 需要法律服务	47	10.2
11. 需要流动人口管理服务	25	5.4
12. 需要计划生育服务	18	3.9

（二）社区公共服务或设施的使用情况

调查数据显示，街道公共服务或设施使用较多的前五项为卫生保健服务站（61.7%）、社区活动中心（52.7%）、公共体育健身设施（42.2%）、社区治安站（38.8%）、便民利民服务点（36.8%）。详见表 8－2。

表 8－2　　街道公共服务或设施的使用情况

使用情况（服务项目或具体设施）	频数	百分比（%）
1. 是否使用过卫生保健服务站（所）	285	61.7
2. 是否使用过社区活动中心	241	52.7
3. 是否使用过公共体育健身设施	195	42.2
4. 是否使用过社区治安站（点）	179	38.8

续表

使用情况（服务项目或具体设施）	频数	百分比（%）
5. 是否使用过便民利民服务点	170	36.8
6. 是否使用过计划生育服务站	164	35.5
7. 是否使用过流动人口服务站	53	11.5
8. 是否使用过托老所	47	10.2
9. 其他	6	1.3
10. 以上都没有	3	6.5

（三）公共服务满足社区居民需求的基本状况

表8－3显示，认为公共服务完全能满足生活需要的占13.4%，较能满足需要的占22.3%，一般的占27.9%，不太能满足生活需要的占28.8%，完全不能满足需要的占0.9%。详见表8－3。

表8－3 **公共服务满足社区居民需求的状况**

您认为以上公共服务，多大程度上满足了您家庭的生活需要？	频数	百分比（%）
完全能满足	62	13.4
较能满足	103	22.3
一般	129	27.9
不太能满足	133	28.8
完全不能满足	4	0.9
缺失	31	6.7
总计	462	100

（四）社区居民对公共服务设施的满意情况

调查数据显示，对公共服务设施非常满意的为18.2%，比较满意的50.2%，两者合计为68.4%（满意），一般满意的为12.6%，不太满意的为9.1%，非常不满意的为5.6%，将不太满意与非常不满意合并为不满意，比例为14.7%。总体而言，对于社区公共服务设施，满意度较高。详见表8－4。

调查数据显示，对社区公共服务机构非常满意的为9.1%，比较满意的34.2%，一般的为37.2%，不太满意的为11.5%，非常不满意的为8.0%。详见表8-4。

对于社区公共服务办事效率非常满意的占28.6%，比较满意的占20.4%，一般的为34.8%，不太满意的为10.2%，非常不满意的为6%。详见表8-4。

对于街道公共服务便捷程度非常满意的占5.4%，比较满意的占16.9%，一般的占53.2%，不太满意的占16.2%，非常不满意的占8.3%。

表8-4　**社区居民对社区公共服务满意情况**　（%）

项目	满意程度				
	非常满意	比较满意	一般	不太满意	非常不满意
社区公共服务机构	9.1（42）	34.2（158）	37.2（172）	11.5（53）	8.0（37）
公共服务办事效率	28.6（132）	20.4（94）	34.8（161）	10.2（48）	6（28）
公共服务便捷程度	5.4（25）	16.9（78）	53.2（246）	16.2（75）	8.3（39）
公共服务设施	18.2（104）	50.2（232）	12.6（58）	9.1（42）	5.6（24）

（五）社区公共服务的公众参与状况

调查数据显示，社区提供公共服务进行家庭需求调查经常的为14.9%，偶尔的为24.7%，从不的为56.9%，不知道的为3.5%。详见表8-5。

表8-5　**街道提供公共服务的需求调查情况**

社区是否就公共服务了解过您家庭的需求？	频数	百分比（%）
经常	69	14.9
偶尔	114	24.7
从不	263	56.9
不知道	16	3.5
总计	462	100.0

调查对象对街道接受公众监督和投诉反馈和受理情况非常满意的为8.9%，满意的为41.8%，说不清楚的为29.6%，不满意的为14.7%，非常不满意的为5.0%。详见表8－6。

表8－6 社区接受公众监督和投诉的反馈和受理情况

您对社区接受公众监督和投诉等的反馈和受理情况是否满意？	频数	百分比（%）
非常满意	41	8.9
满意	193	41.8
说不清楚	137	29.6
不满意	68	14.7
非常不满意	23	5.0
总计	462	100

二 社区依法履行职责主要事项的法律依据

在计划经济时代，与居民相关的公共服务主要由单位提供。改革开放初期，居民最大的需求就是提高物质生活水平，实现经济富足。现如今，绝大部分城市居民的生存需求已得到充分满足，他们的需求也开始进入较高层次，并呈现出多元化的特征。其中，很多新需求是需要以公共服务的形式予以满足的。譬如，对公共事务或公共议题的参与，需要政府提供制度性的参与渠道；又譬如，对舒适安逸、清洁优美的居住环境的需求，需要政府提供市容市貌维护、基础公共设施建设方面的服务；再譬如，对社会保障与社会福利、社会和谐与安宁以及精神文化层面的需求等，都需要政府履行相应的职责。

人民群众对公共服务的需求越来越高，但政府提供公共产品和公共服务的能力却相对不足，因此，需要各级政府共同努力，提高公共服务水平。社区是自我组织、自我服务，自我管理的基层自治组织，没有从事专业服务的组织、人力、设备、知识信息等资源，在行政化等社会事务的干扰下，社区服务的数量和质量大打折扣。

根据2010年中共中央办公厅、国务院办公厅联合下发的《关于加强和改进城市社区居民委员会建设工作的意见》，城市社区居民委员会的主要职责有三项：一是依法组织居民开展自治活动；二是依法协助城市基层人民政府或者其他的派出机关开展工作；三是依法依规组织开展有关监督活动。

为此，课题组在北京市民政局的配合下，对社区依法履行职责主要事项、社区依法协助政府工作主要事项、社区居委会日常出具证明事项明细进行了深入调查研究，寻找依法履行职责、依法协助政府主要职责的法律依据。并在此基础上，列出社区依法履职的主要事务清单、社区依法协助事务清单以及社区证明事务清单。

社区依法履行职责的主要事项是指有专门的法律规定，社区必须在这些法律规定的范围内，依法履行的工作事项，是社区工作的分内之事。根据国家和北京市的相关法律法规，社区依法应该承担的工作事项在下面40项法律中有明文规定。这些法律主要有：

1. 《中华人民共和国城市居民委员会组织法》。

2. 《北京市实施〈中华人民共和国城市居民委员会组织法〉办法》。

3. 《中华人民共和国人民调解法》。

4. 《中共中央办公厅国务院办公厅关于加强和改进城市社区居民委员会建设工作的意见》（中办发〔2010〕27号）。

5. 《关于加强新形势下社区民族工作的意见》。

6. 《中华人民共和国民法通则》。

7. 《中华人民共和国精神卫生法》。

8. 《中华人民共和国妇女权益保障法》。

9. 《中华人民共和国未成年人保护法》。

10. 《中国儿童发展纲要（2011—2020）》。

11. 《中华人民共和国老年人权益保障法》。

12. 《中华人民共和国预防未成年人犯罪法》。

13. 《中华人民共和国残疾人保障法》。

14. 《中华人民共和国消防法》。

15. 《中华人民共和国献血法》。

16.《北京市献血管理办法》。

17.《中华人民共和国传染病防治法》。

18.《中华人民共和国国防教育法》。

19.《北京市国防教育条例》。

20.《中华人民共和国婚姻法》。

21.《中华人民共和国科学技术普及法》。

22.《中华人民共和国安全生产法》。

23.《中华人民共和国人民防空法》。

24.《中华人民共和国突发事件应对法》。

25.《自然灾害救助条例》。

26.《国务院关于全面加强应急管理工作的意见》。

27.《关于加强城乡社区综合减灾工作的指导意见》。

28.《关于加强自然灾害社会心理援助工作的指导意见》。

29.《全民健身条例》（国务院令第560号）。

30.《北京市全民健身条例》。

31.《物业管理条例》（国务院令第504号）。

32. 公安部印发《关于继续贯彻执行〈治安保卫委员会暂行组织条例〉的通知》。

33.《中共中央办公厅国务院办公厅印发〈关于加快构建现代公共文化服务体系的意见〉的通知》（中办发〔2015〕2号）。

34.《北京市人民政府关于进一步加强基层公共文化建设的意见》（京政发〔2015〕28号）。

35.《北京市居民委员会选举办法》。

36.《北京市机动车停车管理办法》。

37.《北京市图书馆条例》。

38.《北京市生活垃圾管理条例》。

39.《第五届全国人民代表大会第四次会议关于开展全民义务植树运动的决议》。

40.《北京市绿化条例》等。

三　社区依法履职事项清单

在上述40项法律法规中，经过梳理，社区依法应该履行职责的主要事项有33项。

1.《中华人民共和国城市居民委员会组织法》第三条；《北京市实施〈中华人民共和国城市居民委员会组织法〉办法》第五条规定，社区必须：（1）宣传宪法、法律、法规和国家的政策，维护居民的合法权益，教育居民履行依法应尽的义务，爱护公共财产，开展多种形式的社会主义精神文明建设活动。（2）办理本社区居民的公共事务和公益事业。（3）向人民政府或其派出机关反映居民的意见、要求和提出建议。

2.《中华人民共和国城市居民委员会组织法》第三条；《北京市实施〈中华人民共和国城市居民委员会组织法〉办法》第五条；《中华人民共和国人民调解法》第八条指出，社区：调解民间纠纷，促进家庭和睦、邻里团结。

3.《中华人民共和国城市居民委员会组织法》第四条；《北京市实施〈中华人民共和国城市居民委员会组织法〉办法》第六条；《中共中央办公厅国务院办公厅关于加强和改进城市社区居民委员会建设工作的意见》（中办发〔2010〕27号）第四条指出，社区要组织开展便民利民的社区服务活动。

4.《中华人民共和国城市居民委员会组织法》第四条、第十六条；《北京市实施〈中华人民共和国城市居民委员会组织法〉办法》第七条、第二十四条；《中共中央办公厅国务院办公厅关于加强和改进城市社区居民委员会建设工作的意见》（中办发〔2010〕27号）第四条指出，社区要管理本社区居民委员会的财产，推行财务公开、居务公开。

5.《中华人民共和国城市居民委员会组织法》第五条；《北京市实施〈中华人民共和国城市居民委员会组织法〉办法》第八条；《关于加强新形势下社区民族工作的意见》第十条指出，多民族居住地区的社区居民委员会，应当教育居民互相帮助、互相尊重，加强民族团结，创新民族工作的机制体制。

6.《中华人民共和国城市居民委员会组织法》第十条；《北京市实施〈中华人民共和国城市居民委员会组织法〉办法》第十六条，组织召集居民会议，向其负责并报告工作。

7.《中华人民共和国城市居民委员会组织法》第二条；《北京市实施〈中华人民共和国城市居民委员会组织法〉办法》第三条，组织居民自治，实行自我管理、自我教育、自我服务。

8.《中华人民共和国城市居民委员会组织法》第十五条；《北京市实施〈中华人民共和国城市居民委员会组织法〉办法》第十八条，依法提出居民公约草案，经居民会议通过后实施，并监督居民公约的执行。

9.《中华人民共和国民法通则》第十六条、第十七条、第十八条；《中华人民共和国精神卫生法》第九条，社区要依法担任未成年人、无民事行为能力或者限制民事行为能力的精神病人的监护人。

10.《中华人民共和国妇女权益保障法》第四条、第四十六条；《中华人民共和国未成年人保护法》第六条；《中国儿童发展纲要(2011—2020)》；《中华人民共和国老年人权益保障法》第七条、第二十条、第二十四条、第三十八条指出，社区要依法做好妇女、儿童和老年人权益保障工作。

11.《中华人民共和国预防未成年人犯罪法》第三条、第十三条、第二十八条、第四十一条、第四十七条指出，依法做好预防未成年人犯罪工作。

12.《中华人民共和国残疾人保障法》第七条、第十七条、第二十七条、第四十七条，依法做好残疾人工作。

13.《中华人民共和国消防法》第三十二条、第四十一条，确定消防安全管理人员，组织制定防火安全公约，进行防火安全检查；开展群众性消防自救工作。

14.《中华人民共和国献血法》第六条；《北京市献血管理办法》第十一条指出，社区要动员和组织适龄居民开展献血。

15.《中华人民共和国传染病防治法》第九条指出，社区要组织居民参与社区传染病预防与控制活动。

16.《中华人民共和国国防教育法》第五条、第二十一条；《北京市国防教育条例》第十二条指出，社区要依法开展社区国防教育活动。

17.《中华人民共和国婚姻法》第四十三条、第四十四条指出，社区要依法做好对家庭暴力、遗弃家庭成员行为的劝阻和调解工作。

18.《中华人民共和国科学技术普及法》第二十一条指出，社区要组织开展社区科普活动。

19.《中华人民共和国安全生产法》第七十二条指出，社区要向当地人民政府或有关部门报告事故隐患或安全生产违法行为。

20.《中华人民共和国人民防空法》第四十六条指出，社区要开展人防知识普及和培训。

21.《中华人民共和国突发事件应对法》第二十九条；《自然灾害救助条例》第六条、第十二条、第二十条、第二十六条；《国务院关于全面加强应急管理工作的意见》；《关于加强城乡社区综合减灾工作的指导意见》；《关于加强自然灾害社会心理援助工作的指导意见》指出，社区要开展防灾、减灾及救灾相关工作。

22.《全民健身条例》（国务院令第560号）第十七条；《北京市全民健身条例》第二十条指出，社区要组织居民开展全民健身活动。

23.《物业管理条例》（国务院令第504号）第二十条；《中共中央办公厅国务院办公厅关于加强和改进城市社区居民委员会建设工作的意见》（中办发〔2010〕27号）第二十一条指出，社区要依法依规指导和监督社区内社会组织、业主委员会、业主大会、物业服务企业开展工作。

24.《中华人民共和国城市居民委员会组织法》第四条；《中共中央办公厅国务院办公厅关于加强和改进城市社区居民委员会建设工作的意见》（中办发〔2010〕27号）第九条指出，社区领导和管理社区服务站开展工作。

25. 公安部印发《关于继续贯彻执行〈治安保卫委员会暂行组织条例〉的通知》指出，社区要依法开展社区治安防控工作。

26. 《中共中央办公厅国务院办公厅印发〈关于加快构建现代公共文化服务体系的意见〉的通知》（中办发〔2015〕2号）；《北京市人民政府关于进一步加强基层公共文化建设的意见》（京政发〔2015〕28号）指出，社区要加强社区文化建设，开展社区文化活动。

27. 《中华人民共和国城市居民委员会组织法》第十条；北京市实施《中华人民共和国城市居民委员会组织法》办法第十一条；《北京市居民委员会选举办法》第九条指出，社区要成立选举领导小组，主持本居民委员会的选举工作。

28. 《北京市机动车停车管理办法》第六条指出，社区要建立停车管理委员会，依法进行机动车停车的自我管理。

29. 《北京市图书馆条例》第九条指出，社区要加强社区图书馆（室）的建设。

30. 《北京市生活垃圾管理条例》第四条指出，社区要组织动员辖区内单位和个人参与生活垃圾减量、分类工作。

31. 《第五届全国人民代表大会第四次会议关于开展全民义务植树运动的决议》；《北京市绿化条例》第三十一条、第三十二条、第三十四条、第三十八条指出，社区要组织、宣传和发动居民和单位开展全民义务植树活动和绿化美化工作。

再细化一下，就是33项工作。

为了便于说明一一对应关系，我们将主要事项、对应的法律依据，列成下表。详见表8-7。

表8-7 **社区依法履行职责主要事项**

序号	主要事项	相关依据
1	宣传宪法、法律、法规和国家的政策，维护居民的合法权益，教育居民履行依法应尽的义务，爱护公共财产，开展多种形式的社会主义精神文明建设活动	《中华人民共和国城市居民委员会组织法》第三条；《北京市实施〈中华人民共和国城市居民委员会组织法〉办法》第五条

续表

序号	主要事项	相关依据
2	办理本社区居民的公共事务和公益事业	《中华人民共和国城市居民委员会组织法》第三条；《北京市实施〈中华人民共和国城市居民委员会组织法〉办法》第五条
3	调解民间纠纷，促进家庭和睦、邻里团结	《中华人民共和国城市居民委员会组织法》第三条；《北京市实施〈中华人民共和国城市居民委员会组织法〉办法》第五条；《中华人民共和国人民调解法》第八条
4	向人民政府或其派出机关反映居民的意见、要求和提出建议	《中华人民共和国城市居民委员会组织法》第三条；《北京市实施〈中华人民共和国城市居民委员会组织法〉办法》第五条
5	组织开展便民利民的社区服务活动	《中华人民共和国城市居民委员会组织法》第四条；《北京市实施〈中华人民共和国城市居民委员会组织法〉办法》第六条；《中共中央办公厅国务院办公厅关于加强和改进城市社区居民委员会建设工作的意见》（中办发〔2010〕27号）第四条
6	管理本社区居民委员会的财产，推行财务公开、居务公开	《中华人民共和国城市居民委员会组织法》第四条、第十六条；《北京市实施〈中华人民共和国城市居民委员会组织法〉办法》第七条、第二十四条；《中共中央办公厅国务院办公厅关于加强和改进城市社区居民委员会建设工作的意见》（中办发〔2010〕27号）第四条
7	多民族居住地区的社区居民委员会，应当教育居民互相帮助、互相尊重，加强民族团结，创新民族工作的机制体制	《中华人民共和国城市居民委员会组织法》第五条；《北京市实施〈中华人民共和国城市居民委员会组织法〉办法》第八条；《关于加强新形势下社区民族工作的意见》第十条
8	组织召集居民会议，向其负责并报告工作	《中华人民共和国城市居民委员会组织法》第十条；《北京市实施〈中华人民共和国城市居民委员会组织法〉办法》第十六条
9	组织居民自治，实行自我管理、自我教育、自我服务	《中华人民共和国城市居民委员会组织法》第二条；《北京市实施〈中华人民共和国城市居民委员会组织法〉办法》第三条
10	依法提出居民公约草案，经居民会议通过后实施，并监督居民公约的执行	《中华人民共和国城市居民委员会组织法》第十五条；《北京市实施〈中华人民共和国城市居民委员会组织法〉办法》第十八条
11	依法担任未成年人、无民事行为能力或者限制民事行为能力的精神病人的监护人	《中华人民共和国民法通则》第十六条、第十七条、第十八条；《中华人民共和国精神卫生法》第九条

续表

序号	主要事项	相关依据
12	依法做好妇女、儿童和老年人权益保障工作	《中华人民共和国妇女权益保障法》第四条、第四十六条；《中华人民共和国未成年人保护法》第六条；《中国儿童发展纲要（2011—2020）》；《中华人民共和国老年人权益保障法》第七条、第二十条、第二十四条、第三十八条
13	依法做好预防未成年人犯罪工作	《中华人民共和国预防未成年人犯罪法》第三条、第十三条、第二十八条、第四十一条、第四十七条
14	依法做好残疾人工作	《中华人民共和国残疾人保障法》第七条、第十七条、第二十七条、第四十七条
15	确定消防安全管理人员，组织制定防火安全公约，进行防火安全检查；开展群众性消防自救工作	《中华人民共和国消防法》第三十二条、第四十一条
16	动员和组织适龄居民开展献血	《中华人民共和国献血法》第六条；《北京市献血管理办法》第十一条
17	组织居民参与社区传染病预防与控制活动	《中华人民共和国传染病防治法》第九条
18	依法开展社区国防教育活动	《中华人民共和国国防教育法》第五条、第二十一条；《北京市国防教育条例》第十二条
19	依法做好对家庭暴力、遗弃家庭成员行为的劝阻和调解工作	《中华人民共和国婚姻法》第四十三条、第四十四条
20	组织开展社区科普活动	《中华人民共和国科学技术普及法》第二十一条
21	向当地人民政府或有关部门报告事故隐患或安全生产违法行为	《中华人民共和国安全生产法》第七十二条
22	开展人防知识普及和培训	《中华人民共和国人民防空法》第四十六条
23	开展防灾、减灾及救灾相关工作	《中华人民共和国突发事件应对法》第二十九条；《自然灾害救助条例》第六条、第十二条、第二十条、第二十六条；《国务院关于全面加强应急管理工作的意见》；《关于加强城乡社区综合减灾工作的指导意见》；《关于加强自然灾害社会心理援助工作的指导意见》
24	组织居民开展全民健身活动	《全民健身条例》（国务院令第 560 号）第十七条；《北京市全民健身条例》第二十条

续表

序号	主要事项	相关依据
25	依法依规指导和监督社区内社会组织、业主委员会、业主大会、物业服务企业开展工作	《物业管理条例》（国务院令第504号）第二十条；《中共中央办公厅国务院办公厅关于加强和改进城市社区居民委员会建设工作的意见》（中办发〔2010〕27号）第二十一条
26	领导和管理社区服务站开展工作	《中华人民共和国城市居民委员会组织法》第四条；《中共中央办公厅国务院办公厅关于加强和改进城市社区居民委员会建设工作的意见》（中办发〔2010〕27号）第九条
27	依法开展社区治安防控工作	公安部印发《关于继续贯彻执行〈治安保卫委员会暂行组织条例〉的通知》
28	加强社区文化建设，开展社区文化活动	《中共中央办公厅国务院办公厅印发〈关于加快构建现代公共文化服务体系的意见〉的通知》（中办发〔2015〕2号）；《北京市人民政府关于进一步加强基层公共文化建设的意见》（京政发〔2015〕28号）
29	成立选举领导小组，主持本居民委员会的选举工作	《中华人民共和国城市居民委员会组织法》第十条；北京市实施《中华人民共和国城市居民委员会组织法》办法第十一条；《北京市居民委员会选举办法》第九条
30	建立停车管理委员会，依法进行机动车停车的自我管理	《北京市机动车停车管理办法》第六条
31	加强社区图书馆（室）的建设	《北京市图书馆条例》第九条
32	组织动员辖区内单位和个人参与生活垃圾减量、分类工作	《北京市生活垃圾管理条例》第四条
33	组织、宣传和发动居民和单位开展全民义务植树活动和绿化美化工作	《第五届全国人民代表大会第四次会议关于开展全民义务植树运动的决议》；《北京市绿化条例》第三十一条、第三十二条、第三十四条、第三十八条

第二节　社区减负与社区依法协助

社区事务多，往往是社区依法履职和社区依法协助事务区分不清。该协助的社区事务，由于条条块块等多方面的制约，变成了主责，况且，是主办还是协助也并非是社区说了算，街道掌管着社区的人、财、物等，实际上掌握着社区能干什么，不能干什么的权力。因此，社区减负，除了要厘定社区依法履职的社区工作事项，社区依法协助的事项也必须清晰界定，这也是后面社区工作事务清单的基础。为此，课题组查阅了大量社区事务的法律法规，为社区依法协助事项寻找法律基础。

一　社区依法协助事项

社区依法协助政府工作的主要事项在国家、北京市的相关法律法规中也有明文规定，社区协助的主要工作事项包括13大类。分别是：

（一）社会治安综合治理

1.《中华人民共和国城市居民委员会组织法》第三条；《北京市实施〈中华人民共和国城市居民委员会组织法〉办法》第五条指出，社区要协助维护社会治安。

2.《中华人民共和国禁毒法》第十七条、第十九条指出，社区要协助开展禁毒宣传教育、禁毒防范和社区禁毒。

3.《北京市社会治安综合治理条例》第十一条指出，社区要协助政府有关部门管理常住人口和暂住的外来人口。

4.《最高人民法院最高人民检察院公安部司法部关于印发〈社区矫正实施办法〉的通知》（司发通［2012］12号）第三条、第四条；《中央社会治安综合治理委员会关于进一步加强刑满释放解除劳教人员安置帮教工作的意见》的通知（中办发〔2010〕5号）第一条、第八条、第九条指出，社区要协助社区矫正机构做好社区矫正工作；协助安置帮教机构做好刑满释放人员安置帮教工作。

5.《中共中央办公厅国务院办公厅关于加强和改进城市社区居民委员会建设工作的意见》（中办发〔2010〕27号）指出，社区要协助做好流动人口权益保障工作。

6.《租赁房屋治安管理规定》（1995年公安部令第24号）第四条指出，社区要协助做好租赁房屋的安全防范、法制宣传教育和治安管理工作。

7.《中华人民共和国消防法》第六条指出，社区要协助开展消防宣传。

（二）卫生计生

1.《突发公共卫生事件应急条例》（国务院令第376号）第四十条指出，社区要协助做好疫情信息的收集和报告、人员的分散隔离、公共卫生措施的落实工作，向居民宣传传染病防治的相关知识。

2.《艾滋病防治条例》（国务院令第457号）第六条指出，社区要协助开展艾滋病防治相关工作。

3.《突发公共卫生事件应急条例》第四十条，《疫苗流通和预防接种管理条例》第九条指出，社区要协助开展公共卫生，疫情信息收集报告、公共卫生措施的落实；组织居民受种第一类疫苗。

4.《中华人民共和国传染病防治法》第九条指出，社区要协助宣传传染病防治相关知识。

5. 民政部、财政部、劳动和社会保障部《关于做好城镇困难居民参加城镇居民基本医疗保险有关工作的通知》（民发［2007］156号）指出，社区要协助做好城镇居民基本医疗保险服务工作。

6.《中华人民共和国精神卫生法》第十条、第二十条指出，社区要协助开展精神卫生工作。

7.《社会抚养费征收管理办法》第十二条指出，社区要协助征收社会抚养费。

8.《中华人民共和国城市居民委员会组织法》第三条；《中华人民共和国人口与计划生育法》第十二条；《流动人口计划生育工作条例》（国务院令第555号）第八条、第十四条；《北京市流动人口计划生育管理规定》第四条、第六条；《北京市人口与计划生育条例》第十三条等均指出，社区要协助做好计划生育工作；协助查验流动人口婚育证明、核实反馈流动人口计划生育基础信息。

（三）社会保障

1.《中共中央办公厅国务院办公厅关于加强和改进城市社区居民委员会建设工作的意见》（中办发〔2010〕27号）指出，社区要协助做好社会保障工作。

2.《社会救助暂行办法》（国务院令第649号）第四条、第十一条、第十六条、第十八条；《民政部关于指导村（居）民委员会协助做好社会救助工作的意见》（民发［2015］104号）；北京市人民政府《关于进一步完善本市临时救助制度的通知》（京政发［2015］26号）指出，社区要协助做好有关社会救助工作。

（四）民政

1.《中华人民共和国城市居民委员会组织法》第三条指出，社区要协助做好优抚救济工作。

2.《自然灾害救助条例》（国务院令第577号）第五条、第六条、第二十条、第二十六条指出，社区要协助开展自然灾害救助工作。

3.《中国公民收养子女登记办法》（1999年民政部令第14号）第五条、第六条指出，社区要协助办理收养子女手续。

（五）教育

1.《中华人民共和国义务教育法》第十三条指出，社区要协助做好督促适龄儿童、少年入学工作。

2.《中华人民共和国教育法》第二十三条规定，社区要协助开展扫除文盲的教育工作。

3.《中华人民共和国教育法》第四十七条规定，社区要为学校组织的社区实践活动提供帮助和便利。

（六）统计

1.《全国经济普查条例》（国务院令第415号）第四条、第十六条指出，社区要配合做好经济普查工作。

2.《全国人口普查条例》（国务院令第576号）第三条指出，社区要协助做好本区域的人口普查工作。

3.《全国污染源普查条例》（国务院令第508号）第十五条指出，社区要协助做好污染源普查工作。

（七）红十字事业

《北京市人体器官捐献条例》第六条指出，社区要协助宣传人体器官捐献的意义，普及人体器官捐献的科学知识，推动人体器官捐献工作的开展。

（八）物价

《中华人民共和国价格法》第三十七条指出，社区要协助对价格行为进行社会监督。

（九）安全生产

《中华人民共和国安全生产法》第八条指出，社区要协助督促社区驻区单位开展安全生产活动。

（十）食品药品监管

《国务院关于地方改革完善食品药品监督管理体制的指导意见》（国发〔2013〕18号）指出，社区要协助做好食品药品隐患排查、信息报告、行政执法、宣传教育工作。

（十一）市容园林

《北京市市容和环境卫生管理条例》第八条指出，社区要协助做好环境卫生工作。

（十二）人民武装

《征兵工作条例》（国务院、中央军委令第316号）第十一条、第二十一条指出，社区要协助开展兵役登记及政审工作。

（十三）其他

1.《中华人民共和国民事诉讼法》第八十六条指出，社区要协助做好相关文书的留置送达工作。

2.《国务院关于进一步加强防震减灾工作的意见》（国发〔2010〕18号）第七条；中华人民共和国国务院令（第570号）《气象灾害防御条例》第17条指出，社区要协助做好地震安全社区建设工作；协助做好气象灾害防御知识的宣传和气象灾害应急演练；协助传递预警信息，迅速组织群众防灾避险。

3.《北京市节约用水管理办法》第六条指出，社区要协助开展节水型小区创建，节水宣传等节约用水相关工作。

二　社区依法协助事项清单

经过系统梳理和实际工作部门的确认，课题组认为，依法协助事项法理充分，各级部门能接受和认可，但社区协助各委办局的工作事项也远不止这些，实践中要丰富和复杂得多，但主要事项就是这些，基于此，最终确定了上述各项为社区依法协助社区事务工作清单。详见表8－8。

表8－8　**社区依法协助政府工作主要事项**

序号	类别	主要事项	相关依据
1	社会治安综合治理	协助维护社会治安	《中华人民共和国城市居民委员会组织法》第三条；《北京市实施〈中华人民共和国城市居民委员会组织法〉办法》第五条
		协助开展禁毒宣传教育、禁毒防范和社区禁毒	《中华人民共和国禁毒法》第十七条、第十九条
		协助政府有关部门管理常住人口和暂住的外来人口	《北京市社会治安综合治理条例》第十一条
		协助社区矫正机构做好社区矫正工作；协助安置帮教机构做好刑满释放人员安置帮教工作	《最高人民法院最高人民检察院公安部司法部关于印发〈社区矫正实施办法〉的通知》（司发通［2012］12号）第三条、第四条；《中央社会治安综合治理委员会关于〈进一步加强刑满释放解除劳教人员安置帮教工作的意见〉的通知》（中办发〔2010〕5号）第一条、第八条、第九条
		协助做好流动人口权益保障工作	《中共中央办公厅国务院办公厅关于加强和改进城市社区居民委员会建设工作的意见》（中办发〔2010〕27号）
		协助做好租赁房屋的安全防范、法制宣传教育和治安管理工作	《租赁房屋治安管理规定》（1995年公安部令第24号）第四条
		协助开展消防宣传	《中华人民共和国消防法》第六条
2	卫生计生	协助做好疫情信息的收集和报告、人员的分散隔离、公共卫生措施的落实工作，向居民宣传传染病防治的相关知识	《突发公共卫生事件应急条例》（国务院令第376号）第四十条
		协助开展艾滋病防治相关工作	《艾滋病防治条例》（国务院令第457号）第六条

续表

序号	类别	主要事项	相关依据
2	卫生计生	协助开展公共卫生，疫情信息收集报告、公共卫生措施的落实；组织居民受种第一类疫苗	《突发公共卫生事件应急条例》第四十条 《疫苗流通和预防接种管理条例》第九条
		协助宣传传染病防治相关知识	《中华人民共和国传染病防治法》第九条
		协助做好城镇居民基本医疗保险服务工作	民政部、财政部、劳动和社会保障部《关于做好城镇困难居民参加城镇居民基本医疗保险有关工作的通知》（民发〔2007〕156号）
		协助开展精神卫生工作	《中华人民共和国精神卫生法》第十条、第二十条
		协助征收社会抚养费	《社会抚养费征收管理办法》第十二条
		协助做好计划生育工作；协助查验流动人口婚育证明、核实反馈流动人口计划生育基础信息	《中华人民共和国城市居民委员会组织法》第三条；《中华人民共和国人口与计划生育法》第十二条；《流动人口计划生育工作条例》（国务院令第555号）第八条、第十四条；《北京市流动人口计划生育管理规定》第四条、第六条；《北京市人口与计划生育条例》第十三条
3	社会保障	协助做好社会保障工作	《中共中央办公厅国务院办公厅关于加强和改进城市社区居民委员会建设工作的意见》（中办发〔2010〕27号）
		协助做好有关社会救助工作	《社会救助暂行办法》（国务院令第649号）第四条、第十一条、第十六条、第十八条；《民政部关于指导村（居）民委员会协助做好社会救助工作的意见》（民发〔2015〕104号）；北京市人民政府《关于进一步完善本市临时救助制度的通知》（京政发〔2015〕26号）
4	民政	协助做好优抚救济工作	《中华人民共和国城市居民委员会组织法》第三条
		协助开展自然灾害救助工作	《自然灾害救助条例》（国务院令第577号）第五条、第六条、第二十条、第二十六条
		协助办理收养子女手续	《中国公民收养子女登记办法》（1999年民政部令第14号）第五条、第六条

续表

序号	类别	主要事项	相关依据
5	教育	协助做好督促适龄儿童、少年入学工作	《中华人民共和国义务教育法》第十三条
		协助开展扫除文盲的教育工作	《中华人民共和国教育法》第二十三条
		为学校组织的社区实践活动提供帮助和便利	《中华人民共和国教育法》第四十七条
6	统计	配合做好经济普查工作	《全国经济普查条例》（国务院令第415号）第四条、第十六条
		协助做好本区域的人口普查工作	《全国人口普查条例》（国务院令第576号）第三条
		协助做好污染源普查工作	《全国污染源普查条例》（国务院令第508号）第十五条
7	红十字事业	协助宣传人体器官捐献的意义，普及人体器官捐献的科学知识，推动人体器官捐献工作的开展	《北京市人体器官捐献条例》第六条
8	物价	协助对价格行为进行社会监督	《中华人民共和国价格法》第三十七条
9	安全生产	协助督促社区驻区单位开展安全生产活动	《中华人民共和国安全生产法》第八条
10	食品药品监管	协助做好食品药品隐患排查、信息报告、行政执法、宣传教育工作	《国务院关于地方改革完善食品药品监督管理体制的指导意见》（国发［2013］18号）
11	市容园林	协助做好环境卫生工作	《北京市市容和环境卫生管理条例》第八条
12	人民武装	协助开展兵役登记及政审工作	《征兵工作条例》（国务院、中央军委令第316号）第十一条、第二十一条

续表

序号	类别	主要事项	相关依据
13	其他	协助做好相关文书的留置送达工作	《中华人民共和国民事诉讼法》第八十六条
		协助做好地震安全社区建设工作；协助做好气象灾害防御知识的宣传和气象灾害应急演练；协助传递预警信息，迅速组织群众防灾避险	《国务院关于进一步加强防震减灾工作的意见》（国发〔2010〕18号）第七条；中华人民共和国国务院令（第570号）《气象灾害防御条例》第十七条
		协助开展节水型小区创建，节水宣传等节约用水相关工作	《北京市节约用水管理办法》第六条

第三节　社区减负与社区印章使用

随着首都经济社会快速发展和城市化进程加快，居民群众的利益诉求和服务需求呈多样性增长，原来由政府和企业承担的大量管理和服务职能转移到社区，社区日益成为社会管理的重心，社区居委会的工作内容和工作对象都发生了深刻变化，社会管理任务日趋繁重，其中，社区居委会公章的使用和管理过程中出现了居民矛盾集中、居委会负担过重的现象，已经成为社区居委会日常工作中的突出问题之一。

中共中央办公厅、国务院办公厅《关于加强和改进社区居民委员会建设工作的意见》（中办发〔2010〕27号）明确要求“规范社区居民委员会财产、档案、公章管理，确保社区居民委员会工作有效运转”，市委办公厅、市政府办公厅下发的《关于全面加强城乡社区居民委员会建设工作的意见》（京办发〔2011〕26号）文件也提出“进一步规范社区居民委员会印章使用管理”制度。为全面了解目前社区居委会在印章管理使用方面面临的新情况和新问题，进一步规范社区居委会印章管理使用制度，切实提高社区居委会为居民服务能力和依法进行社区管理的能力，我们在东城区、西城区、海淀区、朝阳区、石景山区、房山区、门头沟区进行了深入调研，召开了区县、街道、社区不同层面的座谈会，进行了实地走访，和二十余位社区居委会主任面对面交流，开展了全市社区居委会公章使用管理情况的专题调研。

一　基本情况

目前社区居委会被要求出具证明和盖章的情况十分复杂，涉及居民生活方方面面的问题。大概可以总结归纳以下几类：

（一）社区居委会能够掌握并可以开具证明的事项

一是针对社区居委会日常工作，社区居委会合理使用印章的具体事项：

（1）社区居委会主持召开的社区会议决议；（2）以社区居委会名义上报的各种公文等；（3）社区公开栏内定期公布的居务公开内容；（4）向社区居民发放的通知、告示、宣传材料等；（5）社区居委会的统计报表和档案；（6）签署社区共建活动和资源共享等的协议。

二是针对本社区人在户在的居民，社区居委会能够掌握并开具证明的事项：

（1）身份类证明：1）亲属关系证明；2）亲子关系证明；3）个人身份证明；4）婚育状况证明；5）少数民族证明；6）转档案证明；7）党组织关系接转证明；8）独生子女证明。

（2）居住类证明：1）居住证明；2）暂住证明；3）借住证明。

（3）社会保障类证明：1）居家养老服务证明；2）外地子女就近入学证明；3）灵活就业证明、特困人员就业证明；4）生活困难证明、低保证明；5）家中正常死亡证明、去世老人享受丧葬费同子女关系的证明；6）保障性住房申请，社区居委会入户调查后开具的证明；7）80 岁居家养老券申请和 90 岁老人高龄津贴申请的证明；8）自采暖补助、相关人员的困难补助、二次报销证明。

（4）其他类证明：1）青少年假期社会实践证明；2）养犬证明；3）征兵政审的证明；4）其他根据相关政策规定或社区居委会依据自身职责可以进行核实并开具的证明。

三是针对社区流动人口，社区居委会能够掌握并开具证明的事项：

（1）居住类证明：1）流动人口暂住证明；2）非京籍退休人员生存认证证明。

（2）社会保障类证明：1）异地居住就医证明；2）退休职工养老认证证明；3）其他根据相关政策规定或社区居委会依据自身职责可以进行核实并开具的证明。

（二）社区居委会无法掌握却被要求开具证明的事项

（1）身份类证明：1）证件丢失、证件变更证明；2）出生时间证明；3）收养证明；4）外地来京人员居住证明。

（2）财产类证明：1）商业保险证明及保险出险理赔证明；2）无业、无收入证明；3）无房产证明；4）房产纠纷证明，房屋业主、房屋居住人或房屋产权归属证明；5）银行先行支付还款证明；6）出国旅游房产抵押证明；7）遗产证明、遗嘱证明；8）房屋完税证明。

（3）社会保障类证明：1）异地医疗报销情况证明；2）家中意外伤害证明；3）社区居民行动不便证明；4）各类残障人员办理鉴定、申领服务、生活补助、托养、康复补助等审批证明。

（4）法律类证明：1）有无犯罪记录证明；2）代理证明；3）开具居民自行委托辩护人帮助打官司的证明。

（5）其他各类杂项证明：1）购买汽油证明；2）消防工程竣工证明；3）领取包裹时，姓名、地址与收件人情况不符，要求社区居委会开具证明；4）搬家证明；5）收养证明；6）姓名与身份证不符、结婚证丢失证明、办理营运资格证、电表增容、天然气卡丢失证明；7）老人在家去世证明；8）自谋职业办照证明；9）幼儿园由公办改民办证明；10）违法建设证明；11）消防条件证明；12）借住证明；13）人户长期分离人员办理“北京市工作居住证”证明；14）流动人口开具婚育证明；15）流动儿童接种疫苗证明；16）居民在外地出事故证明；17）居民所在单位要求居委会证明其丧失劳动能力的证明；18）居民原籍的社保部门要求居委会出具居民在本地治疗证明；19）青少年寒暑期社会实践证明；20）空挂户、垃圾户证明；21）居民正常死亡证明；22）居民患病证明；23）考研证明；24）平房无暖气设施证明等。

（6）社区居委会无法调查核实的其他情况，等等。

（三）要求社区居委会盖章或开具证明的单位

要求居民到社区居委会盖章或开具证明的单位大致可分为四类：

一是政府职能部门及相关单位，几乎涵盖了政府全部职能部门，包括人事部门、住房保障部门、公安部门、交管部门、民政部门、人力社保局、计生部门、工商部门以及其他需要社区居委会盖章或出具证明的政府部门及相关单位；

二是企、事业单位，主要有学校、社保所及其他要求社区居委会盖章会开具证明的企、事业单位；

三是公检法部门，如法院、派出所、公证机构、仲裁机构等；

四是部分营利性组织及单位，主要是保险公司、银行、旅行社、电力公司、煤气公司、加油站、房屋中介及其他要求社区居委会盖章或出具证明的组织或单位。

二　存在问题

社区居委会在印章使用管理方面遇到了诸多困难，有自身原因，但较多的是来自其他部门和居民的压力与困惑。主观上，个别居委会使用管理制度不健全，管理不够严格，还没有完善的印章使用审批程序；客观上，主要表现为印章使用的政策法律依据缺失，部分政府部门和社会单位的分内职责转移到居委会，居民对于社区居委会印章认识不够等原因引起的不满和纠纷，使得表面上看起来社区居委会有超出法定职权的能量，管得过宽、过杂。

（一）政策依据不足

《中华人民共和国城市居民委员会组织法》规定：居民委员会是居民自我管理、自我教育、自我服务的基层群众性自治组织，明确了其基本职能是协助政府办理本地区公益事业和公共服务，《居委会组织法》和《北京市实施办法》都没有对居委会印章作出规定。《印章治安管理办法》（草案）中提出“公章是指国家权力、党政机关、司法、参政议事、军队、武警、民主党派、工会、共青团、妇联等机关、团体，企业事业单位，民政部门登记的民间组织，居（村）民委员会和各议事协调机构及非设机构的法定名称章和冠以法定名称的合同、财务、税务、发票等业务专用章”，但没有正式颁布实施，《关于国家行政机关和企业事业单位社会团体印章管理规定》（国发［1999］25 号）对“国家行政机关和企业事业单位、社会团体印章的制发、收缴和管理规定”作出了规定，但没有涉及居委会等群众性自治组织。

职能部门或者相关社会单位、社团组织在居民办理事务时要求居委会盖章证明，往往凭内部规定，并无行业法规和具体政策依据。居委会盖章混乱和困难的根本原因在于没有明确的可以依据的法律法规和相关文件，搞不清楚“什么情况下要盖，什么情况下不能盖”，即所谓“无法可依”。

我们目前能找到的明确授权社区居委会办理证明类事项的政策法规有《北京市人口与计划生育条例》《北京市生育服务证管理办法》《民法》第十六条、第十七条关于法定监护人的内容，新的《民事诉讼法》第五十八条关于委托代理人推荐的内容。

关于社区居委会印章，上法无规定，而比较接近的法律依据是民政部、公安部联合下发的《关于规范村民委员会印章制发使用和管理工作的意见》（国办发［2001］52 号），该文件对于村委会印章的规格式样和制发程序、使用管理制度等进行了规定，提到了“城市居民委员会印章的刻制、使用和管理可参照本意见执行”。

2003 年，根据《中华人民共和国城市居民委员会组织法》《中华人民共和国村民委员会组织法》《民政部、公安部规范村民委员会印章制发使用和管理工作意见》的有关规定，市民政局、市公安局联合制发了《关于规范社区居民委员会、村民委员会印章管理工作的意见》（京民基发［2003］429 号），用于指导全市村委会和社区居委会印章的使用和管理。该规定已经执行了 10 年，明显已经不适应社区规模普遍较大、人口流动增多、居民需求越来越多元化的现状需要。

实际工作中，需要或要求居委会盖章的单位、内容、事项早已经远远超出上述规定，随着社会形势的不断发展，现实中可能遇到的情况多达 60 余种，有些社区甚至达百余种，且大多无具体政策法规依据。

（二）居委会印章超职权、超负荷

社区居委会印章的权力和效用被无限放大。居民生活中涉及的很多事情都要居委会盖章证明。从居民的出生死亡到家庭婚育、财产买卖、各类困难补助相关福利、犯罪情况、受损理赔等，甚至是教师资格考试等都要居委会开证明。法院在追究法律责任时，往往要求社区出具委托书、代理书。银行对于卧床、行动不便的老人开户，也需要居委会开具代理人证明才可以办理存折业务。医院开具特殊药品或者享受某慈善机构的免费药物时，都需要凭着居委会证明才可以领取药品。甚至到加油站加油，都要居委会证明才可以。

北京市目前 2800 个社区，社区规模在 3000 户左右及以上的达 40% 以上，社区居委会成员一般设置 5 人、7 人、9 人，最多的设置 11 人、13 人，服务对象是上万甚至数万的社区居民，再加上社区人户分离严重、流动人口增多、居民流动性很大，信息变动很快，工作人员上门入户难，社区居民越来越注重个人隐私和个人信息的自我保护，一些居民也不愿居委会掌握自己信息，居委会很难随时掌握全社区的居民信息。

如果是常住居民来开证明，而且需证明的内容是社区所能掌握到的情况，那么开张证明盖个章只不过是举手之劳，社区都会乐意接受并迅速办好。但如果是社区掌握不到的情况要开证明可能就有些麻烦，有时社区只好采取“变通”之策，比如在证明中做“文字处理”，写得模棱两可，达到“既开了证明，又不承担责任”的效果。

社区居委会是群众性自治组织，既无执法权也无调查权，对居民的夫妻关系、亲属关系、收入多少、房产情况、婚否及第几次结婚等行为往往不得而知。面对户口在本社区、人长期不居住在此的居民，社区居委会对其情况更是难以掌握。既然有些部门要求居民到户口所在地社区开证明，社区只能在证明上确认该居民是否居住在本辖区，这样的证明显然不能满足居民的要求，矛盾自然转嫁到居民和居委会之间。

（三）引起矛盾纠纷多

居委会是基层群众性自治组织，既无执法权，又无调查权，很多情况往往无法查证。社区居委会公章不具备行政职能的使用，不能超越居民自治的职责范围，否则从法律角度讲，这样出具的证明根本不具备证明能力，比如让居委会开收入证明、押金条丢失证明等，就超越了居委会的职责和权限。一些连户口簿和结婚证都不能完全证明的东西，居委会更无法证明。居委会自己也有苦衷，无法可依或者不能证明的情况若出了问题，担不起连带的法律和经济责任；不盖章的话，居民有意见，特别是涉及居民财产纠纷的用章，甚至要和居委会产生纠纷，居委会工作人员面临谩骂羞辱甚至是人身攻击。

举“章”不定、左右为难几乎是每个居委会面临的问题，对于一些无法证明的，居民又坚持要求居委会证明的情况，很多居委会在盖章时不得不注上一句“此证明据本人口述”，或者由居民本人签署诚信协议，证明自己所说属实之后盖章，这几乎是居委会可以想到的唯一变通办法。很多居民也认识到，自己证明自己根本没有意义，这样的证明既是走形式也给居委会增加了负担，并使社区居委会工作陷入被动。

（四）相关职能部门缺位

居委会盖章工作中存在的困惑不仅仅是居委会的问题，在很大程度上是政府其他职能部门“缺位”所造成的。在某种程度上，可以说正是由于一些部门和单位在办理行政审批过程中将属于自己负责调查、核实的工作程序和权责转嫁给了基层社区，在不征求街道、乡镇、社区居委会的情况下，往往凭内部规定就将居民推到居委会办理盖章证明，才使得居委会盖章证明的负担加重，承担的责任和风险加重。

一些政府部门经常要求行使协助职能的社区居委会出具各类证明，比如办理出国公证、购房、再婚、领退休金、迁户、诉讼、办理北京工作居住证等事项的审批或办证时，往往被这些部门要求到社区开具证明。很多情况并不属于社区居委会工作和权限范围内，居委会根本无力证明。社区居委会对于居民生活的许多个人行为和活动没有管理的职能和可能。部分行政机关除要求居委会提供证明外，还要求街道办事处提供证明，将自身应履行的调查和审批等责任强行推卸给基层。社区居委会不具有调查和行政权力，出具的证明不具有专业性和法律效力，有时也可能开具不真实的证明，造成不良后果。

（五）社区居委会成员政策水平需进一步提高

对于无法可依的代理或者盖章，社区居委会对证明不了的事项坚决说“不”，但是对于像新《民事诉讼法》第五十八条的明确规定内容，社区居委会应该可以为居住在本社区的当事人出具委托代理人的推荐书。据我们了解，新修订的《民事诉讼法》（2013 年 1 月 1 日起施行）第五十八条规定：“当事人、法定代理人可以委托一至二人作为诉讼代理人。下列人员可以被委托为诉讼代理人：……（三）当事人所在社区、单位以及有关社会团体推荐的公民。”当事人所在社区、单位出于对新修订的《民事诉讼法》第五十八条规定的不了解而拒绝推荐。大多数社区居委会、单位都声称没有推荐诉讼代理人的职责和义务，声称从来没有推荐过，这是由于社区居委会成员本身对于政策法规的跟进学习有所欠缺。另外，关于涉及很多社区普遍存在的“住改商”问题，目前已经有比较清晰的文件依据和司法解释（《关于社区居委会或业主委员会出具将住宅改变为经营性用房证明有关问题的通知》京工商发［2008］58 号），社区居委会可以依法依规指导居民进行民主决策，最终采纳所有相关利益人的意见来决定是否盖章，实际工作中有些居委会怕引起误会或者程序烦琐而拒绝或者拖延盖章。

三　社区日常出具证明事项清单

我们在调研中了解到一些比较常见的案例，比如夫妻离婚案，一方不同意，法院要求居委会出具夫妻分居或者生活在一起的时间证明，居委会无从查证也无权查证夫妻二人居住情况，盖章或者不盖章都无依据，结果都可能引起夫妻一方对居委会的不满甚至纠纷。再比如车辆剐蹭保险理赔，慈善机构优惠用药等事项，需要证明居民是在社区内出现意外或者居民是否患重病等，如果居委会拒绝盖章势必会影响居民办理事项下一步程序，必然会造成其损失进而引发不满。

经过调查梳理，我们可以了解到目前要求社区居委会盖章的诸多事项，是可以在相关部门得到证明的。如涉及户籍、身份、人口证明的，可以依据市公安局《办理常住户口登记规范》《户口审批工作规范》等政策办理，完全无须社区居委会证明，相关要求是需要街道办事处和乡镇政府完成的，再比如，“房产证明”等一些信息是房产局掌握的；“亲属证明”可通过派出所的户籍和民政局的婚姻登记证明；派出所要的“死亡证明”，死者是否正常死亡，医院可证明，派出所也可找法医证明；婚姻关系证明有结婚证、民政局证明。亲子关系可以到医院验证 DNA 出具证明或者是出生证明；是否死亡也应该由医疗部门出具死亡证明。譬如持有家庭困难证明就可以享受计生部门、工商部门等一些罚款的减免，而家庭是否困难，居委会无法了解真实状况。

经过综合、比较后发现，目前社区居委会出具证明事项只有 15 类事项，凡在这 15 类事项之外，社区居委会有权拒绝出具证明。详见表 8－9。

表 8－9　**社区居委会日常出具证明事项明细表**

序号	证明事项
1	居民在社区居住证明（含异地享受社保、迁移户籍等）
2	为中小学生参加社区实践活动出具证明
3	为申请各类救助、援助、补助的困难家庭出具经济困难证明
4	为无档案人员办理一孩、二孩《生育服务证》证明
5	办理流动人口婚育证明
6	应征新兵入伍政审鉴定意见
7	为长期卧床参保患者出具亲友代购药品委托证明和长期卧床证明
8	为社区无档案违法生育对象出具收入情况证明

续表

序号	证明事项
9	出具见义勇为证明材料
10	限制民事行为能力或无民事行为能力证明、监护关系证明、近亲属关系证明、死亡证明
11	出具收养人委托证明，收养人有无子女和抚养教育被收养人的能力等情况的证明，生父母有特殊困难证明，收养状况证明
12	出具住宅专项维修资金工程证明
13	妇女、儿童救助家庭困难证明
14	执法文书留置送达证明
15	将住宅改为经营性用房证明

第九章　社区环境治理

第一节　社区环境治理机制的内涵

一　社区环境治理的概念和意义

1881 年德国社会学家滕尼斯首次提出“社区”这一概念，认为“社区是由同质人口组成的、具有相同价值观念的社会群体”。姜爱林（2013）认为社区环境治理是指“社区各级管理者依据国家和当地的环境政策、环境法律法规和标准，协调城市经济社会发展与环境保护之间的关系，限制人类损害城市环境质量活动的有关行为的总称”。良好有效的社区环境治理将更好地服务于社区公众利益，将社区居民的意志和权利体现于治理行动中，从而体现出文明的基本价值。

在非正式制度体系下，社区最为突出的制度特征在于其文化机制，这也是社区精神所在。和睦的邻里关系以及社区声望被认为是社区良好运行的社会机制和社会良性运转的润滑剂。环境作为一种典型的“公共产品”，为人类生存发展提供了生态服务的物质基础。环境作为公共产品的“非排他性”使得身处环境中的人均可受益或受损，且不影响他人同样受益或受损。然而环境信息的不对称性以及环境的“公共产品”属性使得人们对环境的破坏难以通过交易方式反映出来，因此在环境治理领域往往面临政府和市场的“双失灵”现象。社区可以作为“政府失灵和市场失灵”语境下的一项有力补充。从生态环境管理视角来看，社区在长期的历史中形成其自有的本土生态体系，任何治理和保护行为都需要本土的社区成员参与，因此，社区成员既是社区环境资源的拥有者，同时在使用过程中所受到环境污染带来的直接影响也必将使其愿意成为保护者这一角色，因此社区成为生态环境治理的主体将十分必要，且效果显著。[①]

二　社区环境治理的集体行动困境

社区环境及其基础设施是“介于公共产品与私人产品之间一种特殊的社会公共产品”。公共产品理论源于19世纪80年代的西方社会，美国学者萨缪尔森在《公共支出的纯理论》认为公共产品是指“每一个人对该产品的消费不会造成其他个人消费的减少”。即指出公共产品具有两大本质特性——“消费的非排他性”和“消费的非竞争性”（邢敏，2010）。从这一角度出发讲，社区环境和社区基础设施可以归属于“介于公共产品与私人产品之间的一种特殊社会公共产品”，它具有以下几个特点（李雪萍，2008；邢敏，2010）。

第一，“局部的非排他性”。作为一般公共产品的社区环境，可以被其社区所有成员共享，但不能被非社区成员享有，说明其具有局部的非排他性；同时各个社区之间，由于不同的地理位置、住房结构、社会结构，这些种种差异性也将导致不同社区成员对社区环境公共产品需求程度的不同。

第二，“有限的非竞争性”。在一定的环境容量下，每个成员对社区环境资源的占有并不影响社区其他人对社区环境资源的消费。但是当消费或使用者数量达到并超过社区环境容量临界点时，超额的消费将使社区环境作为“公共产品的非竞争性”消失，从而出现消费的拥挤现象，后来增加的消费者的消费成本将有可能提高。

第三，“外部性”。社区环境作用范围并不严格地局限于其社区固有的地理区域之内，环境资源自身所具有的流通性使其必然产生“外部性”，从而对相邻社区产生正面或负面的影响，这一外部效应可能来自市场交易、其他社区或者是社区内部。

在城市发展过程中，属于公共产品的社区环境不可避免将会面临

① 喻成杰：《社区视角下的环境治理机制分析》，《社会视野》2013年第307期，第369页。

“公共产品的困境”，即“人们主要将目光关注于自己的事务和自己的消费之上，属于多数人的社区环境反而往往被大多数人忽略，人们只关心自己能从公共环境中的所得，却较少去采取行动为公共环境贡献”。

社区环境因其公共产品的属性从而使得“社区低碳化发展”这一集体行动出现困境，建立居民之间的信任关系十分重要。

美国经济学家奥尔森（M. Olson）提出的“集体行动的逻辑”理论认为“理性的个人在实现集体目标时，因其不能充分代表集体理性，往往出现‘搭便车’的现象”。公共产品的“非竞争性”和“非排他性”使得个人即使不付出公共产品的生产和供应成本，也能消费公共产品从而为自己带来便利。有公共利益的个人组成的集团，比如社区环境保护组织、社区居委会等，通常努力增加社区环境的共同利益；然而单独的个人因其个人利益，更倾向于自利的免费获得公共利益。因此在作为集体行动的社区环境治理中，“利己主义和机会主义”将助长个人的“搭便车”心理偏好，理性的个人一般对承担集体事务不是太感兴趣，个人利益的“最大化”导致了“公用地悲剧”（陆毅，2007）。这也是政府提出的强制环境保护措施和口号往往无法推行下去，从而导致政府失灵的重要原因之一。同时，即使个人有意向为集体的环境贡献力量，但对于大多数人所处的环境其正面影响甚微；反过来，不管个体对集体投入多大贡献，集体环境产生的受益分配给他的份额与其他人差异不大，从而使得个人的环境行动受益远小于投入，从而大大降低个人环境治理的积极性。社区环境在为社区成员提供环境服务的同时，不排斥不承担者的消费，个人利己主义产生的“搭便车”和“不劳而获”使得社区环境治理难以走出集体行动的困境。“如果某一目标是大家共同想争取到的，而想争取到的个体又很多，那么它的实现就出现困境”（胡涤非、孙亚莉，2012）。具体到社区环境治理中的集体行动困境的主要问题包括：第一，资金的短缺。社区环境建设资金目前主要来自政府，社区居民的捐资几乎没有。第二，“搭便车”的心理使得社区组织的作用和职能难以得到有效发挥，居民参与环境治理的积极性比较难调动。第三，政策和公约的失效。理性的个人倾向于追求自己利益的最大化，而社区环境作为公共产品可以不需承担成本而获益，导致每个个体往往是只顾自己的使用和消费，较少站在全社区环境的角度考虑自己的行为对环境的影响。从而使得环境政策和环境公约成为一纸空文，没有人主动去执行。这也从另一方面说明建设社区环境治理仅仅靠观念和理念的宣传是不够的，它需要正式的环境治理机制来保障。

基于此，在社区环境治理过程中，建立正式且运转顺畅的环境治理机制，建立居民之间相互信任关系，并为之配套相应的社区环境治理硬件设施和资金十分必要。这其中通过良性的运行机制和配套完善的设施促使居民建立这样一种信任关系，即“社区居民相信自己的行为在保护社区环境，并且社区其他成员和自己一样都在为保护社区共同的环境而努力”。

三 社区环境治理的主体和主要机制

社区环境属于社区公共物品，它主要分为社区内部环境和外部环境。其中社区内部环境包括：社区自然环境（绿化等）、社区建筑物、社区生活和消费；社区外部环境包括：社区交通和社区自然生态环境。由于社区多样化需求、社区公共物品外部效应和消费集体属性与政府和市场供给公共产品的低效之间的矛盾，迫切需要构建社区多元利益相关主体协同参与的社区治理体制。同时由于各利益相关主体不同的关注点、权威水平以及关注兴趣，在社区环境治理中则需要进一步精确界定不同利益相关者的权责范围，从而避免弱势群体边缘化，可以有效缓解来自社区环境治理体制内部的矛盾和冲突。基本来说，社区环境治理主体分为三大类（张颖，2009）。

第一，“公共利益相关者”。政府作为环境治理的公共利益相关者在社区环境治理中承担举足轻重的作用，因为环境治理的有效推动需要政府颁布的法律和政策，而环境外部性污染问题更需要政府主导式参与。然而，在我国的城市社区环境治理过程中，政府一直作为管理的单一主体，往往缺乏竞争和有效监督，易造成成本高与效率低的现象。政府直接管控的环境治理政策容易忽略和弱化其他治理主体的责任和义务，并且由于缺乏反馈机制导致治理互动性大大降低。在环境多元治理语境下，政府应从“管理支配者”转变为“社区服务提供者、推动者”以及“社区合伙人”的角色，在保持政府政策主导角色同时，鼓励更多的利益主体参与到社区环境治理中，实行“政府主导下的社区多元环境治理政策”。

第二，“私有利益相关者”。追求最大利润是私有企业或合资企业的主要目的，作为社区环境治理的私有利益相关者，企业从来不是社区环境治理中的主力。然而，在全球环境污染治理背景下，企业产品的绿色更新不仅可为企业赢得更多可持续的发展，同时也为社区环境治理提供有效产品。

第三，“社区利益相关者”。社区利益相关者主要包括社区居民、当地社区工作组织（主要指居委会）以及非政府组织。其中社区居委会由于承担来自街道的各类工作，很难在社区环境治理中承担主要职责。而立足于保护社区环境的社区环保组织由于其参与成员的本土化（即吸纳社区居民参与）以及非营利性可以很好地协调个人和政府之间的关系，促进政府环境政策的有效执行。治理理论的重要内涵就是“打破固有的二元管理局面，通过第三部门参与管理，使政府、市场和非政府环保组织等实现共治，由此形成良性的互动网络”，社区环保组织可以弥补政府和市场在社区环境治理中的不足，对二者进行有效监督的同时，调动社区居民积极参与到社区环境治理之中，从而为社区居委会提供有益的支持，实现社区多元主体的协同参与治理。同时，社区环保组织可以承接政府在社区环境治理中的部分职能，通过政府购买服务，将政府、市场、社区三者有效地连接起来，从而为社区环境这一准公共产品提供不同于政府和市场的全新供给方式和服务。

综上，我们可以总结出各利益相关者在社区环境治理中的主要机制为：政府作为社区环境治理的公共利益主体，通过制定环境治理政策、购买社区服务、推动社区各利益主体以协同方式参与社区环境治理；私营企业或合资企业作为私有利益相关者通过遵循环境污染排放标准，推动企业清洁生产以及提供低碳产品，为社区环境治理提供产品；社区社会组织作为社区利益相关者通过组织动员社区居民参与，承接政府公共服务，灵活满足社区成员对社区公共产品的多元化需求，从而为社区公共产品供给提供有效途径；社区居委会作为社区利益相关者协同社区社会组织，调动社区居民积极性参与社区环境治理；社区居民作为社区环境治理的主要利益相关者和主要参与者，通过社区社会组织的动员，在社区精英感召下，为了共同的社区环境保护理想和目标自愿组织起来，为自己和公共的利益服务。在多元主体共同参与下，社区居民为着同一个社区环境保护目标走到一起，有利于社区居民之间的互相信任，并形成社区良好的生态文化氛围，通过自我组织自主管理形成社区环境善治局面。

所以社区环境治理机制可以被定义为：具有多元治理主体，融合社区公共利益、私有利益等多方利益，以社区居民参与、社区社会组织提供公共环境产品服务为主的社区治理模式。

第二节　社区环境治理的国内外案例分析

国内外许多城市目前已开展多个社区环境的创新实践，主要是基于目前全球气候变化背景下的低碳社区理念从绿色建筑、绿色交通、水资源循环体系、可再生能源体系以及公共参与体系入手，这些体系的建立及其背后的环境治理机制可为北京的社区环境治理提供诸多借鉴之处。

一　德国弗莱堡沃邦社区案例

弗莱堡是德国环境保护运动的发祥地，是德国最“绿”的城市。1986年切尔诺贝利核电站事故后，弗莱堡市议会选择了以太阳能为重点的可再生能源发展战略，在光伏发电、太阳能取暖、绿色建筑、绿色出行方面均取得非常出色的成果。政府理念正是在背后推动这些成就的核心力量。弗赖堡政府抓住了“通过保护自然景观，进一步改善城市生活质量”政策的契机，通过绿色交通、清洁能源使用、垃圾循环利用以及环保产品研发，推动城市整体的生态环境保护实践，并因此对德国其他城市产生积极的影响。

沃邦（Vauban）社区位于弗莱堡市南部，占地38公顷，于1993年开始规划和设计，后经三期不断修建终于在2006年修建完毕。沃邦生态社区的出现使人们相信通过合作和共享的方式，可以将一个社区与自然和环境融为一体，从而更好地实施低碳发展，满足社会需求传承精神文化。沃邦社区立足于低碳视角，从能源、交通、建筑、社会参与和公共空间设计等方面均取得了很大的成功，其具体环保实践措施可分为建筑节能体系、清洁能源体系、低碳交通体系、水资源循环体系和公共参与体系5大方面（达勒曼、陈炼，2013）。

（一）建筑节能体系

沃邦社区执行强制性新建建筑节能标准。沃邦社区规定，所有的新建建筑必须达到65kW·h/m^{2}a，这一标准是根据瑞士的SIA 380/1标准计算得到，低于德国建筑能耗平均水平的30%，远达到德国的WSchVO95建筑节能标准。房子都是成排设计，限高13米，屋顶坡度为0—15度时都需进行绿化，不允许建独立别墅以减少热损耗。在内部建筑方面，住宅墙壁内均有泡沫保温夹层，具有隔音、隔热、保暖功能，从而保持室内冬暖夏凉。另外，政府对节能建筑也有一定的政策支持，凡属节能住宅，根据其节能的程度，可从联邦和州政府获得赞助。同时对旧房进行节能改造也能获得相应的政府补贴。

（二）清洁能源体系

沃邦社区实施高效热电联产集中供暖项目。热电联产的原材料80%来源于碎木屑，20%来源于天然气。沃邦社区65%的电力是通过环境友好型方式（热电联产和太阳能）获得。在一期规划阶段，沃邦的太阳能收集装置就已经超过了450m^2，每年的光伏发电量超过120kWp。根据德国可再生能源法，太阳能收集装置光伏发电产生的电能可进入公共电网，业主可因此得到政府相应的补贴和收入。

（三）低碳交通体系

沃邦生态社区低碳交通理念不仅仅体现在某一个小的区域内的私家车限行，而是在整个社区中限制私家车的使用。根据沃邦社区规定，在社区内部不允许修建用于停用私家车的停车场。所有的私家车都必须停靠在社区周边的一个7层太阳能停车场中，该停车场的年费高达1.75万欧元。高昂的停车费进一步限制了私家车的使用。在沃邦社区中，所有公共设施如学校、幼儿园、商业区等离住区的距离都很近，完全可以通过步行或骑自行车轻松到达。有两条汽车线路将沃邦社区与市中心和火车站连接起来。社区中提供汽车租赁业务，一半以上的社区居民都加入了拼车俱乐部。同时对于为汽车租赁提供汽车的居民，弗莱堡市会给予其一定的奖励。他们不仅可以免费使用其他租赁汽车，还可以在一年内免费乘坐弗莱堡市的任何公共交通，并在一年内享受乘坐货车半价的优惠。

（四）水资源循环体系

沃邦社区的雨水渠并不专门建造，而是由户外铺设的水渠承担房屋周边雨水的收集，并将水引至区中心的水沟之中，同时补给城市的地下水量。一般雨水落下，先由屋顶花园截留一部分，剩下的则通过水渠管道进入渗水渠。碰上大到暴雨时，渗水渠还有疏解排水压力的功能。沃邦社区还建立了废水生态处理示范点，通过真空管道将粪便等与居民有机废物混合发酵，进行生物处理。所产生的沼气被用于居民厨房使用，而废液则经过生物滤膜过滤处理，形成水循环。

（五）公共参与体系

沃邦社区的公共参与体系最为突出的优势是其制定了完善的“居民参与机制”。这一模式将政府、市议会、建筑开发商（私营企业）和社区居民紧密团结在一起，通过合作与协商共同推动以居民参与为主的社区发展。

谢统胜（2007）总结沃邦“可持续发展社区”的运作基本上由三大组织所构成，这一组织结构由上至下分别是“市府执行单位”“专属的市议会”“社区居民所组成的沃邦论坛”（负责信息交换、讨论与决策准备）。共同治理的主要方式是在市政府与沃邦论坛双方均认可的基础上才可以推动社区政策的实施。所有居民共同分担整体决策的风险。沃邦论坛是类似于社区发展协会的NGO组织，成立于1994年。这个组织既有专职固定工作人员，同时还下设七个由居民组成的工作小组。每一个小组有专门的社区工作议题。组织的运作经费主要来自社区居民的会费、个人或企业捐赠、政府资助以及社区自身与少量的创收。沃邦论坛主要通过居民参与各类活动，组织和教育社区居民，同时它们还成功地在当地中小学课程之中融入环境意识与节能概念。[①] 在沃邦，社会活动是促进社区和谐，增进邻里友爱的重要方式。沃邦社区居民会自发形成很多社团组织，定期举办社会活动，为居民之间交流搭建了一个有效平台。沃邦社区内部就设有沃邦小学和幼儿园，居民送孩子上学就近出行，十分便捷。

二 英国贝丁顿社区案例

贝丁顿零能耗开发项目是英国推行新建住房零碳排放的一次有益尝试，也是英国目前最大的零碳生态社区。贝丁顿项目的目标是创造“从太阳、雨水、风等天然可再生能源材料中创造出一个低能源消耗的社区”。整个项目的设计理念始终以低碳、节能和环保为准则，处处表现出清洁生产和循环经济的有益尝试。从贝丁顿社区的前期设计、材料选择和建筑施工等各个方面都很注意能源利用的高效性、资源和材料使用的循环性、日常生活的高质量性以及交通运营的低碳性。其重要的设计理念如下（Bill Dunster，2008；夏斐，2010；郭磊，2014）。

（一）可再生能源系统

在能源方面的设计中，贝丁顿社区规定必须完全使用可再生能源，同时必须通过贝丁顿社区自身开发利用能源，不许从社区外引入能源（zero energy policy）。因此，贝丁顿社区共修建了777m^2的太阳能发电板，并利用木料废弃物经热电联产方式供给社区的热能和电能。另外，为提高能源使用效率，他们一律将房屋向南建设，增加太阳能接触面积和时间，并提高了建筑物的保温隔热标准。

（二）资源循环系统

贝丁顿的资源循环使用表现在两个方面，即水资源的重复利用以

① 谢统胜：《德国弗莱堡 V auban 社区：人为本的可持续发展模式》，《社区》2007 年第 5 期。

及垃圾废弃物的循环使用。社区家家户户均安装了节水装置，使用后的废水也通过“污水生物过滤系统”，将废水处理后再供非饮用水建筑使用。雨水则通过屋顶花园被收集储存下来，供给花园浇水和卫生间冲洗用水。另外，社区内设有垃圾分类收集桶和各种垃圾回收点，按照玻璃、金属、纸类、鞋子、纺织品等逐一分类，以确保每一种垃圾得到最大限度的循环利用和妥善处置。贝丁顿社区内所有的建筑材料均要求使用低影响强度的材料（low impact materials）。这些材料必须是可再生或可回收再利用的，并且在贝丁顿35英里内可以购买到，从而增加材料的循环使用，同时也避免因运输材料物资增加能源消耗。

（三）绿色交通系统

贝丁顿社区通过实行“绿色交通计划”以降低交通对能源的消耗。这一计划倡导步行、骑车和使用公共交通，减少对私家车的依赖。这项举措使得该村私家车行驶里程数比当地平均水平低了50%。该计划的内容主要包括以下四点：1）健全的交通基础设施。主要包括慢行交通系统的人行道、残疾人道和便于老人步行的通道；充足的自行车停车库及自行车道；2）降低居民交通出行需求。社区在规划之初即预留有家庭办公和社区办公区域，居住空间与办公空间相连，为部分居民徒步通勤成为可能；3）完备的社区对外公共交通网络和电动充电设施配套。社区居住区到达公交车站步行时间小于10分钟，此外社区为电动汽车配备了免费充电桩，而该电力主要来自居民房顶太阳能光伏发电；4）社区鼓励居民采取租赁和合乘的方式交通外出或通勤，并且在交通出行道路中辟出特快车道，专供两人以上的汽车行驶通行。

（四）绿色生活系统

贝丁顿社区设立各种社区学校为居民提供关于生态社区服务的各种辅导，辅导途径包括社区博客、信息服务和辅导手册，从而引导居民更为主动地融入社区的生态生活，比如教给居民如何选取更为低碳节能的家电、更为环保友好的家居建材、如何种植家庭作物等。正是这种既现代又绿色的生活方式，吸引了社区居民更愿意采取对环境更友好、资源更节约的生活方式，从而也同时实现了整体社区的生态环保的目的。

三　中国中新天津生态城社区案例

中新天津生态城是2007年由国务院总理温家宝和新加坡总理李显龙共同推动建设，由国家建设部与新加坡国家发展部签署的《中华人民共和国政府与新加坡共和国政府关于在中华人民共和国建设一个生态城的框架协议的补充协议》一文中确定建设的。中新天津生态城的城市规划立足于“资源节约、环境友好、经济蓬勃、社会和谐”四大方面，从而可以最终实现“人与人和谐共存、人与经济和谐共存、人与环境和谐共存”的目标。

中新天津生态城在社区治理与建设方面的主要内容包括：“公共资源的平等共享的社会保障体系”“便利舒适的休闲体育公共服务设施体系”“关注弱势群体保险制度体系”“立足公益的居民福利体系”“多层次、多元化的住房供应体系”。[①]

（一）生态社区的“三级模式”

中新天津生态城结合新加坡“邻里单元”理念，通过绿色交通道路的规划，将生态社区划分为基层社区、居住社区、综合片区3级（表9－1），为社区环境治理提供了界限依据。

表9－1　**中新天津生态城社区的“三级模式”**

层级	片区大小	服务半径	服务人口	服务功能
基层社区	通过城市机动车道围合形成了“约400米×400米的街廓”	200—300米	约8000人	满足社区居民就近获得日常医疗、文化休闲、体育锻炼和商业服务的需求
居住社区	居住社区通过慢行系统（即步行和自行车）连接，由4个基层社区组成	400—500米	约3万人	主要为居民提供医疗、体育、商业以及金融邮电等服务

① 崔广志：《生态之路——中新天津生态城五年探索与实践》，人民出版社2013年版。中新天津生态城官方网站，http：//www. tianjineco-city. com/SinglePage. aspx？column_id＝10241。

续表

层级	片区大小	服务半径	服务人口	服务功能
综合片区	综合片区由慢行系统连成网络，由4—5个居住社区组成	800米	5万—6万人	片区中心则结合城市交通轨道站点配置了更高一级的管理服务设施和公共绿地

（二）公共服务体系

中新天津生态城的公共服务体系，包括四个层级，由小到大分别为基层社区中心、居住社区中心、生态城次中心和生态城中心。每一个中心区域内按照服务半径，由慢行系统连接均布置了相应的商业、医疗、教育、文化体育等公共服务设施，为社区公共服务提供了有力保障。

1. 商业金融设施。主要分布在轨道站点和各级服务中心附近的商业金融设施主要实现商贸流通现代化；片区级公共设施中心的商业金融设施重点发展商业和贸易金融业；分散布置在各居住社区和产业区内的商业配套设施则主要为社区居民生活提供商业服务。

2. 文化娱乐设施。文化娱乐设施的建设也是根据社区层级布置：在每个居住区均设有“青少年文化活动场所”和“老年文化活动馆”；生态社区、生态片区和生态城三个层级均设有图书馆场所；城市中心和生态片区内设有艺术馆、表演馆和博物馆等大型文化活动场所。

3. 体育运动设施。各居住片区均设置了社区居民的体育康体运动设施，居民可就近到达。同时各层级的大学、中学和小学体育场馆均对公众开放，实现一馆多用。

4. 医疗服务。从生态社区、生态片区和生态城三个层级均设有相应的预防保健体系、卫生监督体系和医疗体系。

5. 教育设施。结合中新生态城市的生态文明理念，完善社区网络，为社区居民提高优质教育资源；设立相关生态产品企业与科研机构，将生态环保研发与产业化功能相结合。

（三）绿色交通体系

作为社区的外部环境，中新天津生态城的绿色交通体系倡导与土地利用紧密结合慢行体系和公共交通体系，尽最大限度地降低城市社区居民出行对私家车的依赖，从而实现交通体系的低碳减排。在这一交通体系中，按社区层级划分的慢行道路系统可以将社区居民居住生活、工作生产串联起来。而公共交通体系则主要由“城内公交骨干线、公交支线、轨道交通”构成社区的三级公交服务系统，从而实现社区外出交通的便捷性和高可达性。

（四）能源资源循环系统

中新天津生态城的能源资源循环系统主要包括：立足于水资源循环利用的雨水收集系统；实现污水集中处理和再资源化的污水循环系统；提高非传统水源使用的海水淡化系统；建立生态系统平衡的水生态修复重建系统；以及强调垃圾分类回收的可再生资源综合利用系统；节能源、增能效的新能源梯级利用系统。

第三节　社区环境治理机制

基于社区低碳化转型视角，结合前述的社区环境的主要内容，我们认为社区环境治理体系应包括绿色建筑治理机制、绿色出行系统治理机制、生态环境治理机制以及低碳生活和绿色消费治理机制。

一　绿色建筑治理机制

（一）中国建筑节能减排的主要领域

根据麦肯锡的分析报告[①]，中国建筑与家电部门在现有政府节能减排政策推动下，主要具备以下四个减排机会：选用高能效燃料、提高家电能效、强化贯彻节能建筑标准和提高发电效率。提高家电能效、选用高能效燃料、强化贯彻节能建筑标准均以改善建筑能效为目标，而第四个减排机会即提高发电效率，来自电力部门，并不仅限于建筑和电器使用部门。“提高建筑维护结构能效”（包括施行节能建

① 麦肯锡：《中国的绿色革命——实现能源与环境可持续发展的技术选择》，2009年调研报告。

筑标准及被动设计、经济型旧房改造）被认为是几项主要减排技术中温室气体减排潜力最大的技术，其平均减排成本也最低。余下减排潜力从大到小的技术依次是“改善通风、供暖和空调系统”“使用节能型照明”“家电节能技术”“水暖节能技术”。

（二）绿色建筑系统相关标准

作为社区的主要物理环境组成，建筑的绿色更新是社区环境治理的主要内容之一。“绿色建筑”（或称生态建筑、可持续发展建筑）已经成为世界范围的建筑理念和建筑行动。但因国情不同，各国对绿色建筑的定义和评判侧重点也有所不同。绿色建筑标准是开展社区建筑环境治理的重要参考依据。世界各国针对绿色建筑均出台了相应的标准。具有代表性的包括美国能源与环境设计先锋体系（LEED 体系）、日本建筑物综合环境性能评估系统（CASBEE 体系）以及中国台湾绿建筑标章（EEWH）。

1. 美国能源与环境设计先锋体系（LEED 体系）

LEED 的主要评估指标包括：“选择可持续发展的建筑场地”“能源和大气环境”“材料和资源”“节水”“室内环境质量”符合“LEED 的创新得分以及经过 LEED 认证的专业人员”。LEED 体系致力于实现以下目标：

（1）立足于建立一套通用的评估标准来定义“绿色建筑”；

（2）推进建筑整体设计实践；

（3）促进建筑行业的环境意识；

（4）激励绿色竞争；

（5）促使消费者重视绿色建筑效益；

（6）推动建筑市场的转型。

2. 日本建筑物综合环境性能评估系统（CASBEE 体系）

日本“建筑物综合环境性能评估系统 CASBEE”（Comprehensive Assessment System for Building Environmental Efficiency）关注“室内环境”“服务质量”“室外环境”等建筑环境设计质量，以及“能源、资源材料、基地外环境”等建筑环境效率，设置了优秀、很好、好、一般、差五个认证等级。其室内环境主要指声、温热、光、空气质量环境。在能源方面，其评估内容还包括建筑内空调、照明、换气、电梯等设备的效率等。

3. 中国台湾绿建筑标章（EEWH）

中国台湾绿建筑标章中的EEWH，就是生态（Ecology）、节能（Energy Saving）、减废（Waste Reduction）、健康（Health）的英文首字母，将绿色建筑定义为“生态、节能、减废、健康”。EEWH的评价对象按照已建和新建，尚未取得许可执照或尚未施工的建筑其评价证书各有不同，前者可申请“绿建筑标章”，后者则可以申请“候选绿建筑证书”。

4. 中国绿色建筑标准的发展

中国绿色建筑标准是社区绿色建筑治理需要重点关注的内容，也是社区建筑治理的行动指南，中国历年来针对绿色建筑出台了多项标准，具体分析如表9－2所示。

表9－2　**绿色建筑相关标准分析**

标准名称	负责机构	发布时间	适用范围	简单描述
中国生态住宅技术评估手册GEHRS	中华全国商业联合会住宅产业商会	2001年9月	住宅	CEHRS（2001年）第一版的评价类别包括：小区环境规划设计、能源与环境、室内环境质量、小区水环境、材料与资源，对居住小区进行全面评价，并兼顾社会、环境效益和用户权益。2003年推出修订版，保持5个评价类别不变，并增加了对规划设计阶段与验收运行阶段的区分
绿色奥运建筑评价体系GOBAS	绿色奥运建筑研究课题组	2003年8月	奥运建筑	国家科技攻关项目，对奥运建设项目在规划、设计、建设、验收与运行管理四个不同阶段进行评价；在体系构件上参考了日本CASBEE体系；评价指标采用5分制
绿色建筑评价标准	建设部科技司	2006年3月	住宅公建	由节地与室外环境、节能与能源利用、节水与水资源利用、节材与材料资源利用、室内环境质量和运营管理（住宅）和全生命周期综合性能（公建）六大类指标构成。每类指标包括控制项、一般项与优选项

续表

标准名称	负责机构	发布时间	适用范围	简单描述
绿色建筑评价技术细则	建设部科技司	2007年7月	住宅公建	为了更好地实行《绿色建筑评价标准》而编制。适用于指导绿色建筑评价标识、全国绿色建筑创新奖的评审和指导绿色建筑规划设计、建造与运行管理。条目分为控制项、一般项与优选项，并分为三个星级等级
《生态住区（住宅）》标准	国家环保总局	2007年7月	住宅	借鉴美国《绿色建筑评估体系》环境性能评价模式，参照了《中国生态住宅技术评估手册（2003版）》等。标准主要包括场地环境规划设计、节能与能源利用、室内环境质量、住区水环境、材料与资源五个方面内容
《绿色建筑评价标准》GB—T50378—2014	住房和城乡建设部	2014年10月	住宅公建	评价内容包括“节地与室外环境”“节能与能源利用”“节水与水资源利用”“节材与材料资源利用”“市内环境质量”“施工管理”和“运营管理”七类指标组成。每类指标均包括控制项和评分项，评价指标体系还统一设置加分项①

（三）社区绿色建筑治理核心准则

综合以上对中国建筑能耗以及节能减排领域的分析，参照国内外绿色建筑标准，社区绿色建筑环境治理应包含以下几大核心准则：

第一，尊重当地区域景观和环境特点；

第二，主要通过绿色建筑设计最大化降低建筑对能源、资源的需求；

第三，通过可再生能源和清洁能源的利用避免建筑对传统化石燃料的使用；

第四，充分利用中国传统绿色建筑设计策略与现代绿色建筑技术进行有机融合；

第五，借鉴国内外绿色建筑最佳实践，以公认的相对独立的标准

① 住房和城乡建设部，《绿色建筑评价标准》GB—T50378—2014。

作为参照或参考标杆。

二　绿色交通系统治理机制

交通系统是社区外部环境的重要组成之一。绿色出行是指“采用低污染、环境友好型的运输工具完成社会经济活动的一种交通概念”。绿色出行体系包括步行交通、自行车交通、常规公共交通和轨道交通。

作为缓解交通系统负面影响的城市绿色出行系统的建立的意义主要体现在以下几个方面：

第一，绿色出行系统的建设可以产生良好的生态效益。强调节能减排的绿色出行系统可以大大减轻交通带来的大气污染、酸雨、交通扬尘等问题，降低交通系统对于农业地区和生态敏感地区的破坏，避免其过度城市化；绿色出行系统尤其是以步行和自行车为主的慢行系统可以最大限度地避免交通噪声对易感人群的危害。

第二，绿色出行系统的建设可以产生良好的社会效益。以步行和自行车为主的绿色出行可以增强居民运动强度，达到强身健体功效，从而提高市区生活品质，同时还可以降低交通风险，减少交通拥挤。

第三，绿色出行系统的建设可以获得良好的经济效益。绿色出行系统由于最大限度地降低了交通对能源的依赖，从而减少了交通能源费用；通过便捷可达的绿色出行系统规划可以大大降低居民购买私家车的需要，降低居民的生活成本；活化邻近商业活动，促进当地经济发展；通过就近就医、就业、购物等降低居民生活费用；同时还可以缓解交通出行压力，降低交通意外风险。

（一）绿色出行的核心要素分析

绿色出行核心要素主要包括：城市空间布局、就业住房平衡、交通系统规划、道路绿化以及绿色交通工具五个方面。

1. 城市空间布局

城市的发展离不开与内外部的交流。城市空间布局反映了城市活动的内在需求与可获得的外部条件，因此成为绿色出行的首要核心要素。城市交通设施与城市总体空间布局的影响主要包括以下几个方面：

（1）对不同性质的土地利用具有吸引或排斥的作用。例如，物流中心、仓储、工业等用地趋于接近交通设施，而居住用地等则需要与其保持一定距离以及住区与就业与主要消费点的距离。

（2）对城市用地发展及功能分配也有一定影响。例如，公路、道路周边往往形成城市发展的“门槛”。

（3）对城市中心的形成具有一定影响。客运交通终点站或者交通之间的换乘点通常形成人流比较集中的地区，进而发展为城市中心。

（4）对城市道路交通系统的结构也具有一定影响。高速公路的过境与接入方式、各类客货站的布局、机场与城市的关系等通常影响到城市道路交通系统结构的形成。

2. 就业住房平衡

就业住房平衡是实现居民就近出行的关键。就业住房平衡率是指“居民在本地就业人数占可就业人口总数的比例”。其中本地居民指在城市居住时间长达一年以上的个人，本地居民中的可就业人口数指本地居民中有就业能力且有就业意愿的人口数。该指标可用来衡量居民就业的程度。就业住房平衡率指标值越高，说明就业与居住的平衡效果越能缓解社区交通出行的负荷，因此越能削减交通产生的碳排放量导致的环境污染。就业住房平衡率旨在实现环境友好、经济高效和社会和谐的目标，通过立足于对本地生活和就业形式在城市格局上的约束，合理减少出入境交通，从而建设全面的紧凑型城市。

3. 交通系统规划

交通系统规划不仅限于交通发展的预测、交通手段的选择以及综合交通体系的构建，同时与土地利用的分布以及城市形态结构有着密切的关联并相互影响。以作为城市交通主要设施的城市道路为介质，城市交通规划与城市基础设施规划、城市风貌景观规划以及城市防灾规划都有着相应的关联。城市交通规划的职能应包括：最大限度地保障市民的机动性；为各阶层、各年龄段、采用各种交通方式的居民提供一个安全便捷的交通环境；最大限度地降低交通对环境的影响；有利于保护并形成城市特色景观；保障城市生命线畅通；维持交通系统高效、安全和公平；实现能源可持续发展，体现环境保护和能源安全。

4. 道路绿化

道路绿化是指“道路及广场用地范围内的可进行绿化的用地”。道路绿地分为：道路绿带、交通岛绿地、广场绿地和停车场绿地。道路绿化是指路测带、两侧分隔带、中央分隔带、平面交叉、立体交叉、广场、停车场以及道路用地范围内的边角空地等处的绿化（蔡国华，2009）。

道路绿化是城市道路的重要组成部分，其主要作用包括以下几个方面：第一，安全运输作用，例如减缓驾驶员紧张心理、隔断对向车灯的眩光、线诱导和线性预告等作用；第二，道路景观改善作用。道路绿化可以有效修复因道路施工而破坏的自然景观，将自然环境与道路有效整合，从而提供舒适的行车环境；第三，环境保护作用。道路绿化具有防风固沙、隔绝噪声、吸附污染、改善大气质量等作用。

5. 绿色交通工具

作为全世界最大的温室气体排放的国家，中国不断地受到关于温室气体减排的压力。所以在交通方面，改变已有的传统能源汽车使用比例，推广使用新能源汽车，能够有助于改进中国在温室气体排放上所面临的压力以及在石油上对于进口的依赖。总体而言，到 2030 年，不同类型汽车应用新能源技术将减排约 6 亿吨二氧化碳，同时减少 2 亿—3 亿吨汽油和柴油的需求。除去对于能源的节约和温室气体的排放，使用新能源汽车还能带来空气污染的减少。将城市公共交通采用新能源和电动化，可以大大降低交通排放的大气污染，有效改善城市环境。

（二）绿色交通系统治理机制

综上所述，可以总结社区绿色交通系统的治理准则包括：

第一，土地功能混合的空间规划。为了实现合理的空间布局和更高的就业住房平衡率，在对城市进行规划时，土地功能混合利用是实现绿色交通的重要实现手段之一。

第二，实现高水平的就业住房平衡率。合理和适宜的住区空间规划可以促进就业住房平衡，完善基础设施、更加便利地出行可以实现更高的社会和谐度。此外，建设保障性住房还可以帮助解决低收入居民的就业住房平衡，也可最大限度地满足生态城市低收入职位的需求，以及减缓交通带来的环境污染和压力。

第三，从低碳角度系统规划城市交通系统，应注重道路系统规划与土地利用规划相结合原则、道路网系统完善发展原则、城市环境保护原则、城市景观风貌建立原则以及满足工程管线的敷设要求原则，将城市的慢行交通系统、公共交通系统作为城市交通系统的主导，并借助智能交通系统进行进一步优化，在此过程中始终以城市环境为红线，注重绿色植被的保护。

第四，将绿色能源引入交通系统，比如新能源汽车可以大大减少温室气体的排放，达到绿色出行的目的。

第五，绿色出行的管理措施，主要包括步行、自行车、公共交通的出行鼓励政策，以及私家车限制出行的政策，并配套实施居民出行管理计划。

三　生态环境治理机制

社区生态环境治理主要包括社区生态基础设施治理、大气环境治理、水环境治理、固体废弃物治理、环境噪声治理等。

（一）生态基础设施治理机制

生态基础设施是“维护土地安全与健康的关键性的空间格局”，是“城市和居民获得可持续性自然生态服务的基本保障”，是“城市扩张和土地利用不可触犯的刚性限制”（俞孔坚等，2005）。城市景观主要包括自然景观、历史景观与人工景观。三者之间的协调与互融是实现极致景观的重要基础。生态基础设施的建设正是实现这一协调互融的关键。低碳社区的开发建设过程中应尽量减少对原生态基础设施的扰动，保护景观多样性，同时应积极建设多样化的生态基础设施，实现社区人工环境与自然环境的和谐交融。低碳社区生态基础设施在规划中应遵循以下原则：

第一，协调发展原则。生态基础设施与周围自然环境、人工环境相互统一、生态基础设施景观内部之间相互协调。

第二，可持续发展原则。创造出既有环境特征、历史延续性又有现代性的公共生态景观环境。

第三，"以人为本"原则。生态基础设施景观应充分考虑居民的情感、心理和生理需要，从而与居民需求相互统一。

第四，文化保护与发展并重原则。挖掘地方特色风情和风俗，将其运用至生态景观设计中。

（二）大气环境治理机制

全球大气污染问题日趋严峻，气候变暖带来的各种城市问题也给人类带来了空前的危机。作为城市的基础空间，从社区角度开展大气环境保护策略将成为城市应对大气环境污染、气候变化的重要基础一环。低碳社区大气环境保护策略主要包括：

第一，实施可持续清洁能源战略。根据联合国环境规划署的报告，绝大部分大气污染物排放产生与人类活动有关，尤其是化石燃料的燃烧。因此保护大气环境，应首先从源头控制大气污染源，实施可持续清洁能源战略。从社区角度来考虑就应增大社区可再生能源，例如太阳能、地热能，以及清洁的不可再生能源。

第二，低碳社区布局，从规划建设上社区的布局实现功能紧凑且与绿色出行系统的耦合。因为功能紧凑的社区布局可以最大限度地降低社区居民的出行需求，实现低碳低排放的绿色出行，更可从源头上控制并减少因交通产生的大气污染。

第三，绿色建筑系统规划。绿色建筑系统将大大降低大气污染的产生，其具体策略本节第一部分已有详述，此处不再赘述。

第四，绿色出行系统规划。绿色出行系统因其低排放、低污染将大大降低交通系统大气污染的产生。

（三）水环境保护机制

由于城市建设过程中，社区建设涉及的区域较少有地表水流经，因此低碳社区的水环境保护策略主要集中于社区内部的水资源节约和水资源的再利用两方面。

低碳社区水环境保护策略包括：

第一，社区水资源的节约利用。社区公共场所的节水龙头的安装。通过阶梯水价以及宣传提高居民家庭节水意识。

第二，雨水的收集。社区道路的绿化景观设计和建筑的立体绿化。在规划区域范围内大量建造绿地和绿色街道，如可将街道绿色防护带建成地沟式，也可在建筑的房顶上栽种绿色植物形成绿色屋顶，这些不仅是美化社区的绿色景观，还可以起到蓄积雨水以利回用的作用。此外修建透水地面也可以有效保证地下水位得到回升，缓解雨季时城市防洪问题；回升的地下水还可以供给城市植被需水；透水地面也保护地表生态，减少地面扬尘。同时如果考虑到区域范围内雨量充沛并常会有暴雨发生，雨水的收集必须要考虑暴雨时的影响，在暴雨状态下，需要将溢出的雨水收集到雨水管网里。所以在规划区域中的各组团区域内设置雨水管道，以组团为单位对雨水进行收集。

（四）固体废弃物治理机制

在 IPCC 第四次报告中，垃圾与废水处理产生的温室气体占总温室气体排放量的 2.8% 左右。我国《固体法》第三条规定："国家对固体废物污染环境的防治，施行减少固体废物的产生、充分合理利用固体废物和无害化处置固体废物的原则。"这样，就从法律上确立了固体废物污染防治的"三化"基本原则，即固体废物污染防治的"减量化、资源化、无害化"。这三项原则正是我国固体废物管理的基本技术政策。①

低碳社区固体废弃物处理处置与循环利用的主要治理机制包括：

第一，建立垃圾回收利用系统。（1）垃圾分类。垃圾采用分类收集的形式，在居民住宅区及社区公共场所放置垃圾分类收集箱。公共场所则设置可回收物、其他垃圾两种分类收集桶。在公厕、垃圾转运站设置废旧电池回收箱。政府向居民无偿发放塑料袋，塑料袋颜色与分类垃圾桶的颜色相对应，不同颜色的塑料袋盛装不同垃圾，投放到相对应的垃圾桶中。每个居民区设置专人收取每家的生活垃圾，检查

① 其中"减量化"是指通过采用合适的管理和技术手段减少固体废物的产生量和排放量。"资源化"是指采取管理和工艺措施从固体废物中回收物质和能源，加速物质和能源的循环，创造经济价值的广泛的技术方法。"无害化"是指对易产生又无法或暂时尚不能综合利用的固体废物，采用物理、化学或生物手段，进行无害或低危害的安全处理、处置，达到消毒、解毒或稳定化，以防止并减少固体废物对环境的污染危害。参见《中华人民共和国固体废物污染环境防治法》，1996 年。

垃圾分类情况，并采取一定的奖惩措施。设置电子废物和废旧家具收购站，统一管理大型可回收再利用垃圾。（2）垃圾清运。垃圾清运采用分类清运的方式，清运车辆采用电动汽车封闭清运方式。当地卫生管理局应合理设计垃圾清运路线，尽量降低垃圾清运车辆的出行路线，以降低垃圾清运带来的能源消耗。各个垃圾清运车辆从垃圾桶或垃圾屋处收集垃圾后统一运送到垃圾转运站，经转运站进一步分拣分类后将垃圾统一运出。危险垃圾统一运送到危险废物管理中心；厨余垃圾运送到厨余垃圾管理中心；可回收垃圾统一经转运站进一步分类后，运送到相应的处理处置中心。剩余垃圾运送到焚烧厂或填埋场进行无害化处理。

第二，建立垃圾综合管理体系。具体包括垃圾的分类、回收和利用、垃圾的无害化处理以及垃圾的综合管理。这三部分内容涉及垃圾的产生源头、中间清运以及末端的处理处置过程。负责引导居民以及社会各个部门自觉执行垃圾分类、开展宣传教育、协调垃圾清运、处理及最终处置、统计垃圾产量、进行环境稽查活动等。（1）垃圾分类、回收和利用。负责垃圾分类回收的统一协调调度工作，定期组织社区、机关单位、商业建筑、学校、医院等垃圾分类负责人进行垃圾分类回收措施介绍，切实贯彻垃圾分类回收制度，定期开展垃圾分类回收评比工作，对于优秀地区给予奖励，惩罚垃圾分类混乱的小区或单位；（2）垃圾无害化管理。负责生活垃圾以及危险废物的无害化管理工作，协调堆肥厂、垃圾填埋场、垃圾发电厂以及危险废物处置中心之间的工作，确保垃圾无害化率达到100%；（3）垃圾综合管理。负责垃圾的全面管理工作，统计生活垃圾和危险废物的产生量，征收垃圾管理和处理费用，制定垃圾减量化、资源化阶段性规划目标，制定垃圾管理规定，对企事业单位以及居民区的垃圾管理措施进行评比考核，并实施奖惩。

四　低碳生活与绿色消费治理机制

低碳生活，是指通过减少生活中各种活动所消耗的能量，从而减少二氧化碳和大气污染物排放的一种生活方式。主要的措施包括：日常生活中的节电、节气和资源的循环利用。绿色消费是低碳生活的关键环节之一。绿色消费是指“消费者需求、购买和消费绿色产品的活动”。低碳生活方式的转变和消费模式的绿色化是社区环境治理的主要内容之一，也是推动社区居民主动参与社区环境治理的主要途径之一。

绿色消费的重点是“绿色生活，环保选购”。具体而言，绿色消费包含三层含义：一是倡导人们选择购买有利于健康和未被污染的绿色产品；二是消费的产品本身及其使用过程中的资源节约型和环境友好型的特点；三是产品消费后的废弃物处理处置和回收利用是否便捷。这三点也符合国际上公认的绿色消费的含义，即“3R”和“3E”标准①。绿色消费主要包括三方面的内容：“消费不易产生污染的物品”“消费过程中不造成环境污染”“自觉抵制和不消费对环境造成破坏、对资源造成大量浪费的商品”。低碳社区与绿色消费治理机制具体包括：

（一）建造绿色住宅以及节电节水

在低碳社区建设中，加强贯彻节能建筑标准，对建筑围护结构、照明、取暖等环节制定强制性节能措施，同时根据绿色建筑标识体系，让消费者有“更加绿色”的选择。建筑过程中尽量选取低碳排放和可再生的建筑材料，尤其在建筑围护结构和被动式设计等过程中，使用高效节能健康环保的材料。尽量依靠建筑的自然通风等被动式设计，降低对能源需求，并且进一步提高能效利用效率和使用可再生能源。此外，在低碳社区的建造中使用的建筑材料尽量本地化取

---

① 这是我国第一代环保活动家唐锡阳先生提出的，3R 即 Reduce：减少非必要的消费，如一次性的餐具和毫无益处的色素、添加物等；Reuse：修旧利废；Recycle：提倡使用玻璃、纸、铝等再生原料的产品；3E 即 Economic：讲究经济实惠如少用能源，少用包装，加工比较简单的产品；Ecological：讲究生态效益，如使用较少污染环境、很少破坏自然和野生动植物的企业和产品；Equitable：符合平等、人性的原则，如选择不严重剥削劳工，不侵犯原住民生存权，不进行非道德的推销，不经营非人道的动物实验的产品和企业。见 http：//baike. baidu. com/link？url = S4CKsxOOWhmxzzErSr_ 7oPRpE2ZYGAgfHfH6ZGWf3o PHmJeb3wggpFWbTQsdn7Z1655UCTa06CqkJ7ADBIrHmg-JhRWq9zL6Vmbn6tfS29JTw2DnHZz _ Q _ BDspx7Asdg。

材，降低运输中产生的碳排放。

在绿色住宅中提倡节能型照明，使用节能荧光灯和 LED 节能灯，鼓励在低碳社区公用和民用建筑中使用节能电器和电子产品以及太阳能热水器。选择高能效燃料，加大天然气和热电联产供热比重，提倡使用天然气做饭和烧水。提高家电能效，实行节能等级制度，鼓励使用高能效家电，建议使用国家 A 级能效家电。开发清洁的能源，例如太阳能、风能、核能等来满足对电力的需求，降低电力部门温室气体排放量。

通过建筑对非传统水的利用，减小对水资源的需求量：提高建筑再生水的利用，保证再生水在处理、储存、输配和使用过程中的卫生安全；提高建筑雨水利用，规划设计好雨水径流途径，并通过设计经济适用的雨水处理方案实现雨水的利用；绿化、景观等非饮用水方面要限制使用自来水和其他自然地表、地层水资源，要多使用收集的雨水、再生废水等；道路浇洒、洗车用水采用再生水等非传统水源，游泳池及喷泉等水景设施选用技术先进的循环水处理系统，采用节水和卫生的换水方式。

（二）促进绿色出行习惯的形成

绿色出行是低碳生活中不可或缺的重要一环，围绕社区的交通出行，社区居民在其生活习惯以及相关消费等方面均可以采取低碳、绿色的方式，实现社区的绿色出行。

从生活方式方面来看，可以尽量使用可持续的交通方式，比如步行、自行车和公共交通工具，少使用或尽量不使用私家车。此外，尽量在当地获得我们使用或消费的物品（食物、服饰甚至是工作），减少出行和交通需求，从而减少出行和交通中使用的能源（以上两方面又需要在低碳社区的规划中配套适宜出行的绿色出行系统以及公共服务配套设施）。

从绿色消费角度来看，提倡购买和使用电动汽车（包括混合动力汽车和纯电动车），代替传统的家庭用车，实现道路运输的节能减排。

此外，实现环保驾驶，尽量平稳行驶来减少燃料消耗，不要超速，定时检查轮胎充气情况，拿走不必要的东西和行李架，做到上车就走，降低汽车的碳排放。

（三）培育垃圾分类与循环利用的生活习惯

低碳社区的垃圾分类和循环利用是低碳生活的组成部分之一。垃圾分类和循环利用有利于降低垃圾无序排放产生的碳排放和污染排放。低碳社区应以“减量化、资源化、无害化”作为垃圾分类处置的原则和目标，通过垃圾的多层级管理，提倡家庭、区域的垃圾循环利用，控制垃圾产量、优化垃圾收集与运输、充分循环利用垃圾、妥善进行无害化处理。

固体废物处理的层级应包括：在社区中，以家庭为单位提倡垃圾的减量化，从源头即减少废弃物的产生；循环再利用，进一步减少垃圾的产生；将家庭无法再循环利用的垃圾进行堆肥处理，可以进一步提高其循环利用效率；层级最高的是，将社区产生的垃圾用于发电，实现能源的再利用。此外，提倡商品包装的简易化，禁止过度包装产品的销售，在商场有偿使用一次性可降解塑料袋，鼓励居民使用可重复使用的布袋等进行购物。

（四）鼓励绿色食品的生产与消费

在绿色食品的供给端，应从食物生产链生命周期中，对于农业生产、制造、制冷、运输、包装、零售、家庭仓储、烹饪以及废物处理等因素，作出正确评估，根据可行性，尽量选取碳排放低的方式。严格执行绿色食品标准，运用科学技术原理，实现“从土地到餐桌”的全过程质量控制。培育绿色食品产业链，依靠优越的地理气候条件，提供高质低碳的本地绿色食品，降低对食物包装、储存及运输方面的消耗，从而达到降低碳排放的目的；同时鼓励市民自家种菜，更加减少包装处理的碳排放。

在绿色食品的消费端，低碳社区中可以考虑选取AA级和A级绿色食品作为推广的对象，AA级绿色食品和A级绿色食品二者的区别如表9－3所示。在社区中应倡导居民逐步优化饮食习惯，减少肉类及奶类食品的消费，转而消费更新鲜健康的当季蔬菜、水果等绿色食品。这样不仅可以形成更加健康合理的膳食结构，同时可以降低温室气体的排放。因为牲畜的养殖需要排放大量的温室气体，而其生产、制造的过程也会消耗比较多的能源。

表9－3　　AA级与A级绿色食品的区别

项目	AA级绿色产品	A级绿色产品
环境评价	采用单项指数法，各项数据不得超过有关标准	采用综合指数法，各项环境监测的综合指数不得超过1
生产过程	生产过程中禁止使用任何化学合成肥料、化学农药及化学合成产品添加剂	生产过程中允许限量、限时、限定方法使用限定品种的化学合成物质
产品	各种化学合成农药及合成食品添加剂均不得检出	允许限定使用的化学合成物质的残留量仅为国家或国际标准的1/2，其他禁止使用的化学物质残留不得检出
包装标识标志编号	标志和标准字体为绿色，底色为白色，防伪标签的底色为蓝色，标志编号以AA结尾	标志和标准字体为白色，底色为绿色，防伪标签底色为绿色，标志编号以A结尾

（五）绿色文化理念和环保宣传

建立全民绿色理念，建设绿色文化，根据相应的规则、政策，对家庭和个人进行引导，提倡低碳绿色的生活方式。通过媒体网络宣传等多种形式来宣传国家环境保护政策方针、法律法规以及科普知识，从而提高公众环境意识，在生活方方面面禁止浪费，加强节约能源。

第十章　社区治理机制创新案例

当前中国社会的基础性结构十分脆弱：社会成员的自治意识不强、社会诚信缺失、公民责任心匮乏，为了从根本上解决这些问题，不仅需要政府转变管理理念，也需要社会成员自身的广泛参与。埃莉诺·奥斯特罗姆教授强调中国的社区建设中要进行“自我管理”，只有社区成员的自我管理和服务能力提高了，才能真正摆脱对政府的依赖。当前社区治理工作存在的主要困境在于：（1）社区居民的参与意识有待提高。众多居民还未完全建立起“社区共建、社区治理”的意识，遇到实际问题指责别人多于主动参与。高档社区物业公司服务水平较好，居民生活品质较高，以自娱自乐为主，不积极参与社区活动，更不关注社区治理。老旧小区基础设施较差，居民生活质量较低，利益诉求以自家实际生活问题为主，无暇顾及社区整体的发展。（2）社会单位的服务能力明显不足。众多社会单位不积极参与社区建设，只以本单位自我经营为主，认为社区建设是政府的事情，与社区居委会及社区居民界限分明，互不往来，信息不沟通、资源不共享，不参与或极少参与社区共建活动，没有意识到服务社区、服务居民是本单位的社会责任。（3）产权单位的责任意识比较缺乏。众多老旧小区名义上都有产权单位、物业公司管理，但实际上产权单位及物业公司名存实亡，严重缺乏对社区的管理和服务，设施坏了无人修，辖区卫生无人扫，社区环境脏乱差，经常推卸责任，造成严重的社会问题，居民经常向社区居委会及政府部门发泄怨气，在一定程度上产生了不良的社会矛盾。

因此，在当前中国社会正处于重要的转型期，社会成员在自主管理的理念引导和公益意识的增强方面，还有很长的路要走，为了使这些社会基础性结构问题得到解决，中国政府开始在居民自治和市场机制的引入方面进行统筹协调工作，北京市社区治理机制模式研究的典型案例主要有海淀区开展的“清河实验”、昌平区实施的“百千万工程”、密云构建的党建“1+5”党建机制、朝阳区加强居民议事厅建设、怀柔区的“参与性协商民主模式”等。

第一节 海淀区开展“清河实验”，推进基层社会治理创新

为了海淀区基层社会治理能力的提升，以贯彻落实党的十八届三中全会关于社会治理的重要精神，从2014年年中开始，清河地区开展了海淀区基层社会治理创新实践，即清河实验。

实验包括了“社会再组织实验”和“社区提升实验”两个阶段。一是，为了社区居委会的代表性有所提升，改造当前居委会组成。二是通过议事委员带领居民进行民主议事和决策，产生以居民需求为导向的社区提升议案，突出居民参与和监督的过程，由此实现社区的改造和提升。

一 清河实验的背景

在基层的组织机制中，许多社区或多或少存在以下问题：第一，居民代表大会虚设，半年召开一次，居民只听汇报不议事，且无事可议，因此法律规定的社区决策机构被悬置而无法落实；第二，社区居委会和服务站彼此职责在实际工作中难以明晰切割，即“议行不分”；第三，社区居委会承担行政工作繁重，组织和开展居民自治不足，且社区居委会委员身兼数职情况严重，即“政社不分”；第四，在社区活动经费的使用中，社区的自主性低，存在公益金申请和审批周期长、申请难、使用程序烦琐、缺乏科学有效的公众监督机制。

为此，在不对街道行政体制“伤筋动骨”的基础上，海淀区选取清河街道不同类型的社区开展了基层社会治理创新实验，并将实验的

重点聚焦于社区居委会的组织格局创新，目标是创建以利益共同体为基础，以功能调整为改革方向的新型社区居委会。其中，为了保证实验结果的推广性，选取的三个社区中，毛纺南社区属于单位大院型老社区，有居民 3275 户，党员 809 人，居民中 95% 都是原毛纺厂的工人。橡树湾社区属于高档商品房小区，有居民 2997 户，5000 多人，居民多为企业白领。阳光社区属于混合型小区，共包括六个小片区。居住本地居民 1700 多户，流动人口 300 多户，社区内有商品房、单位宿舍，还有农民平房以及等着拆迁改造的棚户区。

二　清河实验的具体做法

（一）实验第一阶段：社会再组织

第一阶段的实验思路是通过改造现有的社区居委会组织格局，确保社区居委会组成人员与社区的利益相关性，吸纳社区能人作为议事委员，拓宽居民参与公共事务决策和管理的渠道，积极探索基层民主协商的新形式，力图使社区居委会真正发挥出组织社区居民讨论与其相关的社区公共事务的自治作用，实施社区居民民主决策、民主管理和民主监督。

1. 选举议事委员

通过居民代表座谈、入户调研、组织社区活动、张贴横幅海报、制作视频宣传片等多种形式，积极向居民广泛宣传实验的重要意义。制定和发布了《选举公告》《选举办法》等相关文件，支持和动员了 55 名社区骨干报名成为议事委员候选人，并为每名候选人制作了选举展板和宣传视频。按照属地化和兼职化的原则，三个社区各自选举出十余名议事委员，差额比例为 38%。

2. 确定议事规则

按照实验的基本思路，社区居委会既是“议”的机构，同时也是“行”的机构。新增的议事委员，按照新建立的“需求征集—提案提出—会议召集—预案确定—方案研讨—街道参与—预表决—公示草案—上报街道—形成决议并执行”的议事规则，以居民需求调查为基础，聚焦社区服务类和社区公益类等问题，在社区居委会主任的主持下定期开会进行讨论。

3. 首选议题："公益金"

实验的核心是吸引更多的社区利益相关者参与社区建设，保护社区居民的知情权、参与权、表达权和监督权。在议事过程中，议题设置是很重要的内容。针对所选社区对公益金的使用有很大的动力和需求，议事会把"社区公益金如何使用"确定为第一个议题。通过对公益金申请资格、申请程序、使用项目、过程监督以及效果评价等开放式的讨论，让社区居民能体会到，无论最后的决策结果如何，社区居民参与过程中的审议和决策，激发了民主参与的意识，激发人们参与社区事务更大的热情。

（二）实验第二阶段：社区提升

1. 议事委员培训

作为社区居委会组成部分，议事委员参与社区事务决策，反映社区居委会是居民自治组织这一基本定位，并逐渐将补充议事委员与社区居委会合并。为了提高议事委员的工作能力，我们对所选出的议事委员进行了包括如何做好问卷调查、访谈、召开参与式讨论会等内容在内的能力建设培训，让大家学会运用一些专业技术，开展居民意愿和居民需求调查，了解居民反映出来的社区问题，并提出解决方案。

2. 民主协商讨论

第一期"社区服务民主协商讨论会"于2015年3月在阳光社区活动室召开，列席讨论的包括居委会、社区代表、楼门长、议事委员等。讨论引入了美国专家哈里森·欧文发明的"开放空间"的会议技术，新鲜的组织方式让居民们耳目一新。通过活动，大家理解了"治理"中公开、透明、合作、参与、关注弱势群体、将资源利用最大化的意义。随后在第二期的社区服务民主协商讨论会上重点讨论"社区公益金应该花在哪里"。此次讨论征集到议题37个，并选出了前三名议题。在分享会议感受和收获的阶段，大家都表示，新颖的会议形式让大家在轻松活跃的气氛中畅所欲言，哪怕只能看到一点小小的改变，也非常感恩和满足。

3. 社区环境整治

针对民主讨论会上，阳光社区最为关心的绿化环境问题，阳光社区居委会召开了由社区议事委员、环境设计人员等参加的“阳光社区绿化环境议事会”，共同商议社区的绿化改造项目。在专业人员的帮助下，大家确定了绿化地补种树木及花草的建议方案，并征得了物业公司的支持。会后，在居委会的协助下，议事委员和楼门长为社区家庭发放“走进阳光”社区报1份，居民方便联系卡1张，调查问卷1份，共发放1400户，吸引更多居民参与此次活动。项目实施过程中，热心居民积极参与义务植树，之后还分别进行了树木养护的认领。下一步，社区还将推行“义工—积分—换物业费和社区服务”的有益尝试。

三　清河实验的启示

首先，恢复自治属性：构建能够真正代表居民的居委会。“清河实验”与“社区自治，议行分设”虽均采取了“增量改革”的方式，但没有切断“议事层”和“执行层”的密切联系，可以更好地使得新加入的议事委员和原有的居委会成员通过共同的工作相互融合、相互监督、相互促进，最终使居委会能够真正代表居民利益，将工作面向居民需求。居民议事委员的加入，能够解决居委会居民利益代表性缺失和自身角色定位冲突的问题，恢复居委会的自治属性，进一步务实了社区自治的组织基础。其次，整合居民力量：现有工作与社区自治“双肩挑”。虽然居委会是法定的基层群众性自治组织，但根据国家社会治理体制和社区治理工作的需要，至少在一定时间段内，居委会继续发挥好自上而下的行政体系作用，承担基层社会治理的部分工作，保障社会平稳有序发展和国家对社区的“顶层设计”落实十分必要。此外，社区自治是居委会高工作能力的体现，但这一能力需要时间积累，成员职业化、专业化不能一蹴而就。议事委员对居民力量的凝聚，能够提高居委会的工作水平，使之同时开展与“自上而下”和“自下而上”社区治理工作的要求相符合、相适应，亦能促进解决基层政府对社区治理的推脱和干预的问题，为社区自治的开展和发展奠定了能力基础。最后，社会资本的培育，促进形成社区网络信任与规范。“清河实验”改变了以往居民动员和参与的“恶性循环”，增强了居民的参与意愿，加强了居民之间、居民与居委会之间的互动和认同感，逐渐形成了越发紧密的社会关系网络，弥补了当前“社区的碎片化”对居民参与的消极影响。

第二节　昌平区实施“百千万工程”，促进社会治理创新

一　项目背景

昌平天通苑地区是北京市开展“大部制”街道体制改革的试点地区，有效发挥“大部制”优势是给社区减压、创新社区服务治理的关键。近年来，昌平区鼓励社会和公众积极参与社会建设、凝聚社会共识、整合社会资源、增强社会活力、促进社会和谐，积极通过各种途径开展社区建设工作。

霍营街道的“百千万工程”是比较有特点的一项举措，以“发挥自治组织力量，推动社会治理创新”为宗旨，以百名社区干部为基础，以千名志愿者为依托，社区居民参与社区建设，将重点放在社区服务和社区服务上，经常以服务团队组织和个人志愿服务相结合的优势资源，加强管理，处理居民关心的热点、难点问题，为居民提供服务并推动社区的建设。

发动居民参与社区治理是“百千万工程”的宗旨，即在制度规范、专业引导等形式下，促进社区社会组织发展进步，使其在推动基层自治、促进社会公平、活跃居民生活、凝聚社会共识、塑造社区认同等方面发挥了积极作用，成为街道和社区各项工作的重要力量。

二　项目做法

“百千万工程”将“四个一”作为落脚点，即“一个空间、一个车队、一个学校、一项公益”。

(一) 打造一个社区软空间

社区公益空间以社区文化和环境为特色，搭建一个公众参与的开放平台，整合民间社会组织力量与社区资本，由当地居民自己选择和决定社区未来的发展，并行动起来，建设文化、环境、经济都能持续发展的多元化的和谐社区。通过社区与社会组织联合开展形式多样、有吸引力的居民活动，重建居民对社区的热爱和凝聚力，增强居民推动社区发展的信心。

其主要做法有：国际社工日活动、昌平中西医结合医院公益体检进学校活动、康福爱德公益节目进社区活动、与 18 家社会组织达成公益合作共识等。

(二) 成立一个社区爱心车队

组织辖区内广大私家车车主成立爱心车队，以“服务人民、奉献社会”为宗旨，为社区居民提供互助、免费的交通服务，用爱心和真情回报社会。激活私家车资源，优化配置、资源共享，提升区域内车辆利用效率，促进缓解公共交通运载压力，提高社会效益，同时倡导绿色出行，减少碳排放，降低污染。

其主要做法有：搬运爱心物资、助残扶弱、免费接送老人、接送中高考学生、应急救援、辅助救灾等。

(二) 对接一个学校

与北京农学院文法学院合作共建，与三农法律研究中心等机构合作，通过“百千万工程”的实施积极组织文法学院师生参与到街道、社区管理服务工作当中，既推动辖区社会公益事业的发展，又提升学校服务地方水平和社工人才的培养。

其主要做法有：养生健康大讲堂、太极养生操、老年趣味运动会、专业社工社区服务督导等。

(四) 开展一项社区暖心公益行动

开展特殊群体人文关怀社区服务，组织专家和志愿者组成服务小组，面向失独家庭、社区矫正人员、老年群体等重点人群，通过上门服务、定制服务和跟踪服务的方式“结对子”“零距离”地为需要帮助的群体提供非紧急救助、心理抚慰、亲子教育、健康保健等社区服务，把生活关心和心理关怀相结合，引导居民建立积极乐观的处世态度和生活方式。

其主要做法有“挖掘岁月宝藏，传承慈孝文化”助老公益项目、社区普法讲座、老人人生故事分享会、联系昌平电视台为老人写回忆录等。

三　项目启示

在“百千万工程”实施过程中，社区服务经常化、科学化得以实现，社会组织发展迅速，服务水平提高，社会治理方式大幅创新，带来一些新的经验和启示。

一是要积极宣传社区建设的理念。社区居民和社区工作者对社区建设工作不了解，会造成对社区建设的参与度和支持率不高，而影响社区治理工作的顺利开展。要加强对社区居民和社区工作者的教育，改善社区传统工作方式和手段，始终把宣传教育放在重要位置，提高居民、社会认知度，鼓励居民和社会组织广泛参与。

二是要形成多向互惠融合的格局。通过统筹明确主体，以社区沟通街道和社区居委会、社会组织。要明确责任和权利，分清轻重缓急和相互协调并平衡它们的利益，并寻求共同的目标，社区建设的社会组织和社会工作，以支持彼此，以充分发挥社会组织作用，有效地开展社会工作，解决具体问题，提高社区治理。

三是要广泛联合辖区单位和社会组织。与辖区单位、学校、社会组织建立合作伙伴关系，是推进社区建设多层次发展的关键环节。强化基层政府、社区组织与其他机构的合作关系，通过平等的方式共同服务于民群，责任共担，实现社区基层治理的共同利益。

第三节　密云构建“1+5”机制，促进基层党建和社区创新发展

密云县近年来围绕基层治理体制改革、社区民主自治建设、社区社会组织培育和社区服务体系建设等主题，开展了“社区监督委员

会”“1+5”党组织引领和谐社区建设机制、“说事评理”机制等基层治理创新，取得了良好的效果。

一 工作背景

随着现代化的不断发展，社区管理出现了许多新的问题。包括服务水平不足、服务资源短缺、缺乏有效的平台等。针对问题。2012年开始，密云果园街道开始推行了“1+5”机制，其中“1”是社区党组织，“5”分别是居委会、服务站、业委会、物业公司、驻区单位，“1”与“5”共同成立党组织，为满足居民需求、保障公共利益、建设和谐社区共同协商、共同推动、共享责权，形成多维服务系统，让社区内各类型主体共同作用，形成“党组织引领、部门支持、社会力量参与”的社区建设机制，解决社区发展和党建中的诸多难题。经过几年的实践，此机制已在全县推广运行。

二 主要做法

（一）组织结构重塑

一是社区建立联合党组织。建立社区党支部、居委会、服务站、业委会、物业公司和驻区单位形成席位制度，组建联合党组织，形成社区党建、社区自治、社区服务“三位一体”的组织架构。二是服务系统党支部。在舆情收集、公共服务、社会组织和志愿者，五方服务体系建立了党支部，组织了服务和服务协会，收集反馈信息，为人民群众开展服务。三是服务载体党小组。服务队伍和服务协会成立了党组织，积极发挥党员和党员战斗先锋的作用，为人民服务。

（二）健全运行机制

一是协商议事机制。联合党组织例会每两月一次，党组织书记也可以随时召集关于社区建设、居民问题解决的专题会。二是工作推进机制。明确团队成员的职责和完成时间，签订责任，进行绩效考核；建立动态管理制度，保证和谐社区建设工作进度，及时解决存在的突出问题；党组织在区内和社区党组织结合自己的优势和业务特点，组织党员开展服务人民活动，实现共同进步。三是考核激励机制。社区党组织采取效果评价、党员和居民代表评价和评价或评审团队成员的表现，将评价结果以书面形式向单位反馈。宣传通报制度。以社区电子屏为载体进行新闻报道，推进和谐社区建设，树立社区党建的典型。表彰激励制度。社区联合党组织对先进单位和优秀个人进行表彰奖励，向其所在单位和上级党组织通报。

（三）完善服务体系

根据居民的多样性、多层次的服务需求，在现有的服务载体的基础上，建立了五个服务体系。一是舆情收集系统，通过电话、党员入户等形式收集舆情，使民意表达渠道畅通。二是社会组织服务系统，通过协会党小组形式为社区居民提供个性化服务。三是志愿者服务系统，志愿者为居民提供心理疏导、矛盾调解等服务。四是党员服务系统，由社区党员为社区居民提供专业化服务。五是便民服务系统，通过社区便民服务站为社区居民提供零距离服务。

（四）发挥引领作用

一是引领发展方向。社区联合党组织负责总体规划和设计的社区，社区党的组织的社区建设优先事项、重要项目方面引领和谐社区建设的发展方向。以社区党组织为纽带，组织资源、人力资源和社区，开展全方位的便民服务，促进社区和谐发展。二是引领文化建设。联合党组织可以开展“邻里节”“传统文化推广”等活动，形成有特色的文化品牌。三是引领服务民生。社区联合党组织依托网格化平台，通过“走动式工作法”“入千户访万人心”的服务载体和“心理健康服务”等专项服务队伍建设服务网络，延伸服务触角，完善服务机制，为人民办实事。

三　取得成效

一是社区党组织的引领作用得到强化。社区各类组织关系理顺后，和谐社区建设主体得以明确、公共利益保障、工作运转机制等工作得以保障。整合各类党组织，在和谐社区建设中共同行动。目前，果园街道建立了社区联合党组织 11 个，社区党员 1315 名，涉及单位 41 家。

二是多元参与更加广泛。通过“三进四帮扶”“三官进社区”等活动，职能部门下基层、进网格、察民情、问民意、解民忧，直接面对群众，解决群众反映的诉求，自2012年以来，在“三官进社区”活动中，公安局、法院、检察院在社区进行现场开庭、法律咨询1200余场，4500人参与。在人力社保局的指导帮助下，300多人受到职业指导和培训，失业人员再就业2500余个。社区联合党的组织收集2207件民意，其中1960件得以解决，大量居民关心的热点和难点问题已得到有效解决。

三是公共服务更加便利。果园街道所有社区都配套了提供咨询等80项业务的服务站，由社区工作者为居民提供劳动就业、社会保险、社会救助、计划生育、残疾人服务、居家养老服务、保障性住房七大类公共服务；为各类人群提供代办服务。截至2015年年底，共受理、代办各类事项2万余件，办结率99.5%，变“百姓找部门办事”为“窗口为百姓服务”，减化了办事程序，缩短了办结时限，节约了群众办事成本，提高了行政效率，推进了服务型党组织建设。

四是党群干群关系更加密切。党组织引领和党员服务的共同作用下，广大民众体验到了党的温暖。果园街道共建立服务系统共计55个，组建服务载体225个，参与党员3361名，服务群众40675人，办实事1535件，在服务过程中民群对党组织的信任感增强，人心得以凝聚。

四　下一步打算

通过推行“1+5”党组织领导社区和谐发展机制上取得了进展，同时也发现了例如部分社区党组织认识不到位，主动性不强，公民意识和依法履行权利义务的理念薄弱，利益协调难度大，利益诉求不对称，共建方式单一等一系列问题。所以在今后的工作中要针对发现的问题进一步加大教育引导，推进基层党组织社区治理“多元参与”，同时强化自身建设，提高党组织核心引领能力，创新引领方式，强化党组织的共建实效，完善共治机制，确保和谐社区建设成为各类主体自觉行动，引领和谐社区建设不断走向深入。

第四节 朝阳区加强居民议事厅建设，推进协商民主常态化

近年来，朝阳区委、区政府高度重视社会治理创新，创造性地提出并成功实践了党政群共商共治工程，为推进社区协商民主建设奠定了坚实的工作基础。2015 年，区社会办按照“两规范四延伸”的整体思路，全面加强居民议事厅建设形成了“职责清晰、机制完善、衔接有效、互动良好”的议事平台体系，有力地推进协商民主的常态化建设。

一 推进居民议事厅建设的主要做法

通过搭建平台、建设队伍、规范程序、项目运作、效能评议、长效共治等方式，建立了以需求、问题为导向的社区协商民主闭环系统。

（一）推进居民议事厅建设，畅通民主协商的路和桥

在完善街道、社区协商议事平台的基础上，重点推进议事平台从社区向小区（楼院）的延伸，优化社区活动用房、原住房协调调整、便民服务空间、整合闲置住房等手段，促进居民议事厅建设，进一步织密工作网络，拓展工作触角。目前，全区建有社区议事平台 235 个，小区议事平台 523 个，楼院议事平台 908 个。如朝外街道把社区、小区（楼院）的闲置用房利用起来，经过装修装饰，打造居民议事厅 25 处，基本实现了居民议事平台的全覆盖。安贞街道结合居民小组，单元格自治团队，居民事务协调小组、楼委会等建立议事平台。

（二）加强议事队伍建设，提高代表的议事能力

在队伍建设方面，注重在主体多元、敢议会议、乐议常议上下功夫，提升议事的整体水平。一是逐级推选建队伍。参加党内提名、驻地代表推荐或封面等代表候选人，公示由居民会议表决。议事队伍主要由人大代表、政协委员、党员代表、居民代表、社区工作者、社会

单位代表和社会组织代表等组成，并根据议题情况邀请利益相关人参加。截至目前，全区共有议事代表 19729 人。二是学习培训提认识。以街道为单位，引入专业社会组织，聘请专家授课，帮助代表掌握程序、规则文化，围绕安全和服务主题的环境和社会，以提案的方式，参与社区建设。三是实践历练强能力。利用社区居民议事厅、社区听证会等形式，通过以会代训的实践历练方式，培养社区议事代表。同时倡导“走动式工作法”议事代表到居民群众中收集问题和听取意见，不断提高议事代表的沟通能力和提案能力，真正实现“想自治、能自治、会自治”。

（三）规范议事规则和程序，培养居民主人翁意识

规范“集、议、决、督”四个环节“集”是征集议题；“议”是研讨的过程；“决”代表投票表决；“督”是由对所决议事项的进度、质量和结果进行监督，推动事项有效落实。将流程和规则标准化，明确全过程。在此基础上，各街道进一步细化了规则和流程，全面提高了实操性。如香河园街道制定了居民议事厅操作规则，奥运村街道形成了居民议事厅六部曲，朝外街道形成了《朝外十条》等。

（四）实施项目化运作，推动议事立项的落地

社区议事厅是一个能动车间，将居民需求和社区问题变成项目。在项目落地过程中，注重立项管理、过程协商、多元参与、长效治理等关键环节。一是注重立项管理。在社区党组织的领导下，按照“一事一方案”的原则，形成项目书，明确责任人、完成时限和工作标准。二是注重过程协商。广泛听取各方意见和建议，科学设计和合理调整实施方案，确保受众广泛、群众满意。三是注重多元参与。通过问询式参与、协商式参与、体验式参与等多种方式，发挥居民群众、社会单位、组织等多元主体的作用，激发参与活力。四是注重长效治理。以居民公约、居民联席会等形式，维护和运用协商成果。如麦子店街道枣北社区、朝外街道天福园社区、大屯街道慧忠北里第二社区通过共商共治的方式分别解决了小区私搭乱建、私装地锁、老旧电梯更换等问题，实现了长效治理。

（五）加强居民议事厅效能评议，不断提高群众的满意度

社区建设行政效能监察应覆盖到居民议事厅工作，保障“事前有标准、过程有跟踪、事后可追溯”。社区和楼院工作团队通过社区报、公示栏、通报会、实地踏勘等形式，全程对居民议事厅工作情况进行公开，接受评议和监督，做到了“工作进度有监督、工作效果群众评、工作成果大家享”，不断提高群众满意度，同时也保证了居民议事厅长效运转。

二 居民议事厅建设工作的成效

居民议事厅的建设和实践，探索了加强基层民主和基层政权建设的新途径，较好地实现了“三个转变”。

（一）居民自治热情由被动向主动转变

通过“干什么由大家定”“怎么干由居民议”“效果怎么样由群众评”，让群众在整个公共服务中参与决策、参与实施、参与监督，居民从观众到参与者的变化，居民的维护意识、监督意识、参与意识、参与社区建设的决策意识不断增强。如潘家园街道松榆西里、华威西里社区在推进老旧小区自我服务管理中，充分发挥居民议事厅的作用，社区居民以主人的身份积极参与管理，稳步实现了“四有”目标。

（二）社区参与由单一主体向多元转变

通过居民议事厅的建设，使社区内的不同人群、不同组织、不同利益得到新的整合，参与有了平台，同时多元主体的参与也促进了共识的形成，推动了社区难题的解决。如八里庄街道、呼家楼街道应用居民议事厅，组织商户、出租户、楼内居民、产权单位等，通过协商短时间内形成治理拆墙打洞的共识，治理工作进展顺利。三里屯街道通过协商解决了社区花园年久失修造成卫生死角的问题，建立了产权单位掏一点、政府补一点的筹资机制，在老旧小区公共设施维护上实现了政府、产权单位、居民的协商治理。

（三）协商共治内容由局部利益向公共利益转变

随着社区议事厅工作的顺利开展，社区居民由过去只盯住个人局

部利益，逐步发展为关注社区的公共利益，普遍能站在全局的角度考虑问题。如左家庄街道通过发挥居民议事厅的作用，以“我的楼院我的家、管理服务靠大家”为主题征集并形成《楼院居民自律公约》，加强居民自我管理、自我监督，有效维护公共利益。

三　推进居民议事厅建设的工作方向

居民议事厅建设虽然取得一定成效，但在工作推进力度、整体覆盖面、运作规范化程度等方面，街道间还存在较大差距，这些还需要我们积极努力，共同提升。

推动居民议事厅工作既是落实基层协商民主的重要形式，也是提高社区居民自治能力、引导社区居民有序参与自治活动的重要途径。下一步我们将围绕“四个延伸”的目标（即议事平台由社区向小区延伸；项目主体由单一主体向多元参与主体延伸，内容的实施延伸到社区管理；项目经费由单一行政经费支持向多种资源延伸，继续规范和加强社区居民议事厅建设，从有“议事平台、议事队伍、议事主题、议事规则、共治机制”五个方面制定工作标准。一是有议事平台。进一步深化居民议事厅建设，力争实现社区议事厅、小区楼院议事厅的规范运作。二是有议事队伍。培养一批优秀的议事代表，发挥好示范带动作用。三是有议事主题。引导社区围绕楼道堆物堆料、私装地锁、小广告等治理难题明确出协商的内容。四是有议事规则。进一步规范“集、议、决、督”四个环节，提高居民参与度和操作性。五是有共治机制。通过制定居民公约和联席会等方式，落实协商成果。在实践中，要注重社区治理、协商协商、社区参与有机结合，逐步将公共服务、公益性等问题直接纳入协商民主，促进政府管理与社区自治的良性互动，实现议事常态化、主体多元化、议案具体化、决策民主化、治理长效化的目标。

党的十八大和十八届三中、四中、五中全会对创新社会治理新要求、新部署，以及中共中央印发的《关于加强社会主义协商民主建设的意见》，为我们加强社会治理进一步指明了方向。面对创新发展的新要求、社会治理的新形势、居民群众的新期待，我们还需进一步巩固成果、完善机制，积极探索、创新实践，为推进基层协商民主常态化建设作出新的贡献！

第五节 怀柔“参与型协商民主模式”探索——“富乐论坛”

一 项目背景

社区居民自治是社区和谐发展的趋势。居民自治就是让居民自己管理自己的事情，这样可以有效地反映居民的愿望，化解社会矛盾，畅通民意，从而处理好社区的不和谐因素。为了更好地实现居民自我管理、自我服务、自我教育、自我监督，增加居民的自治权限，怀柔区在 2015 年进行了“参与型协商民主模式”的推广工作，即以“社区议事厅”为载体，采用多种形式，协商解决社区事务，并在全区选取了 8 个社区进行试点。在试点过程中，各社区大胆探索创新，根据各社区的实际情况和原有工作基础，不断总结提升。在居民骨干培养、业委会作用发挥、社区社会组织培育、准物业管理等方面积累了宝贵经验，形成了各具特色、百花争艳的社区民主自治局面。“富乐论坛”就是“参与型协商民主模式”的代表。

“富乐论坛”是泉河街道富乐社区积极探索社区民主自治模式，不断完善社区民主自治机制，搭建的便于居民参与社区事务的载体和平台。论坛以加强社区居民民主自治、社区居民的思想道德建设及精神文明素养为目标，根据社区内亟待解决的重要问题、社区居民关心的热点问题以及对社区居民有较大影响的社会问题确定研讨主题，由社区各类居民共同从理论和实践两方面加以讨论，并提出解决方案。经实践，论坛有效解决了乱栽乱种、乱堆乱放、私搭乱建、施工扰民、文明养犬、低碳生活等社区难题，提升了居民素质，改进了工作作风，促进了邻里和谐，居民满意度大幅提升，居民参与社区建设的积极性也大幅提升，让居民真正实现了“当家做主”。

二　具体做法

（一）从解决社区难题入手

选准论坛主题是开展好论坛活动的关键。把居民关注度高的问题，对居民影响大的问题在论坛上解决了，就会增加居民对论坛的信任和参加论坛的积极性，从而就可以激发居民的自治潜能。所以解决社区难题就成了举办“富乐论坛”的切入点。

富乐社区一小区院中公共绿地上栽种多棵香椿树，随着香椿树越长越大，影响采光、地基安全和环境整洁。为此，几年来邻里纠纷时常发生，砍树和留树的争执不断。为解决这一问题，召开“椿树情牵邻里”主题论坛，最终种植香椿树的居民表示理解和支持，将自家的香椿树进行了砍伐。

怀柔区老年服务中心综合楼工程施工期间，工程噪声给附近居民的日常生活带来了很大影响。居民多次找施工单位交涉噪声补偿无果后，便自发组织拦截施工车辆，群体性事件一触即发。富乐社区居委会高度重视，在做了大量工作的同时，又组织了由居民代表、施工单位、民政部门、律师等参加的“维护居民合法权益、确保政府工程顺利竣工”的主题论坛。最终，多方达成一致意见，并制订了补偿方案，事件得到圆满解决，充分体现了论坛“让居民有地方说话、居民说话管事”的优势，维护了社区的和谐稳定，更使得“富乐论坛”深入居民心中，为社区和居民搭建了一个沟通感情、解决问题的平台。

（二）从提升居民素质入手

为增强居民“自我教育、自我管理、自我服务”的意识，提高居民整体素质，使居民对社会上普遍存在的热点难点问题树立正确的认识，形成正确的道德评判标准，为构建和谐社区奠定坚实基础。“富乐论坛”从提升居民素质入手，通过论证的方式，开展了多次主题论坛活动。

在“我谈社区文明人”主题论坛上，居民对如何做好社区文明人、社区居民应该具备什么样的素质进行了讨论，讨论形成了“富乐社区文明社区人标准”，条款包括“积极参加社区公益、文体等活动，相信科学，不搞封建迷信，不赌博，自觉摒弃、抵制‘法轮功’等各种邪教和不良现象，努力营造健康、文明、向上的生活环境，为和谐社区建设献计出力”等与居民生活切实相关的内容。此次论坛还在无形中引导了居民树立正确的人生观、价值观，提高了居民参与社区自治的主观能动性，以及参与社区活动的热情。

（三）从改进工作作风入手

为促使社区改进工作中的不足，提高工作效率“富乐论坛”把社区党委的年度工作部署细化成论坛主题，一方面积极探索社区建设的发展方向，为社区发展出谋划策；另一方面也为居民监督社区党委完成工作提供了保障。

居民组长是社区工作的重要力量，是居民自治工作的主要推进者，如果居民组长工作做好了，社区建设的各方面工作都会得以改进。在“如何做好居民组长工作”主题论坛上，大家对居民组长岗位的重要性进行了充分探讨，各位居民组长也积极表态，决心在社区建设中发挥主观能动性，带领居民做好本小区的各项工作。

（四）从助推社区和谐入手

论坛不仅是解决问题的平台，也是发现问题的途径。社区居委会注重通过举办不同主题的论坛活动，及时从居民的发言中了解居民的思想动态，发现社区中存在的不和谐现象，再通过总结论坛中反馈的各方面意见和建议，推动社区更加和谐稳定。

当前，论坛活动效果较好，在“文明养犬”论坛活动中，养犬户养成了许多好习惯，改善了社区的环境卫生；以“低碳生活”为主体的论坛，通过宣传时下的热点话题，在居民中提倡“低碳生活”的环保理念，让居民在生活中养成良好的环境习惯；“物业与业主关系”论坛活动，以解决业主和物业公司之间的矛盾，使物业费征收率大幅增加，从原来的50%增加到90%以上，并带动了其他各楼院的物业费收缴率。

今后“富乐论坛”也将不断创新的形式，将逐步扩大到室外论坛等形势，并将范围扩大到共建单位，吸引更多居民参与论坛活动，解决更多的居民问题，使富乐论坛成为建设和谐社区的中坚力量。

三　项目启示

一是抓社区自治，就要完善机制，要搭建平台，要有活动载体。

二是抓社区自治，就要培养居民带头人，要激发方方面面的积极性和创造性。

三是抓社区自治，就要与社区重点工作有机结合，做到持之以恒。

第十一章　社区治理机制创新的对策建议

未来一段时期，针对当前北京市社区治理中存在的问题，要以混合型社区治理模式为导向，从社区党建、街道办事处机构、社区自治力量培育、制度完善等方面入手，逐步优化、完善北京市社区治理结构，为建设“民主法制健全、基本社保均衡、公共服务完善、社会安全稳定、生活环境良好、邻里互助友爱”的和谐社区奠定坚实基础。

第一节　强化社区党建工作，优化社区治理的政策法规体系

社区党组织的建设是社区全部工作的基础和社区管理的重点，是充分发挥领导作用的机制基础，是完善社区治理模式的一个重要环节。今后一个时期，要着力构建和完善社区党组织，充分发挥领导核心作用的体制机制。具体而言，要抓好以下几方面工作。

一　进一步建立健全社区党组织

依据开展活动的情况，调整和改进社区党的组织，特别注意到新的居住区、社区党的组织工作，及时在新成立的社区建立党支部和党组织。

二　倡导党组织成员参与社区自治

遵循党的领导、居民群众当家做主和依法管理社区相统一原则，

努力在法定程序基础上，发挥党员的先锋模范作用，使之成为社区决策的机制。

一是要提倡党组织领导干部参与居民自治选举。提倡党组织的书记、主任等积极参与社区居民会议选举，并在社区居委会任职。居委会的党员，可在同等条件下优先考虑兼任党组织的领导成员。

二是居民中的共产党员参选居民代表和小组长将得到大力支持。激发社区党员在社区建设中的积极性、主动性和创造性，提高社区党员队伍在居民中的影响力。

三是在社区群众性团体和社会中介组织中建立党支部或联合党支部，隶属于社区党总支。鼓励社区群众组织的负责人与该团体的党支部负责人“一肩挑”。

三　注重发挥在职党员的先锋模范作用

在职党员工作在单位，生活在社区。积极引导和鼓励他们充分发挥先锋模范作用是一项重要的内容，同时也是党和政府机关、企事业单位的党建工作的有效延伸和必要补充。街道党工委和社区党组织建立的服务中心和联络服务站，建立党的组织，及时和适当给他们组织参与社区建设充分发挥在知识和技能的机会。在街道、社区党的组织和基层单位的党员间建立良好的互动机制，以增强社区生活的党员意识，充分发挥先锋模范作用。为评估、奖励、晋升的组织方党组织的党员，要注意通过街道社区党组织调查和了解党员在八小时以外的表现。

四　健全社区治理的政策法规体系

只有搞好社区管理制度建设，才能推动社区管理的民主化和规范化。目前北京市在社区治理方面缺位或不完善的法律法规较多，没有一部社区建设和发展方面的地方性法规，关于社区治理各主体之间关系，规范各方行为的规章制度也不完善。如对社区发展的规定，公共财政支持的邻域系统，居民代表会议制度、工作制度，对业主委员会鼓励社区志愿服务和监督管理体系，培育社区社会组织规章制度的发展也需要开发或改进，使社区治理有法可依、有章可循。

充分利用信息化和网格化等技术方法，寻求社会动员新措施。进一步完善社会动员机制，特别是利用现代信息技术的微博和微信实现公众参与，实现决策的民主化、科学化，让该地区更贴近人们的生活需求的发展。

第二节 推进街道办事处改革，优化街居治理机制

一 进一步转变街道办事处职能，突出公共服务职能

政府对部分社会服务职能“放权”是混合型社区治理模式构建的必要条件之一，同时，街道还必须为辖区内的各类社区提供基本公共服务。为此，要适应社区治理模式改革的客观要求，就必须推进街道办事处从“全能机构”向“有限政府”转变。

一是适当剥离街道办事处的部分专业管理服务职能和社会服务职能。凡属那些专业性较强的基层管理服务工作，例如环卫、环保、统计、城管执法、劳动监察等业务，原则上由区政府职能部门或经营实体的下设机构承担；改变街道包办社会事务的传统做法，把那些原本属于非政府性的社会事务，还权于社会组织，为社会组织发挥作用让渡空间。街道党委和街道办事处为这些专业的服务组织和社会组织提供相关的安全服务，并对其行使监督检查、评估、评价职能。使街道办事处这个无所不包的“全能机构”从越权、越位的掣肘和全能重负中解脱出来。

二是在资金配置的前提下，逐步剥离街道办事处的经济职能，使其专注于社会管理和公共服务。

三是在根据不同地区、社会、公益、群众工作等情况下，监督检查加强街道党委和街道办事处向区机关、团体和企业职能。

四是强化街道党工委和街道办事处对职能部门驻街机构的工作人员进行考核、评议的职能。

二　精简街道办事处内设机构

根据当前设置或街道办事处等部门，职能交叉，容易造成的问题，应积极从石景山鲁谷社区的经验中学习，按照“转变职能、权责一致、强化服务、改进管理、提高效能的要求”，精简街道办事处内设机构，实行“大科室”制，增强街道办事处的社会管理和公共服务职能；推动街道办事处以发展社会事业和解决民生问题为重点，把基本公共服务放在更加突出的位置，增强基层政府组织的凝聚力和公信力。考虑到现实情况和街道工作人员的合理利益问题，可以在保持街道编制、人员级别、待遇、职数、数量“五不变”的前提下推进街道内设机构的整合改革，待条件成熟后，再进行编制、职数等问题进行逐步改革。

三　加强街道层面的政治民主建设

一是继续深化党务公开、政务公开，建立健全民意调查、反馈制度；进一步增强党员和居民群众的知情权、参与权、表达权和监督权；所有居民关心的热点和难点问题和所有居民的切身利益的重大问题，应及时向公众开放，或举行听证会，听取居民的意见，接受居民的监督。

二是进一步完善街道社区成员议事会、社区代表会等民意表达机制，同时发挥街道辖区内的人大代表、政协委员、居民代表、驻街单位代表的建言献策和监督作用。

三是统筹辖区资源，扩大社会参与。

1. 搭建资源统筹平台，深化地区共建共享。着力筹建“社会资源统筹管理与利用工程”平台，实现辖区内社会资源的集中动员与有效配置。进一步发挥党组织的核心作用，推进区域化党建“大工委”建设，引导发动辖区单位通过支持社会公益参与地区建设，将社会力量纳入政府主导的服务管理体系，共同参与社会建设的社会动员机制。

2. 多维引入优质资源，拓展创新社会服务。着力统筹优质资源，打造“1+X”社会服务创新品牌。“1”即以街道“孔子学堂”为依托，“X”即名师、名医、非遗、民俗、中华功夫、法官、康复等文化、服务进社区活动。借此，广泛动员辖区内外的优质资源，共同参与地区社会事务，以政府出资购买社会服务、协作单位社会化运作方式，汇集街道内外公益服务资源，推动地区社会治理。

3. 联合区域执法力量，共同治理地区环境。下大力气进行街巷环境整治。多部门联合，动员辖区单位和沿街商户，集中对护国寺大街、棉花胡同、鼓楼大街等路段进行环境综合整治，规范了商户沿街摆摊，清理了街巷杂物堆放，开展治污、治乱工作。

四　适当调整街道办事处辖区规模

伴随北京市城市建设规模的扩大和布局调整，应该进一步优化和调整现有街道办事处辖区划分，以利于社会管理和公共服务。

第三节　完善“居民会议—居委会”体系，优化社区内部协商机制

一　健全社区居民会议制度

一是将居民会议作为社区群众性民主决策机构，并以制度形式确立下来。居民会议的职权范围包括一切与社区居民切身利益相关的社区事务，如发展社区居民的公约和社区的规章制度，选举居民和居民的群体的领导、选举和监督居委会的工作等。居民会议每年至少应召开一次，参与居民会议的居民数应占到本社区18周岁以上居民总数的50%以上。对于居民人数较多的社区，可以按户参加，但参加的户数应占到本社区居民总户数的60%以上。

二是制定旨在规范居民民主决策流程的《北京市居民会议规则》。推行“民主提案、民主议事、公开表决”的三步决策法。民主提案是指由社区居委会、社区党组织、社区社会组织、社区一定比例的居民根据实际情况提出议案，议案由居委会统一受理。民主议事是指社区居委会成员联系有关人员对议案进行研究探讨，提出具体意见和建

议。公开表决是指一个新的计划的形成，宣传并由社区居委会组织社区会议或居民代表会议，讨论该计划的决定。

三是组织社区居民会议。考虑到北京市居民社区参与意识不强的情况，制定《社区居民会议组织管理办法》，由街道指导居委会组织社区居民和社区各类组织、机构（主要是物业公司、驻社区企业、社会组织等），按照会议组织管理办法的有关规定，召开社区居民会议。对由于种种原因，居委会无法组织居民会议的社区，街道要直接参与会议组织工作，待居民参与意识提高，居委会组织能力提升后，街道便不再直接参与会议组织，只负责对会议的民主化程序进行监督和指导。

二　民主选举社区居委会

改进完善《居委会换届选举办法》，以 2009 年 3 月北京市居委会全面换届为契机，推动社区居委会选举的民主化改革。

一是民主确定居委会成员候选人。鉴于目前居民委员会成员可能出现的“指选化”现象，将居民委员会成员候选人的提名权交给选民，既可以通过选民直接“海选”的方式来提名，也可以由候选人报名，选民联名的方式提名候选人。

二是拓宽选民范围。除了 18 周岁以上具有本社区户口的居民外，还应将在本社区居住时间满一年以上的非本社区户籍居民纳入选民范围。针对人户分离的居民按照自主原则，一个人只能有一个社区居委会的选举权和被选举权。此外，在本社区的部分社会组织和单位也应有一定的选举权和被选举权。

三是规范选举程序。按照公开、公平、公正、民主的原则，在街道的监督下，在居民会议上，通过居民投票直选选举产生居委会。

三　优化居委会运行环境

一是进一步明确社区居委会的地位，即社区居民会议常设议事机构，确保居民会议决议的执行。

二是完善相关制度，明确社区居委会组织与管理权、内部决策权，并可以对上级政府的不合理摊派进行拒绝。同时，还应完善社区居委会定期报告制度、居务公开制度、服务承诺制度、考核评议制度，规范社区居委会工作，强化社区居民对居委会工作的监督。

三是落实本市有关解决居委会办公用房、经费来源等问题的政策，由区（县）统筹解决，并由市级财政设立专项基金给予支持。

四　理顺居委会、业委会与物业服务机构之间的关系

要以《物业管理条例》为指南明确职能，在居民委员会指导下对业主大会和业主委员会进行监督。根据规定进行业主大会及业主委员会选聘、解聘、监督等工作，提倡社区居委会成员积极竞选业主委员会成员，同时也提倡业主委员会成员积极竞选社区居委会成员，通过交叉任职，增强社区居委会的指导监督作用，增强社区居委会对物业的指导和监督力度，密切居委会与业主委员会之间的合作程度。

五　积极优化居民恳谈、社区听证、社区论坛、社区评论等协商机制

协商民主是培育参与型文化的良好民主载体。这主要源于协商民主所包含的包容性特征。协商民主的包容性意味着不同能量的协商主体可以享有平等的机会参与到协商过程。尽管不同的参与主体在协商能力上有些差异，比如理性的思维能力和语言表达能力，但是，这并不意味着能力强的主体可以有更多的参与机会将其他人排斥在协商过程之外。对于社区治理而言，这有助于鼓励社区居民的积极参与，提升其参与效能感，从而营造和谐、积极的参与氛围。

居民恳谈是听取群众诉求的重要渠道，为了更直接地倾听居民的心声、更深入地了解居民生活中的困难、更及时地为居民解决问题、办实事，以聊家常的方式，了解辖区内环境卫生、社区治安、社区服务、邻里矛盾、城市建设、流动人口、社会保障、为老养老等方面的意见和建议，增进居民和社区工作人员之间的了解，化解居民和基层政府之间的冲突，把矛盾化解在基层。居民与物业之间、居民与居民之间缺乏有效的沟通，社区目前的发展状况、党建、维稳等诸多方面

的情况，以及针对当前存在的问题共同商讨解决方案。积极推进“民情恳谈会”成为民情“直通车”和密切党群干群关系的“连心桥”，成为新形势下走好群众路线、密切党群干群关系的有效载体和平台。

政府相关部门在社区实施的项目和涉及社区居民重大利益的工作的时候，要实行社区听证制度，凡是涉及社区环境改造、社区文体活动设施建设与改造、社区治安、社区服务、人民内部矛盾调解等与居民群众切身利益密切相关的公益事业和公共事务决策都要实行听证。杜绝一些听证会先决策再走程序，代表民意的多数人只能“听”不能“证”，而遭到诟病的弊端，真正体现听证的意义所在。

社区论坛可以在线上线下充分讨论，可以是社区的一个板报，也可以是一个网络板块，社区内不同的人围绕同一主题引发讨论，充分酝酿，发扬民主。社区论坛可以由社区意见领袖提出主题，围绕社区中的吃喝玩乐、身边热点、国家大事、家庭琐事、邻里之间的事情，追踪社区热点难点事务，充分讨论，让大家各抒己见。允许大家畅所欲言，也允许大家发牢骚，甚至“骂娘”，发怨气。

社区评论是引领社区风尚，聚集民心的重要载体。协商民主的包容性意味着允许不同的人发表不同的意见。因为协商民主倡导者对协商理想所要求的推理模式有各种不同的表述。[①] 在实际工作中，对社区事务评头论足应予理解和支持，俗话说，好事不出门，坏事传千里。对社区真善美的事务应积极发挥社区舆论的导向作用，对社区假恶丑的事务应予揭露，形成良好的社区风貌。

六　健全完善居民会议、居民代表会议议事机制

依据《居民组织法》规定。居民会议（或居民代表会议）是居民发扬民主的组织制度和民主决策的组织形式，是实行自治的决策机构，真正的权力属于居民会议。居民代表应热心社区工作，办事公

① ［南非］毛里西奥·帕瑟林·登特里维斯主编：《作为公共协商的民主——新的视角》，中央编译出版社 2006 年版，第 147 页。

道，代表居民意愿发表意见、表决；了解、监督居委会的工作。居民会议（或居民代表会议）由居委会召集，至少每半年召开一次。

但在单位制解体后，社区居民的“异质性”日渐增强，“熟人社区”逐渐向“陌生人社区”转变，以前的邻里守望，已逐渐为“对面不相识”，居民对社区公共事务的关心程度下降了，居民会议（或居民代表会议）作出的决议，规定的必须由出席会议人员的2/3以上通过才能生效。居民会议（或居民代表会议）作出决议，由居委会负责实施。有时并不能达到法定的参会人数，为此，应积极创新会议形式，可以改居民会议为网络会议形式，通过社区微信群、社区QQ群等发送社区信息，征求意见，讨论社区建设规划建议、居委会年度工作计划及实施项目，讨论涉及全体居民利益的重要问题。

第四节　培育发展社区社会组织，优化组织内部治理机制

坚持培育发展与监管并重的原则，基层政府应为入驻社会组织免费提供包括办公场地、通信网络、活动器材等硬件设施，对入驻社会组织依据评审情况提供相应的孵化补贴，同时入驻社会组织在举办大型公益活动时还可以得到额外补助经费。

定期邀请高校学者教授和社会组织建设领域专家权威组建顾问团队，协助设计全年能力建设系列培训活动，为入驻社会组织提供战略规划指导、机构规范治理、创新项目开发等多样化、专业化、职业化支持。搭建互动交流平台，努力创造机会促进入驻社会组织之间的相互交流沟通，每月举办工作分享会，建立日常交流工作QQ群等，初步形成入驻机构间资源共享、学习交流互动平台。

从机构建设、能力建设、活动管理和成效评价四个方面入手，每半年对入驻社会组织一次“压力式”考评，淘汰“出壳”部分孵化培育成效不明显、综合考评不达标的社会组织，不断加强和督促入驻机构完善自身建设。

社区社会组织在动员居民参与、解决社区问题、促进社区和谐方

面有着至关重要的作用。从下列方面出发发挥服务、参与等作用，促进社会组织的发展。

一　理顺管理体制

准入门槛登记制和备案制并行。民政局作为登记机关，降低登记门槛，减少资金的登记，简化手续，符合登记条件，给予正当法人身份；对不符合法人登记条件的，政治上无不良倾向、有益社区发展的社会组织在街道办事处进行备案，将从前游离在体制外的社区社会组织纳入制度化、规范化管理轨道。管理主体上，业务主管单位由街道办事处担任，并可借鉴东城区成立民间组织指导服务中心的做法，对分散的社区社会组织进行日常监管和服务，同时居委会也应该发挥对社区社会组织监督作用。

二　加强分类指导和管理

根据不同类别的社区社会组织，建立和完善相应的规章制度，实施分类指导和管理。未来一段时期，培育北京市社区社会组织发展的总体思路是：壮大服务类，规范文体活动类，完善维权类，发展救助类。

壮大服务类，培养专业社区服务机构与志愿组织。健全社区服务的项目申报等机制，让社会组织处理社区服务工作，将高质量的人性化服务送给居民，帮助解决社区弱势群体的问题，培养社会公众的参与意识。

规范文体活动类，是指要制定统一的规范性要求，增加唱歌、跳舞、绘画、摄影和其他文化活动，协助为社区居民自发组织的监督和指导，确保体育活动的健康开展。

完善维权类，创新工作理念、工作方式和工作机制，不断增强针对社区特定人群需求而成立的各种维权类民间组织的自我发展能力。

发展救助类。大力培育从事慈善活动的社区组织，加强自身能力，通过政府、社会、居民等多个救助渠道，形成合力，创建新型社会救助体系。

三 制定鼓励扶持政策

积极搭建社会组织参与基层社会管理和公共服务的工作“平台”。

一是制定税收优惠政策。对社区社会组织的非营利性收入和企业、个人对社区社会组织的捐赠应给予税收减免。

二是政府职能部门和街道办事处，增加社区社会组织的资金、场所、设施、人员培训等方面的支持。

三是创新社区公共服务体制，通过政府奖励、补贴和购买服务的方式，鼓励社会组织承担社区公共服务。制定社会组织评估办法，对社区社会组织的基本情况以及提供服务的数量、质量进行评估，作为政府购买服务和项目补助或补贴的主要依据。

四 推进社区社会组织规范化建设

一是通过引导社区社会组织科学管理，建立健全各类制度、流程，从而保证各类服务和活动有依据，并能在科学管理基础上持续发展。把社会组织的自律与诚信建设贯通于全年管理监督和各项活动中，增强社区社会组织的社会公信度。

二是促进社会组织服务完善。建立健全社会组织发展联动机制、社区公益人才培育机制、服务经费保障机制、社区社会组织注册登记和备案机制、社区社会组织表彰激励机制六大机制，进一步助力社会组织发展，利用其自身紧贴群众的优势，发挥号召、组织群众的作用。

五 积极优化社会组织内部的治理机制

社会团体、社会服务组织，基金会的治理依据主要是相应的登记管理条例。但登记管理条例对诸如社会团体执行机构及其产生程序、负责人的条件和产生、罢免程序等没有具体的规定，因此在实践中还需参照民政部所发布的《社会团体章程示范文本》《民办非企业单位（法人）章程示范文本》《基金会章程示范文本》执行。内部治理条例没有具体的明文规定。事实上，社会组织内部管理内容繁多，重点应做好日常事务、财物资产、人才资源、决策和社会资源等方面的管理，应继续加强社会组织内部治理结构建设，完善以章程为核心的内部治理机制。坚持社会组织民主选举制度、会员大会制度、理事会制度、监事会制度、财务管理制度、重大活动备案报告制度，信息披露制度、法定代表人述职制度，指导社会组织建立和完善以章程为基础，以示范文本为标准的内部规章制度。社会组织应该建立一套严密、规范、完备的从日常事务到财物资产、人才资源、决策和社会资源等方面的内部管理保障机制；采取包括社会组织的决策、财务、目标、人事等重大事项的规范透明的运营机制；采取对工作人员实施奖励、职位升迁等激励措施的量化的业绩考评机制；自我加压和责任追究等强有力地借用外力促管理的自我加压机制，创造有利于社会组织生存发展的良好环境，保障社会组织的规范、有序、高效运转。

第五节　创新社区公共服务机制

一　创新社区公共服务提供模式

创新社区公共服务模式促进社区公共服务多元化与社会化。

一是改革政府包办社区公共服务的传统模式，积极探索通过“购买服务”、补贴、奖励等形式，将社会组织参与社区服务的积极性充分调动。制定社区公共服务政策，提供社区服务基金和公共服务，公共服务标准的制定是政府对社区公共服务责任的重要体现。

二是发展旨在互助的专业化志愿者社区公共服务机制。城市社区公共服务需要专业化，社区福利性大多内容（如残疾人服务、老年人服务、弱智儿童服务、行为偏差者矫治服务、精神康复辅导、刑释人员辅导与矫治等）必须由专业化的组织和队伍来提供；提供专业化服务的同时，将政府的公益设施和场所通过一定模式开放给志愿者组织，参与到社区活动、服务的决策过程中来，通过树立公益理念，弘扬互助奉献精神，强化社区公共服务中居民的参与感，通过志愿者的专业服务和互助服务共同加强社区建设。

二 健全社区服务组织体系

社区居委会不直接提供社区公共服务，而是重点履行对社区公共服务的监督，在社区居民内开展自助、互助服务，提高居民自我服务水平。推进社区服务中心规范化管理，明确其功能定位，完善相关制度建设，提高运营水平。鼓励和支持区单位、企业和居民建立社区服务，积极培育社区社会组织，注重发挥社区服务组织的作用。

三 建立多渠道的投入保障机制

社区服务体系建设的资金来自多个渠道，包括社会资金、地方财政资金和中央财政资金等。

1. 政府应是社区公共服务所需资金的主要来源，包括政府预算内的社区公共服务经费的建设，以及稳定增长机制的建立。

2. 逐步促进社区服务体系的建设。城市房地产开发项目中，应配套建设公共文化和文体设施。研究建立可行的社区服务资金的筹措方式，利用补贴、配套投资等多种方式拓宽融资渠道，吸引社会资本。通过慈善等方式筹集社区服务体系建设资金。促进社区和企业共建社区服务设施，共同提供社区服务。

四 依托全响应指挥平台，实现社会动员立体化

搭建覆盖本地区无线城域网、视频监控网和无线对讲系统；建立“楼门院长信息传递系统”开通“微信政务通”平台，创建综合资源平台“街道网络并延伸到社区和商业楼宇触摸屏、大街上 LED 显示屏，向地区居民、流动人群等共享社会服务信息，为网格中的巡查员、协调员和监督员配发 PDA，及时报送在巡视中发现的各种问题，提高各类诉求的解决和处置能力。同时，大力开发和应用三维地理信息系统，建设街道综合数据中心和内部办公门户，构建以“人、地、物、事、组织”为数据元的基础数据库，并实现实时更新各类数据，在机关办公、远程指挥、应急处置等社会治理上更加精细化。通过这些信息化手段，使我们在社会服务上的最后一公里距离越来越短，实

现了点对点为民服务，最终实现地区居民网上交流学习，并形成综治维稳的“四级防控网络”。

第六节　健全社区人才培养与激励机制

一　加快推进社区工作者职业化进程

加快社区专职工作者队伍建设的意见和管理办法的出台，对社区专职工作者岗位职责、选聘等流程进行明确。加快社会工作者制度的实施，逐步在社会工作者职业序列里加入社区专职工作者，建立健全相关职业认证制度，加快社会工作者培养、使用、评价、激励等环节的制度建设与创新。提升社区服务企业从业人员队伍素质，对从业人员进行从业资格认证，并制定管理考核办法。

二　抓好社区志愿者队伍建设

一是加强志愿者行为规范体系建设。制定《××街道志愿者协会章程》《××街道志愿者协会管理制度》《××街道志愿者管理制度》《××街道志愿者协会工作人员职责》《××街道志愿者回馈激励制度》等，加强对志愿者组织及个人的招募、登记、培训、组织、奖励，建立健全社会志愿服务活动“奉献、积累、回报”机制，实现规范化管理和运行。

二是继续完善志愿者服务工作的组织体系。以志愿者注册工作为切入点，致力于以管理型人才为主的高能、高效、稳定的志愿者队伍。并继续深化志愿服务品牌项目，专项行动，专项项目的带动，重点发展和推广更加实用，有利于志愿服务项目的发展。

三是建立志愿者服务站，为志愿者组织招募工作提供稳定的平台。对志愿者队伍的优化，拓宽服务渠道，积极创新工作机制，根据不同领域的内容和服务，社区服务站根据服务项目的特点和需要，定期开展志愿者培训活动，建立志愿服务反馈机制，确保了志愿者服务的长效性和针对性。同时对地区的服务需求也开展广泛调查，以便确定服务对象，更好地与志愿者服务站进行有效对接，确定服务项目，反馈服务情况，其特点为多层次参与、多类型团队、多样化活动。有效引导志愿者服务工作向常态化、专业化、规范化、品牌化方向发展。

四是完善社区居民志愿者招募、培训制度。完善街道社会动员体系，促进志愿服务的长远发展。社区设专人负责社区志愿者工作，明确工作目标及内容，并由社会组织对其进行专业培训，梳理规范志愿者的招募、登记、组织、培训、活动、计时、管理等流程。整合志愿者管理系统，社区或志愿者团队通过志愿者管理系统录入志愿者基本情况及服务时间等信息。在服务与各类活动中将“居民”发展为“志愿者”，组织志愿者构成“社区自组织”，在组织中培育“社区带头人”。

第七节　实施多元协商机制，强化社区自治

在社区建立社区议事协商会，人员构成为11至20人，主任由社区居委会主任担任，副主任由社区居委会副主任担任，成员包括居委会委员、社会组织代表、居民代表、物业服务企业代表、驻社区单位代表等，在社区建立了议事厅，通过走访居民、单位等形式，听取各方意见建议，充分协商讨论社区事项并有效组织实施。

从职责、组织、流程、人员“四个明确”入手，加强对参与协商的规范，强化社区党组织的领导核心作用，发挥社区居民代表大会、社区居委会的组织协调作用。建立健全社区议事协商会议制度，搭建居民议事平台，引导群众有序参与公共决策。全面开展协商，广泛征集社区居民、区单位和社会组织的意见和建议，从居民的迫切需求，探讨解决问题的办法，共同参与社区项目。

推进社区建设，是首都城市现代化建设一项重要的基层基础工作。当下，社区工作和基层治理能力有了较大提升，社区治理创新取得了显著成效，社区规范化、村庄社区化、管理科学化、服务均等化、城乡一体化的工作格局已基本形成。但社区行政事务多、检查评比多、会议台账多、不合理证明多等问题日渐突出，自我服务、自我

管理的居民自治日趋弱化，社区行政化、应付化现象日趋严重，社区干部不堪重负，居民群众反映强烈。协商民主理论源自并超越了自由民主和批评理论。它强调在多元社会现实的背景下，通过普通的公民参与，就决策和立法达成共识。因此，站在协商民主的角度，推进社区治理创新，就是要求社区的上级组织即基层政府，社区的领导组织即社区党委，以及社区居委会、社区服务站、社区社会组织、驻区单位、社区市场组织、社区居民等自治主体之间就社区的公共事务，在协商的基础上，最终达成共识。为此，本书认为应从以下三个方面促进社区治理机制创新。

一　健全完善各治理主体间的对话协商机制

社区各治理主体主要是指基层政府与社区自治组织、社会组织、居民群众。当前，在城市基层治理中，“对公共事务的最佳管理和控制已经不再是集中的，而是多元的、分散的、网络型及多样性的，它涉及多层次的权利和利益的协调”[①]。因此，在社会建设中，听民意、采民智，就必须搭建让各方人士踊跃发表意见建议的平台，构建渠道畅通的对话机制，特别是政府如何真正做到能听、善听不同看法甚至是反对意见，是新一轮社会建设的重中之重。构建社会对话机制意味着要放开批评的话语空间。社会对话协商机制是以制度化手段调解利益纠纷的管道，是权力机构与民众沟通的必要机制。社会协商对话的起点是不同利益群体可以向权力机构表达自己的利益诉求，尽管民众的诉求不一定都是合理的，但权力机构需要有及时的回应。[②] 在政府、社区自治组织、社会组织、居民群众的四方对话机制框架内，政府、社区自治组织、社区组织、居民群众根据一定的议事规则和程序以平等的地位，就涉及各自利益和共同关心的问题开展协商谈判，并达成共识，从而达到化解社区矛盾、维护社区稳定、促进社区和谐稳定的

① 顾朝林：《发展中国家的城市治理研究及其对我国的启发》，《城市规划》2001年第9期。

② 高新民：《建立社会对话协商机制是社会主义和谐社会的内在要求》，《中国党政干部论坛》2009年第1期。

目的。

在市场经济条件下，由于利益主体多元化，各利益主体有不同的利益诉求，形成不同的利益趋向，其关注的问题各有侧重。一般来说，政府高度关注发展与社会稳定，社区自治组织更多地关注居民自治权的实现，社会组织在社区主要关注社区服务与配套设施等的完善，居民群众则比较关注自身权益与居住环境等。换个角度来看，“骂娘”也是对话，有对话就会有消解隔膜的机会，否则社会情绪难平之时，就易诱导社会重大事件的发生。在思想文化多元、多样、多变的时代，每个人都拥有多种表达诉求的方法和渠道，特别是网络已经成为一个拥有巨大能量的民意场。当然，政府能听且善听批评，并不意味着网友可以胡乱批评或恶意攻击，一个良性社会需要的是理性的建言以及问题的妥善解决。在这种情况下，在社区治理的一系列重大问题上，难免会出现一些分歧、产生一些争议，为了化解纠纷，实现各方利益的协调和平衡，社会对话就应运而生，便成为维护社会安定和谐的重要手段。

因此，在全面推进社会建设的当下，构建基层政府、社区自治组织、社会组织、居民群众间的社会对话机制，是社区治理机制创新的重大贡献。

二　积极创新政府向社区社会组织购买服务的机制

社区社会组织产生于草根，对居民的服务需求知晓率高。而很多具体而微的居民服务需求是政府想做但做不好的，这需要草根组织的积极参与。但社区社会组织由于天生的弱势性以及组织的松散型，政府向社会组织购买服务并未将社区社会组织纳入购买对象。而政府购买公共服务的相关法规和政策不完善。目前，国家尚未出台政府购买公共服务方面的法律。2003 年实施的《政府采购法》规定政府采购范围包括货物、工程和服务，而其中的“服务”仅限于政府自身运作的后勤服务，没有将公共服务纳入采购范围。同时，不同类型的社会组织发展不平衡，存在不公平竞争。我国目前存在两种类型的社会组织，即有官方背景的社会组织和没有官方背景的草根组织。第一类组织属于政府比较信赖的组织，在中国占有压倒性地位。它们凭借与政府之间千丝万缕的联系，在政府购买公共服务项目方面具有明显的信息、网络和社会资本优势，容易获得政府购买的社会服务项目。而第二类组织则在竞争中处于劣势，难以获得政府的资金支持，在社会募捐政策和环境没有改善的情况下，其生存举步维艰。但社区居民的需求都要通过草根组织体现出来，诸如社区社会组织中的为老服务队、环境保护队、文体队、慈善组织队等，虽然体现了本社区广大居民的服务需求，但由于缺少活动经费，举步维艰。基层政府应积极建立向社区社会组织购买服务的机制，以促进社区社会建设事业的发展。

三　积极创新驻区单位共驻共建机制

充分发挥社区党组织在社区工作中的领导核心作用，进一步动员社会各方面力量参与社区建设，优化配置和利用社区各类资源，实现社区工作的社会化，建立以街道党工委和社区党组织牵头、驻区有关单位党组织参加的街道社区党建工作联席会议制度，共同抓好社区工作共建事宜。

一是建立党建工作共抓机制，实现“联动”。驻社区单位党组织主动与社区签订共驻共建、共建共享协议书，制定具体完善的共建工作制度和职责任务，明确共建规划、共建措施、共建目标，确保共驻共建工作有组织、有制度、有落实。社区和驻地单位坚持定期召开社区内党组织负责人联席会议，共同讨论社区党建活动计划，形成纵向到底、横向到边的组织网络。

二是建立公共资源共享机制，确保“四有”。各驻地单位党组织根据单位党员人数，每年向社区划拨一笔款项，作为社区党组织活动经费；帮助社区建起有房子、有牌子、有桌椅、有制度、有电教设备、有健全组织生活的“六有”高标准党员活动室，切实解决社区党组织“无钱办事”“无处议事”的实际困难。协助健全社区党建工作制度，实现社区党建工作有钱办事、有址议事、有人管事、有章理事，有力推进社区“三有一化”建设。

三是建立帮扶解困共办机制，给力“惠民”。成立驻地党员扶贫助残志愿服务队，开展机关党员下社区“进千家门、认千家人、知千家情、解千家难”活动，发放便民服务卡，收集群众意见，解决居民实际困难。

四是建立公共服务共管机制，合力“双创”。驻地单位和社区携手联动，共同创建国家级卫生城市和园林城市。

五是建立文明风尚共建机制，倡导“和谐”。社区和驻地单位共同担负起社区精神文明建设职责倡导文明健康的社区新风尚；与社区联手，组建社区老年曲艺队、社区合唱团、秧歌队等文体活动队伍，积极为社区图书室捐书，举办健康教育讲座，免费为居民进行体检，丰富居民的精神文化生活，让“社区是我家，建设靠大家”的意识更加深入人心。

四　积极优化市场组织间的自律机制

制假售假、偷排直排、甘当“老赖”……现实生活中，作为市场主体的有些企业不自律，时不时作出一些“出格”的事情来，给正常的社会秩序制造麻烦，既令人气愤又令人头痛。对此现象，舆论往往把矛头对准监管部门，“监管缺位”“监管不作为”几乎是一个没有人会怀疑的定论。但不知道有没有人想过，如果缺乏企业的严格自律，仅仅靠监管部门的“盯人防守”，在理论上来讲，恐怕监管永远是“千疮百孔”的。

其实，在监管问题上，道理与孩子们读书是一样的，“要我读书”不可能读好书，只有“我要读书”才能读好书。因此，要想让企业严格自律，主动承担社会责任，不能单单从加强监管力量一个方面动脑筋，而应当向发达国家学习，同时在建立监管机制方面下功夫，让企业不敢“出格”。工商部门的建立企业“异常名录”的办法，应当就是给企业“做规矩”的好机制。

附录　部分社区调研集萃

一　海淀区冷泉村/冷韩居委会

基本情况：冷韩居委会成立于2000年。社区包括傅家窑、韩家川、冷泉村三个村，共4100人左右。冷韩居委会共辖5个自然村。各村都有村委会，居委会只负责社区居民的事，而且居委会用房是由村委会提供的。整个地区一直待拆迁，但没拆迁。居委会一共7个人，服务站6个人。3个协管员（2个劳动协管、1个残疾人协管）。全社区112个残疾人。村委会里有流动协管，有100多治安人员，治安员每月有1000多元补助，卫生服务站也归村委会。居委会与村委会之间基本没有互相扯皮的事，多是合作。

主要问题：1）待拆迁问题，从2004年开始提出拆迁，一直“待”，搞规划搞不下去，很多建设工作无法开展，包括交通、活动广场等。有条规划道路说2013年通车，剪完彩了却没开始动工。交通不便，影响出行。2）居委会选举无经费支持，居民参与率极低，另外，村委会的选举经费有100万元，每个选民有100元的误工费，村民福利好，参与率高。这样一来居委会的工作就不好做了。村里有个小学，以前基本都是流动人口子女在此上学，现在要求必须就近读书后，本地人也多了。当前居民参与没有相关制度，只有居民代表（34位），也没有相关的文件，居民代表是居民选的，但没有补贴待遇给居民代表，全都是在义务劳动。3）活动没有场地，包括办公场所和活动场所，现有的场地都是综合的。4）超转人员（超过退休年龄村转居）看病难的问题，主要是转诊问题突出。5）社区没有活动场所。健身地方少，车多，占道，老人出行不便。对老年人关注不够。好多独生子女家庭孩子嫁出去后就只剩老两口了。社区服务站挺有用，有问题能反映。村里土地不允许硬化和改变用途。

二　西山林语社区

基本情况：调研时居委会尚在筹备中，当时有工作人员9名。居民八九千人，户籍约1000人，400多户。整个社区包括别墅区（200栋）、二区（11栋楼）、三区（34栋楼），两区共159个单元。和物业关系还行，好多事要沟通。

组织的活动一般是退休人员参与，包括舞蹈、合唱、乐曲、戏剧、书法等。一般活动能有三四十人。还有些家长带孩子来的。

社区内保利物业负责，治安和环境卫生很好，有 400 多个摄像头，与物业合作协调。

主要问题：1）与物业的关系，主要是物业与居民间的矛盾，物业的承诺未实现。2）宣传栏不够。信息公开不好做，目前只有 3 个，园区内不让装，园区外也没地放。保利物业要创四星物业，对自身也有要求，关系又不能搞僵。宣传栏放到角落又起不了作用。

三　六里屯社区

基本情况：居委会 2004 年成立，部分是农转居。这一地区流动人口多，管辖上也是村委会与居委会分开。在居委会工作的都是本村人。社区有 300 多超转人员，他们的待遇要居委会负责登记管理。共有居民 2400 多人，130 名党员。居委会每天接访 10 多人。

现在的活动主要是兴趣班，老年人活动站，老年餐桌。特色是志愿者服务队（35 个），巧手班，组织些活动吸引居民参与。

当前的困难是场地和器械的问题，居民对生活便利有意见。经常活动的居民包括党员、居民代表（33 个）、舞蹈合唱（60 多人）。

特色是办了一个社区简报，每季度一期。有些介绍还可以从西北旺镇政府网站上看到。

四　杨庄社区

基本情况：居委会6人，1个劳动协管。包括5个小区，主要来自杨庄村、供销社宿舍，45号院。主要活动是寒暑假辅导老师上课，教小孩手工、才艺、劳动、趣味游艺活动。年长的人参加活动的多。服务的对象也主要是老人，青少年人数相对固定。杨庄村还有村委会。治安挺好，有义务巡逻员、志愿者和党员。温泉家园里，80岁以上老人80多人。年轻人社会风气还行，邻里关系也挺好。各村都有小学，附近还有中学、幼儿园。

难点：有些工作太琐碎，权责不明确，选题差，留不住人才。45号院没物业，只有房管办，社区承担了许多物业的工作。体育馆扰民。

手段：只能尽力去协调。

五　军科院社区

基本情况：社区共1858户，4160人，包括6个小院，社区1个党总支，5个支部，256个党员，62个居民代表，41个楼长。居民代表由楼长推荐，通过纸条投票。干休所每个院一个支部，每个支部40名党员。

部队大院内的社区，许多工作部队内部有人做。如有巡逻队，社

区只用配备治安信息员之类的就行。居委会共 8 个人，主要是随军家属，2 个协管（治安和社保），1 个大学生社工。社区从军管转地方管后（2006 年转），行政事务多了，待遇提高了，也规范化了。

六　上地科技园社区

基本情况：社区特点是公司多、楼宇多，共 76 个楼宇。居民 2900 多人，流动人口（上班族）10 万人，八九千个公司。

居委会服务职能有限，上头要求服务企业，目前通过青年会组织企业职工，或者是给企业员工办生育服务证。帮助小型企业建工会，大型企业部门健全，不太参与社区。只能通过党支部双报道来建立联系。另外就是公司集体户口多，需要社区管，包括保障房申请、流动人口身体检查，需要职工居住地居委会配合。企业本身积极性不高，认知不足，也不太关心员工的生活。社区要开个联欢会企业都要收租金。企业只要求社区的服务，参与活动少，只有职工参与。

青年会是街道的青年会，每年十多次活动，每次几十人。

社区是2012年筹建，2015年正式选举。社区每年十多次活动，35—45岁的人多，老年人和小孩多，因为附近有个上地实验二小，小学生参与也多。

存在的问题：1）满足不了居民需求，仅限于宣传和日常活动。不能真正解决民生问题。比如园区停车问题尖锐，业委会找到居委会，但无从下手，实质就是业委会直接找物业处理。2）企业活动时间受限，正常时间职工上班，周末或晚上开展，社区工作人员都要加班。希望企业员工志愿者参与到社区活动中来，比如开讲座、陪老人、文体活动等，希望企业能赞助一下。现在的活动都是社区花钱请老师。3）居民期望高，但与企业联系有问题。希望政府职能部门帮忙牵线，现在很多放权只是转移责任，比如外来车辆管理、停车场年审等问题。4）居委会事多。希望街道帮助提高居委会影响力。工作人员待遇差。

社区有调委会，有学法律的做调解员，一般居民间的纠纷都能解决，这方面做得还可以。社区运动会春季、秋季各一次，每次60多人参加。还有冷餐会，大家做菜，相互熟悉。社区内的老人一般都是帮子女看小孩的。

社区组织主要是志愿者服务队、巡逻值班。有研习会、太极、柔力球、舞蹈、合唱。还有计生宣传、环保志愿、老年互助、青年帮扶等协会，但都比较松散，没有备案，只有活动。

七　美和园社区

基本情况：保障房社区。包括两限房和廉租房，2008年建成，2009年入住。一共2100多户，5000多人（常住人口），户籍人口1600多人。居委会2010年开始工作，附近有幼儿园、超市、小学。居民收入水平中上（保障性住房里住的不只是穷困阶层）。户籍低保就三户。社区内居民贫富差距大，有怨言怨气，还有许多拆迁户没工

作的。这个社区是北京最大的限价房小区。

组织活动中老年人多，民间自发管理小组，提高自治。只能服务近距离。

主要问题：1）就是穷困人口集中，容易出事，自卑感蔓延，这种贫民窟式的社区集中并不好。2）小区配套设施不够，如残疾人停车问题。精神残疾的也多，而且没有监护人。当初批廉租房时就没考虑到后续的管理问题。现在只好通过楼长、小组长共同管理。3）承担多项政府职能部门工作，没时间做居民自治工作。现在街道一级不管事，就是派活。工作人员选题低，大学生都走了。

创建居民没得到实惠、现在是形式主义，下级领导创给上级领导看，落实不到民生。

社区组织有调解小组，只有记录，没有备案。有五支活动队。每队一两人牵头。互助组不多。

社区里出租房多，300 多户。弱势群体需要居委会，但其他人都避开居委会。

八　西三旗街道办

主要问题：创建之后，后续跟进不够。当前主要工作是机制和顶层设计如何落地。难点在于工作总结提炼不够。宣传片上顶层设计：一是规划社会治理格局；二是构建发展空间格局；三是打造社会治理模式；四是完善社会动员体系。

为进一步完善机制建设，北京城市学院专家参与指导，针对不同社会组织进行个性化服务，已有4个社会组织进驻孵化器。通过项目的帮工扶持其成长。为社会组织搭建平台。制度机制动员是指明确领导机制，健全制度、明确方法，依法行政，制度间衔接，协调各单位。

街道发展团结着中关村（金隅）科技城，指挥部在西三旗，副区长领衔。由他和政府办来协调各委办局。

另外，基金会受国家政策限制，并未开始工作。资金主要来自其他资金转为公益性投资。目前仅仅是顶层设计成这样。现在27个社区已备案的社区组织有160多个，枢纽型的组织只有工会和团委。

九　车道沟南里社区

基本情况：全社区2000多户，8000多人，活动人口1200余

人，其中党员400多人，参与活动的就百余人。全社区60岁以上老人1800多人，80岁以上的近200人，90岁以上的18人。之前通过协调办了社区卫生站，专为老年人服务。对空巢老人一对一，安装救助铃。现在活动场所有限，老年餐桌也没地方。老旧社区里老年人多，主要需求就是老人的需求，孩子的问题可以通过搞活动解决。

主要问题：社区治理主要还是居民参与的问题，现在的工作还是居委会主导，自下居民利益不够。比如在文明城区创建问题上，居民是被动的，不是真正想参与。但这种事不是居委会一个层面的问题。像这种老旧小区，物业不作为，居委会又没法监督物业，物业作为企业也不可能做公益的事（只管卫生和治安）。这里也没有业委会，社区做的就只有群防群治工作。社区夹在中间，具体工作物业来做，居民有切身利益才会参与。现在就是在应付上级检查，没时间做具体工作，很多时候想让居民参与，但又解决不了问题，创建工作起了反作用。现在物业主管部门不履责，财务不公开，上级部门也不管。居委会工作人员的工资跟协管员一样低，工作积极性差。现在对扶持组织，只能通过提供场地，找活动（文艺汇演），发点纪念品。活动吸引不了年轻人。

老旧社区相互信任度还挺高，现在最大的问题是为老服务没钱没场地。公益金不能用于硬件购买，只能通过搞活动。在培育社会组织方面，作用有限。出路就是出台实质性的制度，切实可行的政策。还有去行政化。现在行政化色彩越来越浓，名义上还是自治组织，像网格化管理并未落实，效果也不好。

十　知春里西社区

基本情况：该社区包括两个小区，9家产权单位，14幢楼，其中6个塔楼，1686户，流动人口占50%。六个大厦，两个写字楼，人大附中（小学）。社区是个老旧小区，老人多，80岁以上的166人，60岁以上的占30%。

主要问题：社区里的物业只管维修，不管治安、卫生，只能居委

会来管。流动人口多，很多当库房用，扰民问题严重。另外各产权单位占资源多，物业推卸责任，让居民有事就找居委会。

一个大问题是流动人口与居民之间有矛盾，居民没安全感。流动人口扰民，不爱惜公共设施。管理的办法只能从中介下手。这边1560套房子，1100多户口，2000多名暂住证人口，以证管人也行不通，因为不是每年验证，工作居住证条文设计也不合理，租房要交税，出租户不愿承担。

社区活动老年人活跃，但资源少，年轻人参与很少。有环保队、巡逻队、合唱队、助老服务社。活跃的队员也都是65岁以上的，连50岁左右的都没有。

社区没有业委会，资金来自老旧小区改造基金，常住人口活动融入度高，参与率高，尤其是运动会、捡垃圾一类的活动。社会组织以文体为主，也有些志愿者队伍，但没有决策型组织。四五十岁的人对居委会认同不够。另外没有教师资源，跟中年男性共同话题少，培育工作很难。这里治安不算好，精神病多且独居，偷自行车的多。

邻里守望主要是常住人口间互助，外地人不配合，不愿意跟常住人口交流。

居委会行政事务多，业务多，人少，缺乏系统性，不像以前那样跟居民融入，居务与服务应该分开，多个社区共享一个服务站。

十一　永定路西里社区

基本情况：2009 年规范化示点。社会型社区，5 个居民小组，包括了五一小学家属楼，北京测绘研究院、百朗园、嘉德。之前水泥管厂拆迁地，1—5 号楼原厂回迁，不交物业费，不交公共电费，街道负责保洁，还装了太阳能路灯。全区共 2892 户，流动人口 1000 多人，居委会 9 个人，大学生社工走了，招了个军嫂专职社工，承接政府 6 大口的工作。当前居委会与社区服务站的工作可分可不分，看上级的态度和机制设计了。现在的问题是工作繁重，不好衔接。

主要问题：房屋出租治理上存在一些问题，外来人有防备心，原居民更配合工作。治安一般与房主联系监管房客。

也有流动人口主动参与社区活动，尤其是有小孩子的家庭在假期参与，社区搞手工制作、义务劳动、放电影动画、运动等活动。小孩部分是本社区的，部分是流动人口的，还有一部分是其他社区的。流动人口参与率大概在百分之一二。现在的小孩也没太多时间参与课余的活动，在职的流动人口（商务楼宇里的）有些亲子活动。楼宇党建部分，有党员和务工人员中的先进分子带动积极分子，帮扶求助志愿者报备。原居民与流动人口有矛盾。

社区社会组织有些志愿者队伍，没注册，只备案，包括全民健身志愿者服务队。另外市民学校下设各种服务队（14 支）。市民学校是枢纽型社会组织。参与人有500人左右，年轻人100人左右。志愿者服务队都是社区，没有清晰地出现服务队参与社区的情况，很多活动成员受社区指导。居民代表117人，每100户出2—3名。希望活动能正规化，如用时间卡，服务记录时间，来换取其他人的服务。再对老年志愿者提供一些福利。这里物业有好几家，物业费、车位等问题存在。另外保安年龄偏大。

十二　羊坊街道铁西社区

基本情况：社区1700户，5600人，无物业，无保安，产权是铁路局的，人员为铁路局的后勤人员，无业人员多，流动人口500人。居民小学文化的占21%。社区自治上，由低保、养犬人士巡逻，有6支文体活动队，有电子阅览室。有楼委会，每楼10个门，有楼门组长。志愿者运转较好。网格力量最弱，因为调动不了区行政部门，需要制度支撑、职责明确。

主要问题：1）管理上，居委会调动楼委会有难度，没有行政和经济手段，只能靠人情，居民参与度不高，不主动。对楼长应该有一定的经济补贴。2）资源上，可提供的社会组织资源匮乏，比如物业和绿化工作，应该由区街层面培育社会组织；三级网格调动难，名不副实，基础建设维修，都需要居委会协调。老旧社区楼道堆料问题严重，没有处罚制度。3）居民私装地锁、占消防通道等问题，居委会没法办，只能通过跟上级协调。社区没有物业，工作难度大。解决方式就是区街一级培育社会组织。4）现有的文体活动包括拳剑、合唱、花棍、舞蹈。流动人口参与度低。5）跟社区内产权单位只能让其协助工作，专业维修、中介只能通过购买。6）居委会自身建设不足，自身素质有待提升，不够专业，事务多，没精力学习提高。辖区内单位参与活动需要跟企业领导沟通。

十三　二里庄社区

基本情况：全社区 6000 人，2200 多户，外地人 1400 多人，80 岁以上的七八十人。本社区属于老旧小区，涉及 8 家产权单位，志新物业负责 5 个回迁楼。通过网格化管理加强斜街管理，现在物业单位只负责自己的楼，不管公共区域卫生。居委会只能组织居民和志愿者参与打扫卫生维护治安之类。社区社工 9 人，协管：劳动，流管 3 人，残疾，民政。

现在有 10 支队伍：合唱两支、舞蹈两支、秧歌、治安巡逻队、扶贫助困队、党员志愿服务队、环境卫生清洁队、京剧队。总计二三百人。现在社区居委会对接街道工作 25 个科室，200 多项工作。组织的活动主要是党员活动日（每月 10 日），共 120 名党员，60 岁以上的占三分之二。16 幢楼，72 个居民代表。

主要问题：居委会与物业关系还好，小区公共区域物业不管，居民也不找他们，承担的工作用社区公益金和停车费来补贴。居民间的矛盾主要是扰民、漏水、施工、养犬之类的。租地下室的有些扰民、晾衣服的问题。社区内有学校、幼儿园、央企，之前还有写字楼。有地下室。管理上只能多检查、多监督。目前的问题是针对中年人的服务少。网格化管理后，小区组成复杂，网格内负责人直接办公，人员入格，各司其职。停车管理由居委会负责。居委会带头拆了328个地锁。还包括小区封闭、聘保安、拆违建。现在的问题：没权、没钱。不好自治。

十四 北京交通大学社区

基本情况：现在社区内有8872名居民，1700多名流动人口，另外2万多名学生的有些证明也得居委会开具。3044户，43幢楼。社区为产权单位社区，之前是家委会。学校和街道双重领导。学校大院有其优势，即管理规范，有专门的物业、维修、绿化，这些都比其他社区到位。

主要问题：外来人口问题多，不好管理。居民出租房屋不经过居委会，但出了问题又要找居委会。另外，还有好多问题也需要居委会出具证明。街道在指导工作上做得不够，就是个二传手。要求居委会提供服务，却没有相应的待遇。缺少政策性文件支持居委会工作。

居民间存在卫生、扰民、装修、养犬等问题。主要问题是缺乏宣传守法。居民自治工作包括 15 名信息员，每月 200 元，监控社情民意，协助保安巡逻。现在社区工作没有规划，很多临时性的，希望职能部门完善工作制度，加强管理。创建工作应该以居民满意度为标准，而非其他硬性指标。志愿者服务主要针对老人，包括组织大学生家访，解决老人吃饭问题。全社区 60—69 岁老人 703 人，70—79 岁老人 966 人，80—89 岁老人 430 人，90 岁以上老人 43 人。

现在社区活动主要是年底的游园会，从学校要资助。公益金使用很困难。物业是学校房产科分出来的，因而与居委会关系挺好。

十五 清华园街道西北社区

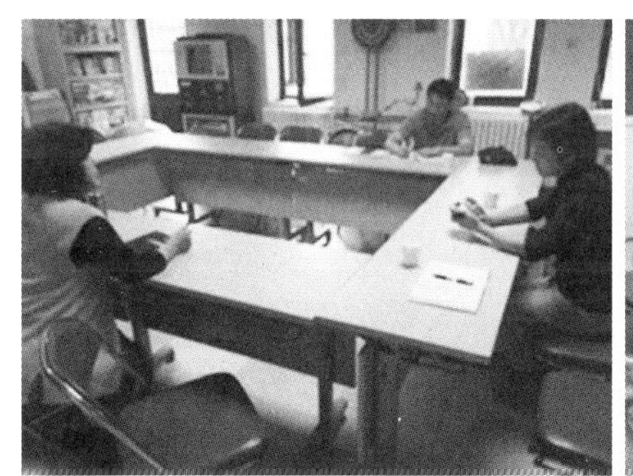

基本情况：社区 1993 年建成，1994 年入住。1059 户，300 多户是已购房，200 多户是承租房，其他是周转房。2017 年成立了业主委员会，招聘了物业，费用是每年 0.2 元/平方米，人口 2598 人，流动人口 200 多人，多是住户家的老人。60 岁以上老人 681 人，80 岁以上 39 人。现在停车位不够，300 多个。一对一帮空巢老人（93 户）和独居老人（13 位）。

主要问题：现在办公场所不够，居委会工作量太大，街道把工作往下布置，他们倒清闲了。居民自治应该多搞活动，多与居民交流。这个社区和街道都是清华大学与区里共管，资金来自清华大学，但学校不重视这个工作。

社区活动主要是老人参加，但必须有小礼品。活动包括小孩绘画、劳动、重阳节、趣味运动会，200多人参加。文体组织包括武功扇、柔力球、门球。另外有治安巡逻队。

参考文献

中华人民共和国城市居民委员会组织法。

中共中央关于制定国民经济和社会发展第十三个五年规划的建议。

民政部、中央组织部：《关于进一步开展社区减负工作的通知》（民发［2015］136号）。

全球治理委员会：《我们的全球伙伴关系》，牛津大学出版社1995年版。

［美］詹姆斯·N. 罗西瑙：《没有政府的治理》，江西人民出版社2001年版。

［美］弗朗西斯·福山：《历史的终结及最后之人》，中国社会科学出版社2003年版。

［德］哈贝马斯：《在事实与规范之间》，上海三联书店2003年版。

［美］乔治·M. 瓦拉德兹：《马克思主义与现实》，2004年第3期。

［美］尼尔·弗雷格斯坦：《市场的结构》，上海人民出版社2008年版。

［英］比尔·顿司特：《走向零能耗》，中国建筑工业出版社2008年版。

［英］吉登斯等：《现代性——吉登斯访谈录》，新华出版社2001年版。

俞可平：《治理与善治》，社会科学文献出版社2000年版。

何增科：《公民社会与民主治理》，中央编译出版社2007年版。

何增科：《公民社会与治理》，社会科学文献出版社2011年版。

洪大用：《中国民间环保力量的成长》，中国人民大学出版社2007

年版。

唐忠新：《现代城市社区建设概论》，上海交通大学出版社 2008 年版。

李雪萍：《城市社区公共产品供给研究》，中国社会科学出版社 2008 年版。

李朝阳：《城市交通与道路规划》，华中科技大学出版社 2009 年版。

胡荣：《社会资本与地方治理》，社会科学文献出版社 2009 年版。

王佃利：《城市治理中的利益主体行为机制》，中国人民大学出版社 2009 年版。

史云贵：《中国现代国家构建进程中的社会治理研究》，上海人民出版社 2010 年版。

黄晓东：《社会资本与政府治理》，社会科学文献出版社 2011 年版。

崔广志：《生态之路——中新天津生态城五年探索与实践》，人民出版社 2013 年版。

达勒曼、陈炼：《绿色之都　德国弗莱堡　一项城市可持续发展的范例》，中国建筑工业出版 2013 年版。

［瑞士］皮埃尔·德·塞纳克伦斯：《治理与国际危机》，《国际社会科学》1998 年第 3 期。

夏建中：《公民社会的先声——以业主委员会为例》，《文史哲》2003 年第 3 期。

［英］杰瑞·斯托克：《地方治理研究：范式、理论与启示》，《国家行政学院学报》2006 年第 3 期。

杨雪冬：《改革路径、风险状态与和谐社会治理》，《马克思主义与现实》2007 年第 1 期。

课题组：《北京市创新社区管理体制研究》，《工作研究》2008 年第 18 期。

喻成杰：《社区视角下的环境治理机制分析》，《社会视野》2013 年第 307 期。

谢统胜：《德国弗莱堡 V auban 社区：以人为本的可持续发展模式》，《社区》2007 年第 5 期。

罗忠诚：《创新是改革完善城市社区治理体制机制的必由之路——以福建省三明市城市社区治理体制建设为例》，《福建省社会主义学院学报》2016 年第 1 期。

徐选国：《走向双重嵌入：城市社区治理中政社互动的机制演变——基于深圳市 H 社区的经验研究》，《社会发展研究》2016 年第 1 期。

陈怡：《街道新体制下的社区治理责任机制探析》，《上海党史与党建》2016 年第 1 期。

王海侠、孟庆国：《社会组织参与城中村社区治理的过程与机制研究——以北京皮村“工友之家”为例》，《城市发展研究》2015 年第 11 期。

沈丽丽、胡飞飞：《公益社会组织参与社区治理运行机制研究——基于嵌入理论的实证分析》，《宁夏党校学报》2015 年第 6 期。

刘建军：《创建“多方”联动机制　适应社区治理新常态》，《中国民政》2015 年第 20 期。

徐选国：《嵌入性治理：城市社区治理机制创新的一个分析框架——基于对国家—社会关系范式的批判性反思》，《社会工作》2015 年第 5 期。

徐林：《新加坡的社区治理机制》，《今日浙江》2015 年第 18 期。

本刊编辑部：《通过机制创新将社区治理引向深入》，《中国民政》2015 年第 12 期。

王杉：《简析城市社区治理中协商民主的机制创新——以上海市徐汇区为例》，《法制与社会》2015 年第 16 期。

叶良海：《城市社区治理的政策工具选择机制研究》，《大众科技》2015 年第 3 期。

马丽华：《构建新型社区治理新机制》，《中国民政》2015 年第 3 期。

陈伟、黄洪：《我国城市社区治理中层理论建构与风险管理机制探析》，《南京社会科学》2014 年第 12 期。

刘兴景：《在机制创新中提高社区治理水平》，《经济研究导刊》2014 年第 32 期。

叶频捷、王家增：《武汉市江汉区：建立“三社”联动机制　拓宽社区治理途径》，《中国社会组织》2014 年第 18 期。

林青：《拓展网格化管理与创新社区治理机制研究》，《南京理工大学学报》（社会科学版）2014 年第 5 期。

褚蓥：《社工组织参与社区治理的机制与路径——以社区参与行动服务中心为例》，《中国机构改革与管理》2014 年第 5 期。

张雪飞：《城市社区治理机制构建研究》，《黑龙江科技信息》2014 年第 11 期。

姜练琳：《治理理论视角下的社区治理机制初探——以 D 市城市社区为例》，《管理观察》2014 年第 10 期。

齐卫平、陈朋：《协商民主：城市基层治理的有效模式——基于上海 H 社区的个案分析》，《理论与改革》2008 年第 5 期。

陈朋、洪波：《社区治理中协商民主的应用价值及开发路径》，《中州学刊》2013 年第 6 期。

陈家刚：《城乡社区协商民主重在制度实践》，《国家治理》2015 年第 34 期。

高新民：《建立社会对话协商机制是社会主义和谐社会的内在要求》，《中国党政干部论坛》2009 年第 1 期。

顾朝林：《发展中国家的城市治理研究及其对我国的启发》，《城市规划》2001 年第 9 期。

［美］戴维·米勒：《协商民主不利于弱势群体》，［南非］毛里西奥·帕瑟林·登特里维斯主编：《作为公共协商的民主——新的视角》，王英津译，中央编译出版社 2006 年版。

王星：《“居站分离”实践与城市基层社会管理创新》，《学海》2012 年第 3 期。

王星：《利益分化与居民参与：转型期城市基层社会管理困境及其理论转向》，《社会学研究》2012 年第 2 期。

施雪华、赵忠辰：《中国社区减负增效的思路和方法》，《中国民政》2015 年第 23 期。

童曙泉：《本市社区减负清理年内完成》，《北京日报》2016 年 4 月 29 日。

卢爱国：《使社区和谐起来：社区公共事务分类治理》，华中师范大学，2008 年，博士学位论文。

廖振华：《减负还权：让社区轻装自治——福建省基层社区减负增效实践探索》，《中国民政》2016 年第 1 期。

李保明：《国外城市社区管理模式及其启示》，《中国行政管理》2013 年第 4 期。

陈毅：《走出集体行动困境的四种途径》，《长白学刊》2007 年第 1 期。

蔡国华：《常熟市生态绿地发展的思考》，南京农业大学，2009 年，硕士学位论文。

郭磊：《低碳生态城市案例介绍（三十二）：伦敦贝丁顿零碳社区建设》，《城市规划通讯》2014 年第 2 期。

胡涤非、孙亚莉：《集体行动困境的产生与化解》，《南昌大学学报》（人文社会科学版）2012 年第 2 期。

黄洁：《生态理念指导下的住宅设计——以曹妃甸国际生态城为例》，北京建筑大学，2014 年，硕士学位论文。

马强：《曹妃甸样本：生态城市系统规划方法初探》，《生态城市与绿色建筑》2010 年第 5 期。

谭英、［瑞典］戴安娜·米勒·达雪、［瑞典］彼得·乌尔曼：《曹妃甸生态城的生态循环模型——能源、水和垃圾》，《世界建筑》2009 年第 6 期。

［瑞典］乌尔夫·兰哈根、谭英：《曹妃甸国际生态城规划综述》，《世界建筑》2009 年第 6 期。

杨玉鸿：《建立工作“准入制”切实为社区减负》，《重庆行政：公共论坛》2014 年第 1 期。

陈伟东：《权力平衡模式：居委会“两难困境”的破解》，《红旗文稿》2008 年第 22 期。

肖林：《“‘社区’研究”与“社区研究”——近年来我国城市社区研究述评》，《社会学研究》2011 年第 4 期。

杨玉鸿：《建立工作“准入制”切实为社区减负》，《重庆行政》（公共论坛）2014 年第 1 期。

刘娅：《社区“减负”难在哪里》，《特区理论与实践》2008 年第 3 期。

王思斌：《走向发展型社会政策与社会组织建设》，《社会学研究》2007 年第 2 期。

郑杭生：《当前我国社会管理和社区治理的新趋势》，《甘肃社会科学》2012 年第 6 期。

吴明华：《社区“减负怪圈”》，《决策》2014 年第 9 期。

吴明华：《“标本兼治”论社区减负》，《决策》2014 年第 9 期。

卢爱国：《使社区和谐起来：社区公共事务分类治理》，华中师范大学，2008 年，博士学位论文。

周万利、王伟林：《重庆市推进（村）社区减负增效工作纪实》，《中国民政》2015 年第 23 期。

陈煜婷、何海兵：《推进社区减负增效的问题分析和对策建议》，《中国民政》2015 年第 23 期。

唐忠新：《社会治理视角下的社区减负问题探析》，《中国民政》2015 年第 23 期。

南京市民政局：《南京市推进社区减负增效的实践与思考》，《中国民政》2015 年第 23 期。

姜宁、于晶：《青岛启动社区减负行动　七方面着手减负一半》，《中国民政》2015 年第 22 期。

李保明：《国外城市社区管理模式及其启示》，《中国行政管理》2013 年第 4 期。

蒋俊明：《利益协调视域下城市社区治理结构的改进》，《城市问题》2014 年第 3 期。

卢福营、戴冰洁：《减负导向的基层社会治理整治——以浙江省江山市“村（社区）工作准入制”为例》，《学习与探索》2015 年第 5 期。

宋雪峰：《五里模式：政府培养社区居民参与的新路径》，《党政论坛》2009 年第 8 期。

赵定东、杨政：《社区理论的研究理路与中国局限》，《江海学刊》2010 年第 2 期。

赵定东、俞犁鲲：《社区减负：何以可能又何以为之——基于杭州市余杭区社区减负的实践分析》，《中国民政》2015 年第 23 期。

夏建中：《现代西方城市社区研究的主要理论与方法》，《燕山大学学报》2000 年第 2 期。

仲崇玉、邱孟根：《推进城乡社区减负增效的实践与思考》，《当代农村财经》2016 年第 1 期。

毛庆、吴明亮、马金：《社区台账缘何成"表面文章"》，《南京日报》2013 年 7 月 26 日。

李慧凤：《社区治理与社会管理体制创新——基于宁波市社区案例研究》，《公共管理学报》2010 年第 1 期。

程又中、张勇：《城乡基层治理：使之走出困境的政府责任》，《社会主义研究》2009 年第 4 期。

袁方成、袁青、宋江帆：《国家整合与社会融合：城乡基层治理发展趋向与对策》，《国家行政学院学报》2013 年第 3 期。

梁鸿飞：《社会管理模式创新视角下的社区管理制度变革研究》，《长春理工大学学报》（社会科学版）2013 年第 6 期。

胡仙芝：《社区治理与基层行政"无缝对接"》，《瞭望》2012 年第 32 期。

杨雪冬：《走向社会权利导向的社会管理体制》，《华中师范大学学报》（人文社会科学版）2010 年第 1 期。

汪善翔：《社区减负增效：困局、成因与治理・基于舟山市城市社区的调查与分析》，《浙江海洋学院学报》（人文科学版）2015 年第 3 期。

夏斐：《英国低碳生态住宅区实践》，《电力需求侧管理》2010 年第 3 期。

邢敏：《城市社区低碳化转型——基于上海市 J 小区的个案研究》，华东理工大学，2010 年，硕士学位论文。

俞孔坚、李迪华、刘海龙等：《基于生态基础设施的城市空间发展格局——“反规划”之台州案例》，《城市规划》2015 年第 9 期。

张颖：《参与式治理视角下的重庆市社区环境治理研究——基于江北区实证调查》，南京理工大学，2009 年，硕士学位论文。

潘小娟：《社区行政化问题探究》，《国家行政学院学报》2007 年第 1 期。

丁朋、立标：《社区治理与服务：社会治理和国家治理的基础工程》，《中国民政》2014 年第 5 期。

陶建钟：《复合治理下的国家主导与社会自主——社会管理及其制度创新》，《浙江学刊》2014 年第 1 期。

李保明：《国外城市社区管理模式及其启示》，《中国行政管理》2013 年第 4 期。

李凤琴：《国外城市社区公共服务研究综述》，《广东青年干部学院学报》2011 年第 3 期。

李长健、朱汉明、胡纯：《关于不同类型农村社区治理模式的思考》，《南通航运职业技术学院学报》2009 年第 2 期。

李继东：《城市社区治理架构研究》，《西北第二民族学院学报》（哲学社会科学版）2008 年第 2 期。

黄维民：《现代化的城市社区治理架构探析》，《国家治理》2015 年第 34 期。

何菲：《博弈视角下的社区治理》，《山东理工大学学报》（社会科学版）2006 年第 4 期。

彭晓帅：《相机选择、利益博弈和公民参与社区治理困境》，《云南行政学院学报》2015 年第 6 期。

邵莉：《我国社区治理中的多元主体博弈分析》，《法制与社会》2006 年第 22 期。

丁宏、王巍：《我国社区治理中的多元主体博弈分析》，《长沙大学学报》2006 年第 1 期。

管志利：《社区管理模式之比较选择》，《山西青年管理干部学院学报》2008 年第 3 期。

毛明华：《社区管理模式之选择》，《社会》2001 年第 3 期。

王艳:《大社区管理:城市社区管理模式之重构》,《社科纵横》2013年第2期。
费月:《"多中心"治理模式在公共服务型政府中的运用》,《中共杭州市委党校学报》2009年第4期。
吴瑞财:《多中心治理视野下的社区治理模式初探》,《内蒙古社会科学》(汉文版)2010年第1期。
王小民:《全球问题与全球治理》,《东南亚研究》2004年第4期。
蔡玉胜:《社区管理体制创新的典型模式点评与启示》,《社会工作》2013年第3期。
付兵:《培育社区居民参与意识的意义及对策》,《广西社会主义学院学报》2012年第5期。
孟向前:《关于和谐社区建设的调查与思考》,《江苏政协》2007年第8期。
王飙:《我国社区管理模式的比较与思考》,上海交通大学,2007年,硕士学位论文。
刘铎:《组织分化:"政府失灵"下的组织性策略——以北京东城区和平里"社区服务管理中心"为个案》,《社会》2004年第12期。
王杉:《社区治理的社会化运行机制研究》,《社科纵横》2014年第3期。
张波:《"镇管社区"治理模式的生成逻辑与运行机制研究——以上海市浦东新区为例》,《科学经济社会》2013年第4期。
王权典:《转型期南海城乡社区治理机制创新路径探索》,《华中农业大学学报》(社会科学版)2013年第2期。
张金荣、孙彦鹏:《转型期完善社区治理与协动机制的再探讨》,《东北师大学报》(哲学社会科学版)2013年第1期。
韦加庆:《整体治理理论视野下构建农村社区治理机制的思考》,《行政与法》2012年第12期。
王栋:《社会组织参与社区治理的机制:结构、效应及构建路径》,《广东行政学院学报》2012年第4期。
朱瑾、王兴元:《网络社区治理机制与治理方式探讨》,《山东社会科学》2012 年第 8 期。
任晓春:《论当代中国城市社区治理的作用机制》,《晋阳学刊》2012 年第 3 期。
彭小兵、符桂清:《公租房新型社区治理机制研究》,《中国市场》2012 年第 20 期。
王栋、徐承英:《整合、协调、回馈:社会组织参与社区治理民主机制及其功能探究》,《天津行政学院学报》2012 年第 3 期。
徐睿:《城市社区治理机制改革的成都实践》,《中共成都市委党校学报》2012 年第 2 期。
段志国:《东城区老旧社区治理机制的新探索》,《北京人大》2011 年第 11 期。
魏娜、崔玉开:《城市社区治理的网络参与机制研究》,《教学与研究》2011 年第 6 期。
《成华模式:“六化”联动机制试水社区治理新模式》,《红旗文稿》2010 年第 20 期。
姜旭之:《社区治理机制的发展趋势和制度分析》,《广州大学学报》(社会科学版)2010 年第 10 期。
刘小年:《农民工参与社区治理的机制研究:主体的视角》,《宁夏社会科学》2010 年第 2 期。
中国西部新农村治理模式研究课题组、谭兴中:《城乡社区治理中的利益协调机制》,《重庆行政》2009 年第 3 期。
盛清才:《社会危机的社区治理机制研究》,《探索与争鸣》2008 年第 5 期。
韩雪:《关于社区治理动力机制的调查与分析》,《沈阳干部学刊》2007 年第 6 期。
潘忠志、钱宇、王宝安等:《基于利益相关者理论的企业社区治理机制研究》,《东北电力大学学报》2007 年第 5 期。
潘泽清:《公司社区治理机制与转轨中的日本公司治理结构》,《世界经济研究》2003 年第 3 期。
曹海军、吴兆飞:《社区治理和服务视野下三社联动:生成逻辑、运行机制与路径优化》，《华南师范大学学报》（社会科学版）2017 年第 6 期。

郜国英：《社区治理机制的改革与创新探讨》，《决策探索》（下半月）2017 年第 9 期。

冉毅东：《“小街道大社区”管理体制与运行机制研究——以阿克苏地区城市街道、社区治理为例》，《北方经济》2017 年第 9 期。

顾江霞：《控制论视角下第三方评估机制分析——基于 H 市社区治理评估项目的案例研究》，《社会工作与管理》2017 年第 3 期。

黄卫东：《从架构、平台和机制三维层面提升社区治理水平》，《人民论坛》2017 年第 S1 期。

杨贵华：《以“共同缔造”为核心，创新和完善社区治理机制》，《信访与社会矛盾问题研究》2017 年第 2 期。

刘利珍、胡荣：《社区教育与社区治理的互动机制构建探析》，《农村经济与科技》2017 年第 6 期。

曹海军：《“三社联动”的社区治理与服务创新——基于治理结构与运行机制的探索》，《行政论坛》2017 年第 2 期。

董明伟：《目标与路径：社区治理中的三社联动机制建设》，《邢台学院学报》2017 年第 1 期。

吴欣：《社区治理精细化的探索——以成都市武侯区“深化社区网格治理机制”改革为例》，《中共四川省委党校学报》2017 年第 1 期。

谭日辉：《协商民主视域中的社区治理机制创新》，《人力资源管理》2017 年第 3 期。

李齐全、姚晔：《多元化纠纷解决机制与社区治理》，《法制与社会》2017 年第 7 期。

张锋：《社区公共服务供给机制与社区治理创新研究》，浙江工商大学，2017 年，博士学位论文。

韩瑞波：《城市社区治理运作机制探析——基于元治理理论的考察》，《武汉理工大学学报》（社会科学版）2017 年第 1 期。

王升平：《我国城市社区治理机制创新的模式、逻辑及趋势——一种中观视角的考察》，《长白学刊》2017 年第 1 期。

王松：《“三社联动”社区治理机制实现策略研究》，《长沙民政职业技术学院学报》2016 年第 4 期。

李政、马永方：《浅析符号互动论视角下的社区治理之“三社联动”机制》，《才智》2016 年第 35 期。

李汉华、申越发、夏强：《探索“一核为主·多元共治”新型社区治理机制》，《理论与当代》2016 年第 12 期。

冯春、类延强：《软法视阈下的城市社区治理机制建构》，《重庆文理学院学报》（社会科学版）2016 年第 6 期。

钟海：《治理能力现代化视域下的城市社区治理机制创新探微》，《西安财经学院学报》2016 年第 5 期。

陈珊珊：《协同治理视角下城市社区治理机制的研究——以杭州市上羊市街社区“333 + X”模式为例》，《住宅与房地产》2016 年第 22 期。

龙春霖：《我国城市社区治理中的公共物品供给机制研究》，《法制与社会》2016 年第 22 期。

赵美珺：《治理理论视野下的公民参与社区治理机制构建》，《产业与科技论坛》2016 年第 13 期。

李文静、时立荣：《“社会自主联动”：“三社联动”社区治理机制的完善路径》，《探索》2016 年第 3 期。

田舒：《“三社联动”：破解社区治理困境的创新机制》，《理论月刊》2016 年第 4 期。

王升平：《广东省城市社区治理机制创新探析》，《探求》2016 年第 2 期。

陈先运：《创新治理机制　提升服务效能　构建社区治理和服务新格局》，《中国民政》2016 年第 6 期。

黄惠丹：《转型维稳下社区治理创新的内在机制探析——基于深圳市四个典型样本案例研究》，《领导科学论坛》2016 年第 5 期。

刘玲玲、史兵、李梦娟：《城市社区治理结构转型与治理机制探索》，《城市发展研究》2016 年第 2 期。

李晓萌等：《八类社区事务分类管理——江汉区社区减负经验走向全国》，《长江日报》2005 年 10 月 13 日。

北京市民政局：《创新体制　明确职能　提高水平　建新型社区》，《北京日报》2009 年 2 月 24 日。
谷风：《从源头上为社区减负》，《中国建设报》2010 年 2 月 26 日。
张玉胜：《社区“减负”减牌子更要减工作量》，《青岛日报》2013 年 11 月 12 日。
王聪：《做好社区减负增效的“加减法”》，《人民政协报》2014 年 4 月 21 日。
马丽华：《培育多元主体共同参与的新型社区治理机制》，《中国社会报》2015 年 1 月 9 日。
卢平川、胡弦：《武汉重构基层社会治理体系》，《湖北日报》2015 年 11 月 28 日。
丁元竹：《处理好法治与自治、政府与社会、创新社会治理与培育社会组织的关系——探寻“十三五”社区建设的着力点》，《中国经济导报》2015 年 2 月 14 日。
杨贵华：《在“共同缔造”中创新和完善社区治理机制》，《中国社会报》2014 年 11 月 7 日。
黄泽君：《成都出台社区“减负”十条　对清单以外的任务，社区可以说“不”》，《四川日报》2015 年 9 月 29 日。
蒙曦：《社区减负应厘清协助边界》，《广西日报》2015 年 8 月 7 日。
邱继兴：《社区减负　职能归位》，《光明日报》2015 年 5 月 21 日。
李光明：《实施综合改革为社区减负增效》，《法制日报》2015 年 3 月 12 日。
何平：《政府行政管理与基层群众自治衔接互动调查与建议》，[EB/OL]．（2012 - 12 - 13）．http：//www. ahfzb. gov. cn/content/newsiew. php? id = 。

后　记

本书是北京市社会科学院重点招标项目“北京社区治理机制研究”的最终研究成果。几年来，课题组全体成员本着高度认真负责的态度，不辞辛劳，奔赴北京市各区、街道、社区，进行了扎扎实实的问卷调查和深度访谈，获得了较为丰富的、信度较高的第一手资料。本书中的很多观点都直接或间接来自笔者主持或参与北京社区研究基地项目时的积累。

本书的顺利出版，首先得感谢北京社区研究基地主任于燕燕研究员的精心指导和亲切关怀。于燕燕老师作为北京社区研究基地主任，直接指导了相关社区的调研和走访，为本书提供了高屋建瓴的真知灼见，使本书增色不少！

感谢北京市社会科学院城市所的全体同仁，他们是冯刚研究员、齐心研究员、张佰瑞副研究员、赵继敏副研究员、柴浩放博士、袁蕾博士、肖亦卓助理研究员等。本书第九章社区环境治理由赵清博士撰写，直接参与社区治理调研的有宋梅副研究员、穆松林副研究员、杨波博士等，杨波博士还对部分章节进行了校稿，他们的热情支持与无私帮助，他们的真知灼见开阔了本书的视野！

本书的出版，还要感谢北京社科院科研处同仁的大力支持！也要感谢中国社会科学出版社刘艳编辑所付出的辛勤劳动！还要感谢北京市社会科学院社科文库的出版资助！

本书在写作过程中参考了国内外学术界同仁们的研究成果。在此，表示深深的谢意！书中未能一一注明者，请同仁们见谅！

本书中肯定还存在不少缺点和不足，恳请同仁们提出宝贵意见，以便我们在下一步的研究中加以修改，使之更加完善。

谭日辉

2018 年春